本书为"海峡两岸文化发展协同创新中心"成果

闽台先民文化探源

■ 卢美松　陈　龙／著

人民出版社

责任编辑:詹素娟
装帧设计:周涛勇

图书在版编目(CIP)数据

闽台先民文化探源/卢美松,陈龙 著. -北京:人民出版社,2013.9
ISBN 978-7-01-012628-9

Ⅰ.①闽… Ⅱ.①卢…②陈… Ⅲ.①文化史-研究-福建省②文化史-研究-
台湾省 Ⅳ.①K295.7②K295.8

中国版本图书馆 CIP 数据核字(2013)第 229033 号

闽台先民文化探源

MINTAI XIANMIN WENHUA TANYUAN

卢美松 陈 龙 著

人民出版社 出版发行

(100706 北京市东城区隆福寺街 99 号)

北京中科印刷有限公司印刷 新华书店经销

2013 年 9 月第 1 版 2013 年 9 月北京第 1 次印刷
开本:710 毫米×1000 毫米 1/16 印张:15
字数:250 千字

ISBN 978-7-01-012628-9 定价:42.00 元

邮购地址 100706 北京市东城区隆福寺街 99 号
人民东方图书销售中心 电话 (010)65250042 65289539

前　言

　　我们把这套书,献给关心两岸文化发展的朋友们。

　　两岸和平发展,是萦系海内外中华民族子孙心上的一个最牵动民族感情的大事。中国几千年历史上,曾经出现过多次分裂,或南北对峙,或东西抗衡,但历史最终都走向民族和国家的重新统一。其重要的原因之一,是中华文化巨大的民族凝聚力。同样,在近一百多年来,台湾与祖国大陆也处于被割据和相对峙的疏隔状态。但无论是日本帝国主义的殖民统治,还是延续国内战争造成的两岸政治对峙,纵使有某些别怀居心的异国势力介入和岛内分离分子的鼓噪,台湾始终是祖国不可分割的一部分,没有、也不可能从祖国分离出去。其重要的原因之一仍是,台湾同胞和祖国大陆同胞一样,都是中华民族的伟大子民;台湾社会和祖国大陆社会一样,都是奠立在中华文化基础之上建构和发展的。共同的文化,是一股潜在的、巨大的力量,无论过去、现在,还是将来,都是维系台湾与祖国大陆不可分割的深厚文化基因。正如江泽民在《为促进祖国统一大业的完成而继续奋斗》的讲话中所指出的:"中华各族儿女共同创造的五千年灿烂文化,始终是维系全体中国人的精神纽带,也是实现和平统一的一个重要基础。"

　　台湾与祖国大陆的文化亲缘,最先、也最直接地就体现为台湾与福建的文化亲缘关系。这是因为,福建与台湾同处于台湾海峡的两岸;福建社会与台湾社会都是以中原南徙的移民为主体先后建立起来的社会,稍有不同的是:中原移民南徙福建,大约到宋代已基本完成;而在台湾,则是由定居福建之后的中原移民后裔,自明末至清中叶,才再度大规模迁徙入台。随同移民的携带,中原文化经历在福建的本土化发展之后,也以闽(主要是闽南)文化的地域形态,再度传入台湾,成为台湾社会建构的文化基础,并与福建社会一样,经历了一个共同的内地化、文治化,也即中原化的过程。因此,闽台(亦即台湾海峡两岸)被视为一个共同文化区,皆因其文化有着历史形成过程中先后承递的文化亲缘关系。追寻台湾文化的来路,便不能不追根到闽(闽南)文化二度传递的汉民族文化的源头。作为闽籍文化学者,我们无论是在进行福建文化研究,还是在探询台湾文化的存在和发展,都会触及闽台文化关系这个寓意深远的敏感神经,也会为闽台(两岸)文化这种共同源于中原汉民族文化而又呈现出多样形态的魅力所感动,也深感有责任揭示闽台(两岸)文化这种同根共源的密切亲缘关系,以更有利于促进两岸和平发展,推动民族和国家的最终统一。

为此,我们组织撰写了"海峡两岸文化发展丛书·闽台文化关系篇"。顾名思义,是以"文化"为讨论对象,以"关系"为切入点,在闽台背后,涵盖的其实是两岸,所涉及的问题也不仅止于文化。它是以闽台为中心,以文化为重点,来论析两岸关系的一套系列研究论著。

文化是一个庞大、复杂而丰富的现象。就文化的形态而言,有所谓"俗民文化"(或称俗文化、常俗文化等)和"精英文化"(或称雅文化、士人文化等);就文化的过程看,有文化的历史形成,也有文化的现代发展,等等。"闽台文化关系篇"侧重的是文化形成过程中的历史关系,对于文化的现代发展与当下的存在状态,相对着墨较少。而在文化形成的历史关系讨论中,主要以俗民文化为对象,包括方言、民俗、民间信仰、民间戏曲、民间音乐、民居建筑等,也略为涉及诸如教育与文学等一般划属精英文化范畴的论题。这是因为俗民文化是随同移民与"身"俱来的底层的基本生存经验,是最早、也最大量地存在于闽台民间之中的一种基础性文化。显然,由于诸多原因,列入"闽台文化关系篇"的这些专题,无论是俗民文化层面还是精英文化层面,都只是很少的一部分,远非全面,还有很多专题,有待我们今后以及更多的同行继续努力。

两岸文化问题是当今社会不断有人提出并给予关注的问题,但却少见有专门性的研究论著行世。我们这套丛书仅是个初步的尝试,肤浅、不足和失误之处,当所难免。我们诚恳地期待关心两岸文化发展的学界先进和读者朋友们给予批评。

感谢福建师范大学海峡两岸文化发展协同创新中心对丛书的出版给予的支持。

刘登翰　林国平

二〇一三年七月

目　录

绪　　论

　　福建与台湾同处我国东南。如今隔海相望,中间为限者只是海峡一衣带水。地理资料可以表明它们是同脉连理,考古资料可以证明它们是同种同文,历史资料可以说明它们是同气连枝。从更深刻、更完全的意义上说,台湾的历史文化源于祖国大陆,是中国历史文化的延伸和发展,这是有着充分证据的历史事实。

　　台湾和福建(也包括祖国大陆)的文化渊源关系,可以追溯到遥远的古代。人类学和考古学的材料告诉我们:福建出现古人类活动已有近20万年的历史,而早在数万年前的旧石器时代,由于闽、台两地相同的地理、地质条件,以及发生在更新世时期多次的海侵、海退,台湾海峡地带屡经沧海桑田。古代大量的哺乳动物和古人类,或直接跨越"海峡",或通过"东山陆桥"(或称"台湾陆桥"),陆续到达台湾。闽台先民的血缘关系和文化渊源联系由此而建立,并且世代维系、逐步加强。

　　由于文献记载阙如,所以早期闽台先民文化渊源的研究,主要依据两地史前考古的研究成果。近半个世纪以来,围绕闽台史前文化关系,海峡两岸的考古学者、人类学者和历史学者做了大量工作,取得了重要的学术成果。这些成果,在许多重要方面都证明,台湾史前文化的渊源在于祖国大陆,台湾史前文化的许多重要特征与祖国大陆的相一致。当然,保留至中古乃至近代的台湾史前文化,呈现出一些与祖国大陆文化不同的特征。这主要由于:一方面,祖国大陆历史文化历经数千年朝代变革、民族融合与中外交流,不少表现特征甚至内容都较原初有了变化;另一方面,台湾先民的传统文化在本岛范围内自远古时代传承至今,由于长期处于基本与世隔绝的环境,因而得以比较完整地保存与沿袭下来,而古代自东南亚地区或南洋群岛传入者,则融合了古越人与传入地文化的因素,故而有所变异。但从根本上说,台湾先住民长期以来较好地保持了祖国大陆南方先民(主要是古越人)的文化特征。闽台先民的文化渊源关系于此中可以探得。

学者认为,近代台湾先住民实际应包括"平埔族"十族和"高山族"九族,他们在台湾生活的历史十分久远。从我国历代文献的记载可知,台湾先住民的社会生活和文化事象,的确长期保持了自己的特色。在17、18世纪祖国大陆汉人大量迁入台湾之前,他们一直保持着自己的独立生活和特殊风貌。台湾(包括其周围的岛屿)在历史上真正是"世外桃源",但它又不是绝对与世隔绝的"孤岛",因为从距今五六千年到距今五六十年,各个历史时期都有来自岛外的人群迁入。不过,在古代(包括远古、上古和中古),所有迁入者都能较多地保持各自的社会组织形式和文化生活形态,以至近古和近代的入岛者看到的台湾先住民,似乎仍是原始的"葛天氏"初民。

台湾先住民丰富多彩的文化习俗与扑朔迷离的历史渊源,吸引了许多研究者投注大量的智慧和心力。经过几代人的努力,人们不仅揭示和诠释了台湾先住民的历史文化,而且阐述并论证了台湾先住民的历史渊源。如今,大多数专家、学者获得共识,认为:现存的台湾先住民(有的称"原住民"或"土著")的祖先,最早的在距今五六千年前,从中国大陆东南部迁入台湾,是为台湾北部山地的泰雅族和赛夏族的先民;距今约3000年前,又有一批人从中国大陆东南迁入台湾,是为台湾中部山地的布农族、邹族(及邵族)的先民;距今约2000年前,有一批人(马来人)从南洋群岛迁入台湾,是为台湾南部山地鲁凯族、排湾族和卑南族的先民;最晚进入台湾的,应是1000多年前从菲律宾群岛迁入台湾东海岸地带的阿美族人和其后(约在唐、宋之间)迁入兰屿岛的雅美族人。

重要的是,研究者们注意到:虽然在1万年以前旧石器时代进入台湾的远古人类的文化生活和传衍情况已难考知,但在距今约5000年以后历次进入台湾的先住民,尽管时间不同,起点各异,若从各先住民族文化的表现特征及内涵底蕴看,从根本上说,都属中国大陆南方古越人的文化范畴,如从体质人类学上看,他们应与古越人同出一源,即都属蒙古利亚人种南方亚种(属于其他人种的只占极少数)。

台湾先住民的社会形态都是从氏族社会制度发展而来,只是发展程度各不相同,如阿美族和卑南族至近代仍为母系氏族社会,其他各族则是父系氏族社会,有的已迈入阶级社会门槛。他们家族的形式有大家族制与小家族制的区别。成年成员结婚后仍留在家族内部同居生活的,形成大家族;若另立门户,则形成小家族。在台湾先住民的社会组织中,各族都有自己的年龄组织（年龄级或年龄组）。所有男子,从少年至老年的特定年龄阶段,都按年龄层次组织（居住）在会所内,接受氏族事务和生产、狩猎、战争等各方面知识的教育与训练。有的在行成年礼或结婚以后才离开会所。随着阶级分化与特权的出现,年龄组织的力量逐步削弱,如排湾族与鲁凯族。

台湾先住民的婚姻制度,都属于一夫一妻制的单偶制。实行氏族外婚制,但有从妻居与从父居的区别,反映了他们的氏族制度处于不同的发展阶段。他们都实行聘物婚,也有变换婚和服役婚。婚时有的还举行象征掠夺婚的仪式。

台湾先住民中的若干艺术形式的主题,追溯其渊源也应来自祖国大陆,如织绣的纹样,排湾、鲁凯等族有人形、人像、人头、菱形、蛇形纹,应是他们信奉祖灵和百步蛇等意识的反映;木雕也如是,刻纹多几何形（曲折、锯齿、菱形、竹节、三角形等蛇形变体纹）、人像、人头等,同样与其信仰有关;还有饕餮纹和其他动物剖裂纹、人面蛇身纹样等,这在中国商周时期都十分盛行。而在南太平洋各地乃至美洲地区的古代土著文化中,也有类似的艺术形式存在。这些更加说明,距今五六千年（甚至更早一些时间）至商周时期,中国古代先民（蛮夷族）即通过海路、陆路大量迁移海外,并随之携走华夏的上古文明。进入台湾的先住民的祖先,不管是从祖国大陆直接迁入的,或是从南太平洋地区转道迁入的,其种族渊源都是一个,即上古或远古时代的祖国大陆先民。共同的民族渊源,自然也伴随着共同的文化渊源。这就进一步证明,闽台、陆台的民族文化渊源是同根的。

因此,无论是考古文化资料、历史文献记载还是田野调查情况,都可以说明台湾先住民文化来自祖国大陆,来自华夏文明,来自祖国大陆东南沿海古代闽族、闽越族及其先民的文化传承。

台湾曾被称为"无火之岛",就是因为在中原王朝的正史和其他史籍中,对台湾的记载过于简略,失之含混。如今考古学、人类学和民族学的调查材料和研究成果,完全可以起到补史、证史的作用。虽然已有许多专家、学者努力展开对台湾先住民文化渊源的探讨,对闽台先住民文化关系的研究,并且已经取得丰硕成果,但这还仅仅是良好的开端与初步的结论。本书在写作过程中,即有赖于这些研究成果。我们相信,在众多学者的努力下,更加丰硕的研究成果必将面世,台湾历史的神秘面纱终将揭去。如果这样,本书的萤烛之光淹没于太阳之明,既势所必然,亦是所甘心。

第一章　共同的家园与祖先

第一节　闽台地缘关系

素有"东南山国"之称的福建,与台湾隔海相望。福建、台湾之间最近距离仅 130 公里。早在远古时代,福建与台湾就有密切的地缘联系。

福建在大地构造上属华南褶皱系的一部分,境内群山耸峙,丘陵起伏,海岸线曲折绵亘,港湾岛屿众多。福建地形西北高、东南低 [①],横剖面呈马鞍形。全省山丘广布,平原狭小,山地丘陵面积占 85% 以上。层状地貌明显,组成丘陵的岩性,内陆山地以片岩、片麻岩和沉积岩为主,沿海地区几乎全为火山岩和花岗岩。受流水等外力的作用,内陆山区形成姿态各异的岩溶地貌和丹霞地貌,沿海地区的丘陵则形成岩性较为单一的馒头山、乱石山和石蛋地等。[②]福建小型的山间盆地多,主要分布在武夷山脉和鹫峰山—戴云山脉—博平岭两列山脉的长廊地带。福建海岸线曲折而漫长,属山海岸性质,海岸线长达 3951.02 公里,居全国第三,曲折率为全国第一。全省有大小港湾 125 个,沿海岛屿达 1202 个。从整体而言,福建下沉海岸地貌特征十分明显,多岩岸和多深水海湾、较少宽广平原的海岸地貌景观普遍存在。从微观看,海平面下降、陆地相对上升的特征也普遍存在 [③],海湾内多有浅海滩涂,且其中一部分已变为沿海平原。总之,山多、平地少、港湾多、岛礁多已成为福建地貌的最大特征。再从地质上看,有四个特征:①地层发育齐全,从古老的前震旦系到新生界都有;②地质构造复杂,以断裂构造为主;③受断裂构造控制的历次升

---

① 福建省地方志编纂委员会:《福建省自然地图集》,福建科学技术出版社 1998 年版,第 85 页。
② 赵昭炳主编:《福建省地理》,福建人民出版社 1993 年版,第 7～14 页。
③ 同上。

降运动对全省都有影响;④岩浆活动频繁,以燕山期最猛烈。①

福建的地貌地质特征与隔海相望的台湾有密切的联系。台湾岛及附属岛屿总面积 3.6 万平方公里。台湾岛地质构造与祖国大陆同属一个整体,100米以上的山地和丘陵约占全岛的 2/3,中央山脉分割东西两侧。在地质结构上,台湾与祖国大陆同属新生代槽褶皱带,由东至西形成四个明显的构造带,福建境内的主要山脉(如武夷山、戴云山、鹫峰山等)和台湾海峡的构造方向大致相同,均呈东北向西南方向延伸。地质资料还表明,福建沿海地段地质结构以中生代和新生代地发育最为完全。台湾位于亚洲板块和菲律宾海板块之间,是琉球—台湾—菲律宾岛弧系的一部分,而台湾基底岩石亦为中生代沉积物。有关钻井资料表明,台湾海峡海面以下 500 米即是中生代基岩,其岩性也与福建沿海相同。这些说明福建、台湾海峡和台湾三者地质实体互相连接,同属亚洲大陆板块。台湾海峡海底地貌的特点是以台湾浅滩为界,把海峡划分为南、北两个部分。浅滩南北分属南海、东海大陆架的一部分。海峡的南北两端较深,南端最深可达 400 米,北端一般深 100 米,中南部从东山岛至澎湖一带较浅,仅 40 米左右,最浅处仅 10 多米。② 远在第三纪末,受喜马拉雅造山运动影响,台湾海峡褶皱隆起,福建沿海和台湾海峡地壳抬升,海峡成为陆地,导致台湾与福建两地相连在一起。

福建与台湾两地密切的地缘关系,主要表现在第四纪以来由于出现全球性冰期和间冰期,引起台湾海峡海平面大幅度升降变化,台湾与福建先后四次相连、四次分离。③ 其间明显的变化分别发生在早、中、晚更新世和全新世。早更新世时期,由于全球发生冰川,台湾海峡海平面剧烈下降(60 米),海底大面积出露水面,台湾与福建连成一片。到了早更新世后期,因地球气候变暖,海平面回升,台湾海峡发生海侵,台湾与福建才又分离。类似的情况在中更新世和晚更新世重复出现,其间台湾海峡出现的海侵和海退的变化,均缘起于第四纪地球气候的变化。当冰期来临,台湾海峡海平面明显下降,出现海退现象。台湾学者林朝棨研究也证明,第四纪末次冰期台湾海峡曾发生过三次海侵和海退,每次海退,海峡均成为陆地,台湾与福建连成一体。台湾海

① 陈佳源主编:《福建省经济地理》,新华出版社 1991 年版,第 10 页。
② 林观得:《台湾海峡海底地貌的探讨》,《台湾海峡》1982 年第 1 卷第 2 期。
③ 赵昭炳:《台湾海峡演变的初步研究》,《台湾海峡》1982 年第 1 卷第 1 期。

峡第四纪更新世早、中期的这一变化,已为海峡两岸第四纪研究者所证实。

有关海洋地质资料还表明,在福建东山岛和澎湖列岛之间有一条东西走向的隆起带,其底部中生代地层也呈隆起状,把东山岛和澎湖列岛相连在一起。福建地理学者林观得在 1981 年 4 月于美国召开的"全新世海平面变化国际学术讨论会"的学术报告中,根据台湾海峡地貌特征,提出了台湾海峡南部存在联系海峡两岸浅滩的"东山陆桥"的观点。"东山陆桥"成为远古时期台湾联系祖国大陆特别是福建的通途和纽带。[①] 福建与台湾之间早期人类的往来和文化交流依靠"东山陆桥"来实现。

第四纪期间,由于福建与台湾相同的地质、地理和气候条件,尤其是气温数次明显下降,海退使台湾海峡几度成为陆地。"东山陆桥"横亘海峡两岸之间,福建与台湾两地已无交通障碍,为海峡两岸古代人类和动物的迁徙创造了良好条件。

第二节　共同的家园

第四纪的考古人类学和古生物资料表明,在更新世晚期,由于同样的生态环境,福建与台湾出现了同样的动物和植物群落,史前人类也创造了大致相同内容的远古文化。20 世纪 70 年代以来,福建与台湾境内陆续发现同样种类的第四纪哺乳动物化石群。这些哺乳动物化石的发现,不仅预示福建与台湾存在古人类化石的可能性,同时也有助于对福建与台湾古人类生态环境的研究。

一、福建第四纪哺乳动物化石

主要分布在闽西北的石灰岩地带、闽东海滨和闽中山区,其中尤以闽西北岩溶盆地堆积区内种类最丰富。田野调查资料表明,在福建境内的宁化、龙岩、惠安、连城、晋江、永安、漳平、明溪、清流、东山、漳州、将乐都先后发现属于晚更新世大熊猫—剑齿象动物群。1984 年和 1988 年,福建省考古队协同

---

① 　林观得:《台湾海峡海底地貌的探讨》,《台湾海峡》1982 年第 1 卷第 2 期。

中国科学院古脊椎动物与古人类研究所专家,两次发掘明溪剪刀墘洞穴遗址堆积,发现总数达三十多种晚更新世哺乳动物、啮齿类动物化石。经鉴定,其中主要有:东方剑齿象、野牛、野马、山羊、硕颈猴、无颈豪猪、狼、豺、虎、黑熊、大熊猫、巨貘、中国犀、野猪、水牛等。[①] 除了剪刀墘,重要的化石埋存地还有宁化湖村石仔嵊、永安坑边寨、将乐岩仔洞[②]、大田惠林洞、清流龙津洞[③]、惠安东园化石地等。这些化石埋存类型仍以洞穴堆积为主,仅在沿海平原偶见旷野沉积。20世纪80年代在台湾海峡的东山海域也先后发现大批第四纪哺乳动物化石,经尤玉柱研究员鉴定、贾兰坡教授审核,主要有熊、剑齿象、中国犀、水牛、水鹿、斑鹿、山羊等更新世哺乳动物化石。[④]

二、台湾第四纪哺乳动物化石

据《台湾之第四纪》等文献材料介绍,台湾第四纪的地层里经常发现许多与福建更新世哺乳动物群种属相似的动物化石。以台湾新化丘陵出土的哺乳动物化石为例,其种类有象、犀牛、鹿、水牛、鲸、野猪、猫科动物等,其中象为长鼻类化石,有相当多系来自中国大陆地区,犀牛亦为中国大陆南方的种类,因而来自中国大陆的可能性较大,或者由于台湾海峡的局部性陆化,部分迁移到陆化地区。[⑤] 张光直指出:"在更新世期间的冰河时代,冰覆陆地海水下降。根据最近世界上许多地点海岸以外浅海大陆架上动植物化石的研究,发现在15000年以前海水水平面低于今日约130米,在30000年前也低于今日约六七十米。如果这种情形在我国东海、南海也能适用,在更新世的末期台湾岛根本便是大陆的一部分。……台湾第四纪地层里历年来发现许多剑齿象、象、犀牛、鹿、野牛等化石,与华南更新世的哺乳动物群的种属相似,

---

① 福建省博物馆:《福建近十年的文物考古收获》,《文物考古工作十年》,文物出版社1990年版,第138页。

② 岩仔洞遗址位于将乐城南6公里的岩仔山,遗址为一大型洞穴,分上、下两层,下层洞发现豪猪、竹鼠、熊、虎等动物化石20种,上层洞发现更新世晚期动物化石31种。

③ 遗址位于清流林畲盆地,1991年发掘,洞内共有三层堆积,发现更新世动物化石有华南巨貘、熊、野猪、鹿、野牛、东方剑齿象等24种,其中绝大多数属更新世晚期华南动物群。

④ 尤玉柱:《东山海域人类遗骨和哺乳动物化石的发现及其学术价值》,《福建文博》1988年第1期。

⑤ 钟广吉:《新化丘陵区化石群研究的将来性》,《台南县左镇菜寮溪化石研究专辑》,台南县立文化中心1991年印行,第1～6页。

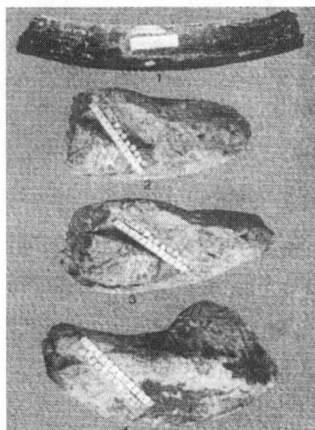

图1-1　台湾新化丘陵出土第四纪哺乳动物象化石

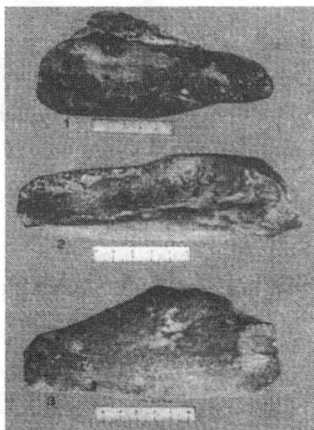

图1-2　台湾新化丘陵出土第四纪哺乳动物犀牛化石

这些动物必定是在海水下降，海底露出成为陆桥的时期移入台湾的。"[1] 有关研究反映，台湾更新世的哺乳动物群化石资源十分丰富，早在清康熙五十八年（1719）的《凤山县志》中已有台湾出土脊椎动物化石的记载。20世纪20年代，继桃园大溪地区发现大型哺乳动物化石之后，台湾各地陆续发现更新世哺乳动物化石，其中属于台湾第四纪的至少包括两个时代不同的动物群：①左镇动物群（早期）；②澎湖—台南动物群（晚期）。

学者们将上述动物群与中国各地第四纪动物群比较后发现，左镇动物群与中更新世广泛分布于我国南方各地的（大熊猫—剑齿象）动物群和更早的元谋动物群均有部分共有的动物，如中国犀牛、野猪未定种、虎、麂属、牛属未定种（以上属元谋动物群）及猕猴、东方剑齿象、巨貘属、猪属等（以上属贵州黔西观音洞）。除台湾本岛出土的哺乳动物化石外，澎湖、台南及福建东山岛一带渔民在台湾海峡作业过程中，也网获不少大型哺乳动物骨骼，如鹿角、牙齿化石。海峡两岸特别是"东山陆桥"水域

图1-3　台湾新化丘陵出土第四纪哺乳动物鹿科化石

---

① 张光直：《中国考古学论文集》，生活、读书、新知三联书店1999年版，第229页。

第四纪哺乳动物群共同种类动物化石的频频发现,反映出早在更新世时期,台湾海峡两岸,尤其是福建与台湾两地,就是哺乳动物的共同家园。这一地区第四纪动物群化石的频频出土,也为"东山陆桥"的存在和远古时代台湾和福建密切的地缘联系提供了有力的证据。

第三节　共同的祖先

从距今 160 万年前起的第四纪期间,特别是第四纪末次冰期,由于冰河的消长变化,台湾岛与祖国大陆数次连在一起,祖国大陆华南的哺乳动物群沿着"东山陆桥"源源不断地进入台湾,而以采集和渔猎为生的旧石器时代人类也随之而至。近半个世纪以来,华南地区更新世地层和洞穴堆积中,人类化石和旧石器时代遗物的频频发现,以及台湾左镇人与福建东山人、甘棠人、清流人等智人化石的发现,均为台湾与祖国大陆特别是福建的远古时代人类联系提供了重要物证。

考古学界把属于更新世的以打制石器为主要生产工具的文化,称为"旧石器时代文化"。旧石器时代一般可分为早、中、晚三个时期。早期约相当于更新世早期和中期,这个时代的绝对年代距今 180 万~10 万年前。与之相对应的人类化石是直立人或猿人,在我国境内已发现的有元谋人、蓝田人、北京人及分布在黄河和长江流域的和县人等。旧石器时代中期约相当于更新世末期至晚更新世初期(距今 10 万~5 万年),人类则进入早期智人阶段。这时期在我国发现的人类代表性化石有辽宁营口金牛山人、陕西大荔人、山西阳高许家窑人、广东马坝人、湖北长阳人等。旧石器时代晚期大约距今 5 万年前,即地质年代的晚更新世晚期。与其相对应的人类化石则是晚期智人化石。与早期、中期人类化石分布偏少的情况相比,我国境内发现的晚期智人化石地点几乎遍及全国,除了著名的山顶洞人、柳江人、资阳人、河套人外,还有(吉林)安图人、(山东)新泰人、(云南)丽江人、(安徽)下草湾人、(贵州)穿洞人、(台湾)左镇人。[1]

---

[1]　白寿彝主编:《中国通史》第二册,上海人民出版社 1994 年版,第 1~34 页。

20 世纪 80 年代以来,福建境内先后在漳州、清流等地发现了晚更新世晚期至全新世早期 8 件人类化石标本（距今约 1 万年前）。有关资料表明,在更新世中晚期,华南地区气候温热湿润,有的地方覆盖着茂密的森林,有的丘陵地则生长着大片花草,大部分与现在相似的不同种类动物在这里生长。优越的自然条件与生态环境为远古人类的繁衍和生活,提供了有利的条件。福建东山、清流与台湾左镇等地晚期智人化石的发现,进一步证明了我国南方可能是蒙古人种发祥地的一部分。

一、福建古人类化石

（一）东山人化石

1987 年,福建省考古队和东山县文化馆在东山联合进行文物普查时,从当地群众手中征集到一批动物遗骨化石标本。据了解,这些遗骨多数是从离城关约 13 海里的兄弟岛附近海域捞获,埋放在本岛铜陵镇酒店工地,后在施工中又被挖出。据中国科学院古脊椎动物与古人类研究所贾兰坡教授等专家鉴定,这批动物有属更新世时期哺乳动物的水牛、斑鹿、水鹿、中国犀、山羊、熊等化石,还有一件轻度石化的人骨化石,为更新世晚期至全新世早期的人类肱骨残段（称"东山人化石"）。[①]

据观察,东山人化石表面呈浅灰色,其体位在人体右侧肱骨下端与肱骨踝衔接部分,残长 57.9 毫米。这件右肱骨残段,石化程度较浅,下端有明显的断裂面,从中可观察到因海底地层锰质入浸骨壁,形成黑色浸染物。这是在热带、亚热带海底长期死亡的生物骨骼上常见的现象。而保留在肱骨体表面的海生软体动物附着的痕迹,更进一步证明东山人类肱骨化石确系出自海底。

东山人类肱骨化石的发现,虽缺乏明确的出土地点和地层层位,但却是福建境内首次发现的晚期智人向现代人过渡的人类化石标本,填补了

图 1-4　东山人肱骨化石

---

① 尤玉柱主编:《漳州史前文化》,福建人民出版社 1991 年版,第 62~64 页。

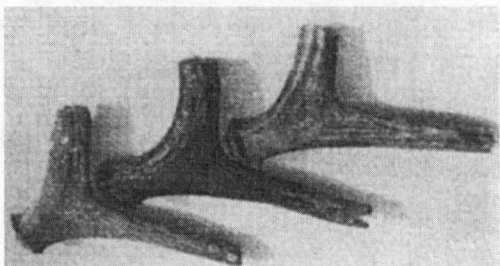

图 1-5　东山海域发现的鹿骨化石标本

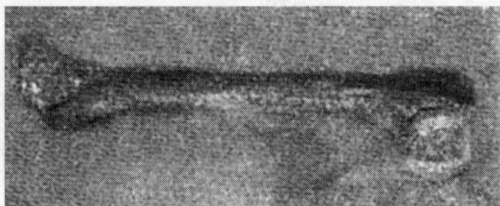

图 1-6　东山海域发现的哺乳动物化石标本

福建古人类化石的空白。这一发现把福建人类的历史推前到距今 1 万年前的更新世晚期。东山人化石的发现,预示福建境内将有更大范围、更丰富的古人类文化遗存被发现。

东山人化石捞获的海域,恰处联系祖国大陆与澎湖岛的台湾浅滩,即学术界所称的"东山陆桥"。东山人化石及第四纪哺乳动物化石在"东山陆桥"海域的发现,反映出海退时期海峡人类迁移的足迹,为闽台远古祖先的血缘关系研究提供了极为珍贵的资料。

　　2001 年 11 月,中国科学院古脊椎动物与古人类研究所韩康信、祁国琴研究员,台湾"国立自然科学博物馆"何传坤、张钧翔,以及日本琵琶湖博物馆高桥后一等中外古人类学者,联手在东山博物馆考察该馆收藏的在"东山陆桥"海域捞获的古哺乳动物化石。专家与学者们一致认定,东山发现的哺乳动物化石与澎湖的同属一个动物群。何传坤还在属于晚更新世的数件鹿骨化石上,发现十分清晰的人类加工修整或利用的痕迹。以后经过进一步排查,共发现有此类化石标本 15 件,其中除 2 件为牛的桡骨外,余下的均是鹿角。经过专家们仔细的观察和甄别,15 件标本上的人工痕迹包括了切刈、砍砸、刻画、刮磨四种。经过加工的上述动物肢骨化石可视为原始的生产工具、武器或艺术品,从中反映出东山人当年赖以生存的自然生态环境和以狩猎、采集、捕捞为主要手段的生产生活方式。这一重大发现,再次为晚更新世时期古人类在"东山陆桥"一带活动提供了有力的证据。[①]

　　（二）甘棠人化石

　　1990 年 3 月,漳州市文物工作者曾五岳在漳州市北郊甘棠东山的台地上

_____

① 陈立群:《东山陆桥动物化石人工痕迹的观察与研究》,《福建文博》2002 年第 1 期。

采集到一段人类胫骨化石。据观察,此段胫骨系人类个体右侧胫骨中部略为偏上的一段,长131毫米,骨体呈浅棕褐色,内外侧面附有地层铁锰质浸染的斑痕,骨表质完好,表面仍有光泽。据此,有关专家推测,此胫骨暴露时间不超过半年,即个体死亡后半年内即被沉积物掩埋。另据此胫骨骨壁薄、骨体前缘有显著锐脊、骨间缘明确等近似现代人的特征,反映在个体形态上应属现代智人性质。从此胫骨较粗大的体征看,可能属于男性成年人个体。[①]

我国已发现的人类胫骨化石材料十分罕见,晚期智人阶段的胫骨材料更是凤毛麟角。因此,甘棠人胫骨化石的发现,为研究距今1万年左右的我国南方,尤其是闽、台两地先民的体质人类学及文化渊源关系提供了实物例证。

（三）清流人化石

1988年5月,福建省考古队与三明市文物普查队在清流县沙芜乡洞口村一处俗称狐狸洞的洞穴遗址中（地理坐标东经117°3′,北纬20°2′）,采集到一枚人类左下第一臼齿化石,在同一胶结地层中发现巨貘、熊、鹿、野猪、豪猪等更新世晚期动物化石。狐狸洞高出相邻河床约80米,深约20米,高5米,宽4米,洞内保存的全新世与更新世晚期堆积物分布面积约12平方米。洞内堆积物自下而上可分六层,分别属于全新世的灰色土层、石灰华层和晚更新世的黄色角砾层、灰黄色含细砾砂质土层、灰黄色粉土层、钙质角砾层。人类牙齿化石和哺乳动物化石同出于第三层,即灰黄色含细砾砂质土层。经中国科学院古脊椎动物与古人类研究所专家现场鉴定,此牙齿化石属距今1万年前

图1-7 狐狸洞远景

---

① 尤玉柱:《漳州史前文化》,福建人民出版社1991年版,第61~62页。

图 1-8 狐狸洞发现的动物化石

的晚期智人牙齿化石,死者系一位年轻人,因生前严重营养不良导致早夭。1989年,福建省博物馆考古队同中国科学院古脊椎与古人类研究所及三明市博物馆在同一地点发掘,又发现5枚人类牙齿化石和17种动物化石。[①] 17种动物化石分别属于灵长目的东方剑齿象,奇蹄目的华南巨貘、中国犀,偶蹄目的野猪、小猪、水鹿、獐、水牛、山羊,啮齿目的竹鼠、黑鼠、无颈鬃豪猪,食虫目的普通鼩鼱,翼手目的南蝠。[②] 这些人类牙齿化石可能代表一个少年个体和至少两个以上成年人,发掘者称其为"清流人"。清流已发现的6枚人齿化石,除1988年在狐狸洞采集的1枚为少年个体的人类牙齿外,其余5枚牙齿化石分别为:①右上内侧门齿,齿冠长9.4毫米,单齿根,根长11.9毫米;②左下内侧门齿,齿冠长7.7毫米,单齿根,根长14.1毫米;③右上犬齿,齿冠长8.5毫米,单齿根,根长12.7毫米;④左下第一臼齿,齿冠长12毫米,双齿根,根长11.8毫米;⑤右下第二臼齿,齿冠长5.2毫米,双齿根,近中根长13.3毫米,远中根长11.1毫米。

将清流人牙齿化石与国内尤其是南方已发现的晚期智人化石材料进行形态学的比较,可以发现清流人牙齿有以下体质特征:

一是门齿呈明显铲形结构。清流狐狸洞出土的两枚门齿化石,分别为右上内侧门齿和左下内侧门齿,均有齿冠唇面凸出,舌面凹下,远近中缘内卷成脊形,即整个齿冠呈铲形的特征。人类学材料表明,迄今为止中国境内发现的人类化石,无论是北京猿人和更早期的元谋猿人、蓝田猿人化石,还是晚期智人化石,无一例外都是铲形门齿,就是在新石器时代和现代中国人的标本中,铲形门齿也占极高比率。这反映出清流人与蒙古人种之间的密切联系。

---

① 尤玉柱等:《福建清流发现的人类牙齿化石》,《人类学学报》1983年第3期。
② 尤玉柱等:《清流狐狸洞人类化石初步研究》,《福建历史文化与博物馆学研究》,福建教育出版社1993年版,第26~29页。

诚如著名人类学家吴汝康教授在《人类学》一书中所言："上述这些在现代蒙古人种中出现率特高的性状,在中国发现的直立人直到晚期智人中都经常出现,反映他们与黄种人和现代中国人之间存在着连续性,有着亲缘上的继承关系。"

二是清流人犬齿化石右上犬齿有齿冠较宽、唇面较凸出、舌面较平、舌窝较浅、舌结节发达等特征。与山顶洞人、柳江人上犬齿基本相同,应属同一类型晚期智人阶段。

三是清流人左下第一臼齿化石两枚,代表一个少年个体和一个成年个体,均为五尖型,齿冠呈长方形,齿冠的颊面、舌面、近中面和远中面均向外凸起。在已知的国内晚期智人臼齿化石材料中,普遍发现出现第五尖,其中清流人与台湾左镇人和云南昆明呈贡人化石臼齿形状特征尤为相似,反映他们同处一个时代,且均起源于我国南部的智人类型化石人类,三者之间很可能有同一血统关系。[①]

四是左下第二臼齿,齿冠呈长方形,磨损后齿尖几无存,齿冠长 5.2 毫米,代表一个成年个体,四尖型臼齿,双齿根。此性状、特征与台湾左镇人化石右上臼齿(四尖型)基本相同,与现代人十分相似。

清流狐狸洞人类牙齿化石是福建省首次发现的有层位记录的古人类化石,是福建旧石器时代考古的重大突破。狐狸洞出土人类牙齿化石统属晚期智人类型,其形态不乏现代人的特征,其牙齿明显减小的趋势,也反映了马来人种的特征。虽然人类学者根据狐狸洞中沉积物成分和结构特征判断,洞中出土人类化石和哺乳动物化石应属异地埋藏类型,但这一重大发现预示了三明地区尤其是清流有石灰岩分布的地段是福建民族远古祖先生活的地区。根据第四纪哺乳动物化石种类和孢粉材料,可推断距今 1 万年前后清流人赖以生存的生态环境是:大片的山地丘陵为亚热带森林和草原疏林所覆盖,在高大的常绿阔叶乔木下,生长着茂盛的林下蕨类植物,气候暖湿,水源充足,大量草食性动物繁衍其间。清流人依赖大自然提供的富饶资源,过着以采集为主、狩猎为补充的原始群居生活,他们摘取树上的野果,也用石器挖取植物的根茎。为了躲避兽害,先民们栖身在山洞之中。

---

① 严晓辉:《福建第四纪哺乳动物化石、古人类化石和古文化遗存之研究》,《福建历史文化与博物馆学研究》,福建教育出版社 1993 年版,第 30~41 页。

第四纪地质学的研究资料表明,在第三、第四纪之间,台湾与祖国大陆相连,直至更新世时,台湾的西北端还与祖国大陆相连。这就是为何在台湾的第四纪地层中,不断有与更新世晚期的华南动物群（大熊猫—剑齿象动物群）相同的化石发现的原因。这些与福建、广东、广西等地相同属相的第四纪哺乳动物群在台湾的发现,说明我国华南地区的古人类和动物群可能是通过台湾海峡存在的陆桥进入台湾的。[①]

20 世纪末,台湾海峡两岸的古人类学研究成果也不断表明,台湾古人类及其文化均源自于祖国大陆,福建是古人类迁台的必经之路。清流狐狸洞人类化石的发现,为史前时期闽台先民的地缘、血缘关系研究又提供了新的证据。

二、台湾古人类化石

早在日据时期,日本考古学者鹿野忠雄等人即推测,中国大陆以狩猎和采集为主要谋生手段的古人类早在冰期就已经随着南迁的动物群来到台湾。[②]到了 20 世纪 70 年代,台湾考古学者为这一项推测找到了考古学证据,这就是迄今为止台湾最早人类左镇人化石的发现。1971 年,在台南县左镇菜寮溪发现左镇人顶骨化石,经测定,系旧石器时代晚期古人类,时间推定为距今 3 万~1 万年前,是台湾迄今为止所发现的最古老的人类化石。有关专家认为,左镇人属旧石器时代北京人的一支,与山顶洞人的时代相同。

图 1-9 台南县左镇菜寮溪

---

① 参见《台南县左镇菜寮溪化石研究专辑》,台湾台南县立文化中心 1991 年印行。
② ［日］鹿野忠雄:《东南亚细亚民族学先史学研究》第二辑,南天书局 1995 年版。

作为亚洲大陆典型大陆岛的台湾,由于更新世冰河期数度与祖国大陆相连,原先生活在祖国大陆华南的古人类也追随南迁的哺乳动物群来到台湾。1971年,台湾大学教授宋文熏等一批学者在台南县左镇乡菜寮溪考察时,在化石收藏家郭德铃收藏的一批动

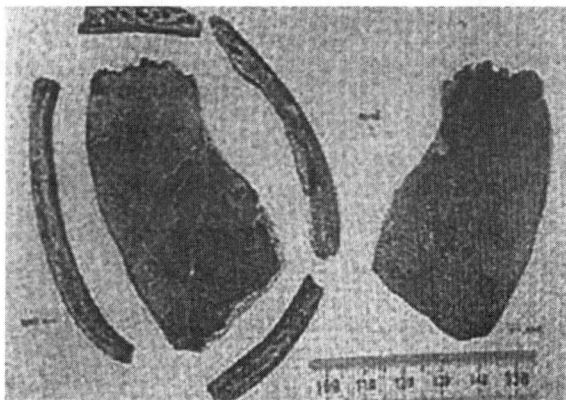

图1-10 左镇人化石

物化石中发现一片属人类右顶骨残片的化石,这是台湾最早发现的一块人类化石。1974年,在台南另一化石收藏家潘常武处,日本古生物学家鹿间时夫也发现一片同样采自菜寮溪的人类左顶骨化石。上述两片化石经鹿间教授研究测定,属于现代人种,经过氟与锰测定,其年代距今3万~2万年。学者们把这些头骨所代表的人类称为"左镇人"。[1]这是台湾发现的最早的人类化石标本,反映了在距今2万年前台湾岛上已有人类居住。据连照美的整理研究,在菜寮溪先后发现的左镇人化石有头骨碎片7件(包括右顶骨残片4件,左顶骨残片1件,额骨、枕骨残片各1件)和牙齿化石2件(包括右上第一或第二大臼齿1件、右下第一大臼齿1件)。根据石化情形和解剖性质,有3件头骨碎片代表的3个不同个体,属同一时代的同一种群,可称为"左镇人"。[2]

海峡两岸考古人类学家尤玉柱、连照美等人据左镇人、柳江人和清流狐狸洞出土牙齿化石石化程度、形态、大小,尤其是齿宽、齿厚十分相近的事实(福建清流人牙齿釉质发育不良,下次小尖与下内尖间隔开,齿冠宽10.8毫米、厚10.02毫米。左镇人的标本2也有一枚臼齿,其齿宽11毫米、冠厚10.02毫米,前者与清流人接近,后者与清流人完全相同。柳江人齿冠宽与厚也大抵与清流人、左镇人相似),认为左镇人、柳江人、清流人均属我国旧石器时代南部地区的晚期智人,他们体质形态基本相同,都继承了中国直立人的一些特

① 臧振华:《台湾考古的发现和研究》,《东南考古研究》第二辑,厦门大学出版社1999年版。
② 连照美:《台南县菜寮溪的人类化石》,台湾大学《考古人类学刊》1981年第42期。

征,其中特别是左镇人和清流人存在同源关系,应是今日闽台居民共同的祖先。[①] 考古人类学家根据历年来田野发掘和古地质、气候、生物资料分析,认为:"从云南元谋至台湾台南,大致在北回归线至北纬25度之间,有一条自西向东、从老到新的人类化石和旧石器的密集分布带,这个密集分布带表明更新世期间人类向东迁徙的过程和路线 …… 人类迁入台湾的惟一通道是东山陆桥 …… 据台湾第四纪沉积物判断,远古人类从福建的东山岛启程沿着东山陆桥,经澎湖再沿台湾浅滩抵达台湾,其登陆地点在台南一带海滨。"[②]

---

① 尤玉柱、张振标:《论史前闽台关系及文化遗址的埋藏规律》,《福建文博》1990年增刊。
② 同上。

第二章 旧石器时代闽台先民文化遗存

根据人类学家的研究,更新世期间,人类从云贵高原迁徙到两广地区,并不存在地形和气候上的障碍因素,但是福建与台湾两地高山茂林以及台湾海峡的水域却成为古人类迁徙进程中难以逾越的障碍,于是有了远古人类抵达福建与台湾的最早时间和路线问题。为了寻找远古先民入闽徙台的足迹,除了哺乳动物和古人类化石的发现,寻找先民们的聚落遗迹和原始生产活动的工具,就是考古学上所说的文化遗存,显得格外重要。台湾旧石器时代长滨文化八仙洞等遗址和福建三明岩前、漳州旧石器时代遗址及石器等遗物的发现,为闽台先民史前的迁徙历程和文化联系,提供了重要的实物证据。

第一节 福建旧石器时代文化遗存

一、三明岩前旧石器时代遗址

1999 年 9 月~2000 年 1 月正式发掘的三明岩前灵峰洞和船帆洞旧石器时代文化遗址,是新中国成立以来福建境内乃至整个东南地区旧石器时代考古最重要的发现,被列为"2000 年全国十大考古发现"之首。从这个华东地区首次发现的洞穴类型的旧石器时代人类早期聚落遗址——灵峰洞遗址出土的一批遗迹、遗物,把古人类在福建活动的历史提早到距今 10 多万年前,为旧石器时代早期人类在我国东南地区的活动提供了重要线索。船帆洞旧石器时代遗址发现的距今 4 万~3 万年前人类石铺地面遗迹为世界罕见,出土的部分石制品为闽台史前文化的渊源关系提供了重要证据。

（一）灵峰洞遗址

在三明市西30公里处的岩前镇岩前村,有一座海拔约359米的小山峰,称"万寿岩",在山上发现多处发育良好的石灰岩溶洞,灵峰洞和船帆洞就是其中的两处。灵峰洞,俗称"观音洞",在万寿岩西南坡,洞口朝向西南,距地面高约37米,洞宽20米,进深16米,高15米。洞内更新世堆积层(第三层)胶结得十分坚硬,呈浅黄色,薄层(钙板)状,厚25~60厘米,从中清理出土70多件石制品和共存的一批哺乳动物化石。这些石制品的原料主要是砂岩和石英砂岩,其器形古朴、简单且不规整,加工十分粗糙,打片和加工基本用锤击法,偶尔也用锐棱砸击法。出土石制品包括刮削器、砍砸器、石片、石核、石锤、断块、断片等,其中能从完整意义上称之为石器的只有8件,且以刮削器为主要类型(刮削器6件,砍砸器2件)。

与石制品共存的哺乳动物化石为华南大熊猫——剑齿象动物群中常见的品种,有中国犀、巨貘、蝙蝠、鼯鼠、社鼠、竹鼠、鼬牛等8种。

灵峰洞第三层钙板铀系测定年代为 $18.5^{+1.3}_{-1.1}$ 万年,地质时代为中更新世晚期,考古时代为旧石器时代早期晚段。这一数值与第三层共存哺乳动物中国犀(绝灭品种)所处的地质年代(为中、晚更新世)相符。[①]

图2-1 灵峰洞出土石制品

灵峰洞旧石器时代早期文化遗址的发现,为古人类在福建乃至中国南方的活动提供了实物证据,把福建有人类活动的历史提前到十几万年前。同时,这一重要发现也为闽台史前文化的渊源关系研究,提供了极为重要的线索。厦门大学教授李家添指出:"三明旧石器时代遗址是国内更是我省考古的重大发现,以前在研究台湾旧石器文化(如长滨文化)及古人类的来源时,福建省旧石器还是空白,因

① 福建省博物馆:《三明万寿岩发现旧石器时代遗址》,《福建文博》2000年第1期。

此,只能以它和贵州观音洞进行比较,觉得两者之间有承继关系。但是,另一方面,也相信处于东传通道上的福建,会有旧石器时代遗址、遗物发现,只是不可能发现旧石器时代中期特别是早期的遗址、遗物,因为不具备条件。后来福建有了发现,但与台湾发现的年代相若。因此,尽管从地质、古动物、古植物学上以及海峡几次成陆都为大陆古人类、古文化东徙、东传提供了各方面的证据,但总感到有欠缺,所以当知道三明有早于台湾年代的发现,觉得太重要了。你这次路过香港,从你那里以及这次寄来的资料,确切

图 2-2　锐棱砸击法加工的石制品

知道三明遗址的具体年代,这样可以从绝对年代上证明台湾古人类、古文化来源于大陆。三明的发现是我省考古工作者在这个问题上的重大贡献。"[1] 在以往的台湾和贵州的史前文化遗址中,不乏大量锐棱砸击石片的发现,因此两岸考古学者在探讨台湾史前文化渊源时有 "台湾史前文化源于贵州" 的说法,但此文化沿着什么路线传入台湾,始终缺乏实物依据。灵峰洞锐棱砸击石片的发现,为闽台史前文化渊源的研究拉近了空间距离。

（二）船帆洞遗址

船帆洞,俗称 "双连洞",位于万寿岩西坡山脚,离地面仅 3 米,洞口朝西,宽 30 米,进深约 49 米,高 7 米,洞内堆积分十层,其中第五、六、七层为史前文化堆积,分为上（第五层）、下（第六、七层）两个文化层。

下文化层的重要发现是一处石铺地面和大量石制品。石铺地面位于第 7 层底部,已揭露面积 120 平方米,平面呈不规则 "凸" 字形,石料为大小不一的灰岩角砾,摆放随意而凌乱。石块作单层分布,表面略显凹凸,局部地段铺石与原地面的钙板和岩石基本取平,分界截然。由于在铺石间无细砂充填,

---

[1]　摘自 2002 年 2 月 4 日李家添香港来信。

图 2-3　船帆洞下文化层出土的石制品

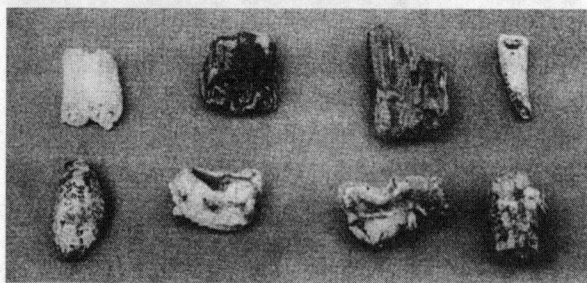
图 2-4　船帆洞下文化层出土的哺乳动物化石

故可排除流水作用形成的因素,应是人工所为。人工石铺地面为国内旧石器时代遗址首见,惟其功用目前仍在研究之中。

下文化层出土石制品近 400 件,其中 80 件发现在石铺地面上,类型有石核、石片、砍砸器、刮削器、尖状器、手镐、石锤、锐棱砸击石片等。这批石制品以大中型刮削器和石片石器为主,复向加工则为主要工艺手法。尖刃类石器的存在是其重要特色。与灵峰洞出土石制品比较,其打片技术(主要用锤击法,偶用锐棱砸击法)及对石核的处理方法基本相同。

下文化层发现的哺乳动物化石有中国犀、巨貘、鼠、鹿、棕熊、虎、蝙蝠等 10 多种。其中,中国犀、巨貘、鼹鼠为绝灭品种,其时代不会超过更新世,当为旧石器时代晚期。

上文化层出土石制品 80 多件,其类别与下文化层大同小异,有石锤、石砧、石核、石片、刮削器、砍砸器及少量锐棱砸击石核与石片,惟不见尖刃类石器。制作工艺上的粗糙作风及出现磨制技术较精的骨角器(骨铲、骨锥和骨饰),反映出石制品技术的退化和工业中心的转移。上述迹象是旧石器时代即将结束,新石器时代行将开始的端倪。

上文化层发现的哺乳动物化石 11 种均为现生种,以鹿、麂数量最多,其他还有熊、竹鼠、野猪、猕猴、雉鸡等。本层出土 200 多件哺乳动物肢骨碎片,其中有相当部分留有明显烧烤痕迹,反映了捕猎规模的扩大和社会生活的进步。

船帆洞上层文化中打制石器与磨制骨角器共存的事实,填补了福建乃至华东地区旧石器时代向更高阶段发展的缺环,也为这一地区寻找旧石器向新石器时代过渡期文化遗存提供了重要线索。①

二、漳州旧石器时代遗址

福建旧石器时代的文化遗物长期未被发现,直至 1987 年,福建省考古队在同安县新墟发现打制小石器。1989 年,漳州文管会曾五岳在漳州北郊采集到打制石器,为旧石器时代考古提供了重要线索。在此基础上,1990 年 6 月,由中国科学院古脊椎动物与古人类研究所、福建省博物馆、漳州市文化局等单位组成的考古队,对漳州北郊莲花池山和竹林山两个地点进行联合发掘,正式揭开了福建旧石器时代文化考古的序幕。这次发掘遗址堆积可分上、下两层:下层发现砍砸器、刮削器、石核、石片等一批打制石器,年代推测为 8 万 ~ 4 万年前;上层发现细小石器,年代估计为旧石器时代末期到中石器时代。获取的旧石器时代 27 件石制品,填补了福建旧石器时代文化遗物的空白。②

莲花池山和竹林山这两处遗址同处漳州市郊的台地上,两地相距 1200 米,海拔高 30 米,旧石器时代的石制品就掩埋在这两个地点的晚更新世中期红土地层的砾石带中。从地质学上观察,漳州北郊台地形成于更新世早期,结束于全新世早期,台地的基础是侏罗纪的花岗闪长岩,目前埋藏石制品的网纹红土砾石条带,是由花岗闪长岩体在当地自然因素的控制下,长期

图 2-5　漳州市郊的莲花池山旧石器时代遗址全景

---

① 福建省博物馆:《三明万寿岩发现旧石器时代遗址》,《福建文博》2000 年第 2 期。

② 尤玉柱主编:《漳州史前文化》,福建人民出版社 1991 年版,第 19 ~ 26 页。

图2-6　莲花池山下层出土石器（石核）

风化而成的。考古发掘反映,石制品与大量脉石英砾石或石英结晶体混杂埋藏在砾石条带中,因台地适处九龙江北溪、西溪的交汇处,发掘者推测,出土的石制品应是居住在台地附近的远古先民,从遗址附近河床或河漫滩上捡取各种石料制作而成的。按照旧石器文化以首先发现的遗址来命名的通例,发现在漳州北郊台地莲花池山的这一文化遗存被命名为"莲花池山文化"。

考古工作者从莲花池山遗址下层发现的旧石器共27件,包括石核、石片、砍砸器和刮削器等,属于更新世晚期（即旧石器时代后期）,距今8万~4万年。27件石器按质料可分为脉石英水晶、石英结晶体和硬砂岩等5种,其中出自莲花池山的23件,出自竹林山的4件。

石器是原始人类主要的生产工具。我国旧石器时代早期的元谋人、蓝田人已经使用粗制的石器。莲花池山文化先民制作的石器,数量不多,类型单调,制法简单,但具有一定的特征。

其一,石核5件,最大的长181毫米、宽178.2毫米,最小的长41毫米、宽34.9毫米。这些石核的原料均是石英结晶体,用直接砸击的方法生产。因边缘成刃,这些石核也可作为砍砸器使用。

其二,石片16件,可分天然台面和人工台面两类,形多不规则,多呈宽短状,系用脉石英砾石或石英结晶体直接锤打成,只宜加工刮削器。

其三,砍砸器1件,长120.5毫米、宽71毫米,系用一件扁平脉石英砾石一面打击刃部而成,外形像一把带柄斧子。砍砸器是我国旧石器时代最常见的石制工具之一,其主要用途是砍伐树

图2-7　莲花池山下层出土石器（石片）

木、制作挖掘工具和猎取野兽。

其四,刮削器5件,体积较小,最大者长49.5毫米、宽35.2毫米、厚14.0毫米,最小者长25.4毫米、宽20.2毫米、厚7.0毫米。依据加工部位刃部形状、刃缘的厚薄和多寡,又可分为厚刃缘刮削器和薄刃缘刮削器两类。刮削器是旧石器时代数量最多的一类石器,从形状看,有些可以用来刮削兽皮、切割兽肉、修理木棒等。

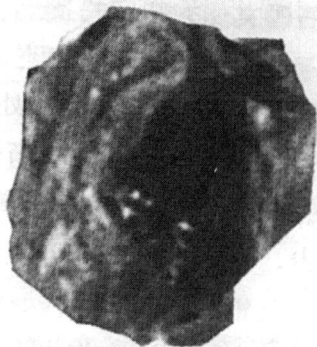

图2-8 莲花池山下层出土砍斫器

据发掘者的报告,漳州莲花池山文化石器的基本特征可归纳为:原材料主要利用脉石英和石英结晶体的砾石,打片时利用天然砾石的自然平面或结晶面,石片多不规则,短而宽,加工简单,具有第二步加工的石器不多且加工简单,器物类型单调。加工部位主要在前端和两侧,以从腹面向背面单向修理为主。①

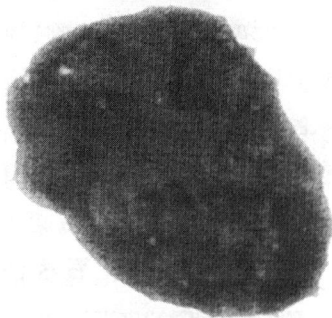

图2-9 莲花池山下层出土刮削器

莲花池山石器基本特征与台湾长滨文化八仙洞遗址干元洞出土的石器十分相似。如两地石器均选材于海边砾石,器形较大,打制工艺均以单向打片为主,故石器多是偏锋;制作石器不见台面,不见或少见二次加工;在石器打片法上均使用流行于华南的锐棱砸击法;等等。这些反映了两地旧石器源于同一工业传统,同时也反映出两地旧石器文化的密切关系。

地质学的材料表明,漳州北郊莲花池山文化旧石器埋藏地层应属晚更新世中期,相当于旧石器时代中期到晚期的过渡阶段,距今8万~4万年前。莲花池山下层旧石器的发现填补了福建长期未发现旧石器时代文化遗存的空白,它较距今1.5万年前的台湾长滨文化更早,莲花池山文化恰处台湾海峡西岸、"东山陆桥"西端,其发现对"'东山陆桥'的存在","左镇人、长滨文化

---

① 尤玉柱主编:《漳州史前文化》,福建人民出版社1991年版,第19~26页。

经由福建'东山陆桥'迁台"等问题的研究增添了新的证据。

在漳州北郊台地以莲花池山遗址上层为代表的113处地点,以及平和(3处)、东山(1处)、诏安(1处)等地,考古工作者还采集到细小石器1457件。这批石器一般掩埋在晚更新世晚期至全新世早期的红黄色砂质土中,原料绝大多数为燧石(有黑色、灰黑色、黄黑色、浅黄色)类型,包括石核、石片、石片石器和石核石器。以石片加工的石器有刮削器、尖状器、镞形器、雕刻器和石钻。这些石器普遍有器形细小、类型复杂、加工精细等特征。其中尤其是刮削器类型最为丰富。在总数373件刮削器中,包含了单边直刃、双边直刃、单边凹刃、双边凹刃、凸凹刃、凸刃、圆头、端刃、盘状、凹缺等10种类型。刮削器是我国旧石器时代遗址中最常见(占70%~90%)、使用最广泛的工具,通常用于加工动物类食品,如切、割、刮动物肢体和制作木质狩猎、捕捞工具。莲花池山遗址上层出土的凹缺刮器最适于抛光木、竹质工具。此类器物数量之多、类型之丰富、加工之精细均为国内同类遗址所罕见,也是最富地方色彩的工具。

漳州北郊台地出土的这批石器以凹缺刮具、镞形器、钻和小石杵构成颇富地方色彩的石器组合,反映出漳州地区滨海依山的生态环境和石器主人过着一种以渔猎活动为主的经济生活。发掘者认为,从工业类型看,这批石器既不同于细石器,也不同于砾石石器,应属于南方小石器系统,推测其年代在距今13000~9000年间,正值旧石器时代晚期向新石器时代早期过渡阶段。鉴于它的地方特征,可称之为"漳州文化"。但学术界也有人认为距今1万年前的这些细小石器,仍应属于旧石器时代后期。[①]

台湾海峡两岸的学者根据台湾旧石器时代的人类化石(左镇人)和文化遗存(长滨文化)的发现,以及闽台古地理、古气候的变迁情况,华南古人类的迁徙模式,福建第四纪哺乳动物的发现等诸种因素的分析,普遍认为台湾的左镇人和长滨文化都是祖国大陆华南传入的。大陆学者尤玉柱等人更具体指出,台湾的左镇人可能是在距今36000~32000年间从福建迁至台湾的。远古的先民从福建东山启程,沿着"东山陆桥",经澎湖列岛,涉过海滩而到达台湾,其登陆地点选择在台南海滨。东山、甘棠及清流人类化石的发现,漳

---

① 陈国强:《闽台史前考古的发现与展望》,《福建历史文化与博物馆学研究》,福建教育出版社1993年版。

州莲花池山文化与台湾左镇人、长滨文化的比较研究,进一步证明了海峡两岸的闽台居民有着共同的祖先,同属于我国旧石器时代南方晚期智人。

三、武夷山等地旧石器时代遗址

1994年,福建省博物馆范雪春等人在武夷山市黄泥山地发现石制品。这是福建旧石器文化的又一重要发现,它为闽北地区进一步寻找旧石器时代文化遗存提供了重要线索,填补了武夷山旧石器文化考古的空白。2001年1月,中国科学院古脊椎动物与古人类研究所张森水研究员、北京大学王幼平教授到武夷山考察,先后在牛栏后山发现大型人工石片,在华彩宾馆公路的红土层中发现砾石石核,以及几件有明显打击痕迹的砾石、几个石片疤单台面石核。在上述黄泥山地的红土地表、砾石堆间又找到多件石核、石片、刮削器。据张森水、王幼平等人的初步判断,武夷山零星发现的石制品性质可暂归砾石石器文化传统中。

四、宁德霍童等地旧石器时代遗址

2000年5月,在宁德霍童一带开展的史前文化遗存调查工作中,范雪春等人在西距霍童镇约5公里的邑板村东北的两座小山——芦坪岗和瓦窑岗采集到3件打制石器和少量打制石片。此后省考古队对上述瓦坪岗地点进行了科学发掘,芦坪岗和瓦窑岗山体基岩均为燕山系晚期花岗岩。晚更新世地层是一套棕红色和红褐色亚黏土,红褐土下面另有一层石英砂岩角砾层。瓦窑岗和芦坪岗的石制品分别产自红土层和角砾层里。此次发掘获石制品14件,连同采集所得共19件,其中有石核5件,石片9件(包括锤击石片、砸击石片和断块),石器则有手斧、手镨、尖状器、砍砸器、盘状刮削器各1件。发掘者根据石制品

图2-10　芦坪岗、瓦窑岗旧石器遗址采集的石器

的原生层位初步推断这是距今2万~1万年的旧石器时代晚期的文化遗存。[①]

　　芦坪岗、瓦窑岗旧石器的发现,填补了闽东地区旧石器时代考古的空白,把闽东地区人类活动的历史至少推早到距今2万~1万年前。

　　旧石器时代晚期,采集是人们生活资料的重要来源。芦坪岗、瓦窑岗遗址发掘出土的石器多为采集工具,如斧、锛、尖状器及加工工具刮削器等。这一时期的狩猎采集活动既为人类提供食物来源,也为其衣着提供材料。

第二节　台湾旧石器时代文化遗存

　　台湾旧石器时代文化考古有近百年的历史,但至20世纪60~70年代才有突破性的进展。在此期间最重要的发现是左镇人化石,以台东县长滨乡八仙洞遗址为典型的分布在东部和恒春半岛沿岸的长滨文化,以及分布在西海岸中北部丘陵地区的网形文化。[②] 上述古人类文化遗存,一方面,反映了距今5万~3万年前的旧石器时代台湾就有人类活动的事实;另一方面,也反映了台湾旧石器时代文化遗存与华南地区(特别是福建)的旧石器晚期文化的许多共同点和联系,成为远古时期闽台先民文化渊源关系的重要证据。[③]

一、台东长滨八仙洞遗址

　　八仙洞遗址位于台湾台东县长滨乡,由面临太平洋的十几个海蚀洞穴组成。该遗址是台湾大学地质系林朝棨教授于1968年发现,后经宋文熏、林朝棨教授领导的台湾大学考古队前后5次考古发掘,分别在潮音洞等4个洞穴遗址的底层发现6000多件水里磨滚过的圆砾石打制石器和一些骨器,其中约3000件打制石器分别出自乾元洞、海雷洞和潮音洞。这些砾石被海水长期侵蚀,主要石质有砂岩、橄榄岩、辉长岩、安山岩、石英、玉髓等。这些旧石器为典型的亚洲型旧石器,主要类型有砍砸器、刮削器和尖状器,其中又以锐

---

①　福建省博物馆:《宁德霍童发现的旧石器》,《福建文博》2000年第2期。
②　在南部鹅銮鼻地区和苗栗县鲤鱼群水库附近也有同期的遗存发现。
③　文物出版社第一图书编辑部:《台湾考古三十年》,《新中国考古五十年》,文物出版社1999年版,第526页。

图 2-11　台东长滨八仙洞遗址

棱砸击法打制的石片石器为主。此外,遗址中还有较丰富的骨角器。八仙洞遗址出土的石器,其基本类型和制作技术与祖国大陆南方地区的石器相似,特别与贵州硝灰洞、湖北大冶龙头、广西百色上宋村、四川梁山、广东西樵山、江西万年仙人洞、福建三明万寿岩等地出土的石器十分相似,反映了祖国大陆古人类东徙台湾的同时也带去了石器的制作技术。李济博士将以八仙洞等遗址出土的器物为代表的文化,称为"长滨文化"(或称为"先陶文化")。类似的文化遗存还分布在恒春地区垦丁鹅銮鼻第二遗址和龙坑、台东县成功镇小马洞穴遗址等处。以上 4 处旧石器时代文化遗址的出土物及周围的生态环境,反映了台湾旧石器时代人类的生活方式:当时人类主要选择面临海边的洞穴、岩阴或近海低地的洞穴、岩棚为居住地。他们还不知道种植作物,过着以渔猎、采集为主要谋生方式的生活。小马洞穴先陶文化层中发现一座墓葬,反映了台湾旧石器时代人类已存在埋葬行为。

长滨文化的年代据碳-14测定,最早数据为距今 15000 年以上,下限为距今 6000 ~ 5000 年[1],将近 1 万年的时间跨度,反映出长滨文化发生、发展到消

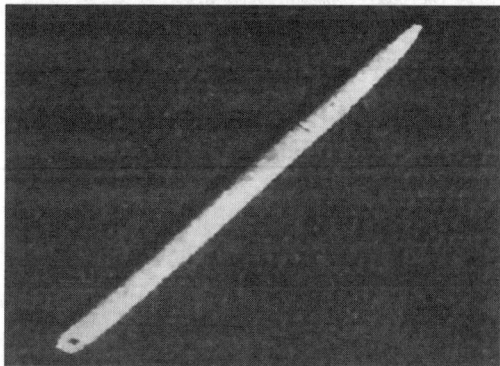

图 2-12　长滨文化骨器

---

[1]　臧振华:《台湾考古的发现与研究》,《东南考古研究》第二辑,厦门大学 1999 年版,第 105 页。

亡的漫长的过程。距今 3 万 ~ 2 万年的左镇人被推测为长滨文化的主人。

张光直的研究认为:八仙洞的石器工业可能起始于更新世晚期,且一直延伸到全新世,与后来的新石器文化还并存过一段时间。[①] 宋文熏、李光周等人则认为,距今 5000 年前后是台湾旧石器时代文化的绝对下限和新石器时代文化的开端,并把这段时期的文化称为"旧石器时代晚期的持续型文化"。[②]

关于长滨文化的来源,根据与台湾周边地区旧石器文化的比较,只有祖国大陆南方与菲律宾相似。又根据更新世时期台湾数度与祖国大陆而未与菲律宾相连的事实,宋文熏认为:长滨文化与祖国大陆南部旧石器时代有密切关系,甚至很有可能从华南传进,则应该是先到台湾西部,再传到台湾东部。[③]

二、鹅銮鼻第二史前遗址

位于台湾南部恒春半岛的垦丁鹅銮鼻第二史前遗址,1982 年由李光周博士正式调查、发掘,是台湾继八仙洞遗址之后第二处有明确地层层位关系并经正式发掘的旧石器时代遗址。遗址所处的地点 A 区与 B 区是珊瑚礁石灰岩礁林区的间隙地和石灰岩洞穴,海拔 15 ~ 16 米。旧石器时代文化层分别在 A 区的第 6 层和 B 区第 2 层。鹅銮鼻遗址出土旧石器时代文化遗物包括打制石器 72 件(砂岩砾石制作,器形含砾石砍器、石片砍器、石片刮削器、凹石等),骨器 2 件(含野猪犬牙磨制的骨凿、鹿科动物长骨制成的骨尖器),贝器 1001 件(多系利用夜光螺等贝类口盖制成刮削器)。鹅銮鼻遗址出土大量海生贝类动物和鹿科、野猪等动物遗骸以及鱼骨、龟甲等,反映了当地文化先民的主要经济生活来源当是海洋捕捞和狩猎。其石器工业与长滨文化传统一致。

三、其他旧石器文化遗址

(一)芝山岩遗址

位于台北士林的芝山岩,原是圆山文化的一处遗址。1979 年年底,黄士强与连照美在该遗址采集到一件典型的砾石砍砸器,其砾石表面及打剥加工面上粘附寄生的海生动物外壳,显示出当时台北盆地仍为海湾而芝山岩

---

①　张光直:《中国考古学论文集》,生活·读书·新知三联书店 1999 年版,第 233 页。

②　宋文熏:《史前时期的台湾》,《历史月刊》1989 年 10 月号。

③　宋文熏:《台湾旧石器文化探索的回顾和展望》,《田野考古》1991 年第 2 卷第 2 期。

为海中小岛的事实。宋文熏认为,这一件石器毫无疑问是属于长滨文化砾
石砍器系统。

(二)龙坑遗址

位于鹅銮鼻先陶
遗址东部 2 公里,是
鹅銮鼻半岛发现的第
二处先陶文化遗址。
龙坑遗址于 1984 年
田野调查中发现,因
严重水土流失,原生
文化层已不复存在。
采集标本有石片制作

图 2-13　龙坑遗址

的刮器、砍器,骨凿、贝刮器等工具,以及贝壳、兽骨、龟甲等自然遗物。据李
光周的考古调查报告,龙坑遗址就是鹅銮鼻第二处出土先陶文化遗留的史前
遗址,其文化内涵与鹅銮鼻第二史前遗址所见内涵不见有明显差异之处。

(三)小马洞穴遗址

位于台东县马武窟溪北岸、海岸山脉东侧一座石灰岩小山的山脚下,遗址
分布在小山脚下海拔约 46 米的并排的十几个洞穴、岩阴中,东距海 800 米,
南距溪约 400 米。1988 年和 1990 年,台湾大学人类学教授黄士强先后两次
带领学生在两个洞穴遗址试掘。遗址最下层为旧石器时代文化层,主要遗物为
石器和大量贝壳。石器有石片器、砍器、尖状器、石槌和废料,这里的石器形制
简单,极少二次加工,且均取材于砾石。在 5 号洞穴还出土了一座这一时期的

人类蹲踞墓葬。

从石器整体情况
观察,小马洞穴遗址
出土的石器与长滨乡
八仙洞遗址的潮音洞
出土的石器十分相
似,另从两处遗址碳
测年代也十分相近的

图 2-14　台东小马洞穴遗址

事实（距今 5000 年左右），反映出它们同属于一个文化系统——长滨文化系统。①

（四）伯公垄遗址

是分布在台湾西海岸北、中部丘陵台地的苗栗网形地区的网形文化的代表遗址。其典型石器为单面石核砍伐器和刮削器，与长滨文化的石片石器略有差别。其年代与长滨文化和祖国大陆华南旧石器时代晚期文化相同。

根据台湾东部、南部发现的旧石器时代人类文化遗址和丰富的遗物，可以对当时居民们的生存环境和生活方式有一个初步的认识：远古居民一般生活在靠近海边的山地、丘陵，他们把聚落场所选择在海边岩山峭壁（也有称做"崩崖"）上的大小海蚀洞穴、石灰岩或珊瑚礁洞穴、岩阴之中；大海和森林所提供的物质是先民们主要的生活资源；他们利用海边砾石等材料制作砍砸器、刮削器、尖状器等简单粗放的生产工具，其中特别是与东亚大陆砾石砍器传统一致的以单面打击的砾石石片砍刮工具为最大特征；渔猎、捕捞和采集是先民们主要的生活手段，他们采集植物根茎，猎获小型动物，捞获海里的贝类和鱼类；此时的原始农业尚未发生。

第三节　旧石器时代闽台先民文化
遗存之间的密切联系

尽管迄今为止闽台旧石器时代文化遗址发现不多，可供比较研究资料有限，但是我们仍可从中窥见闽台旧石器时代文化遗存之间的密切联系。

台湾岛内发现的旧石器从用材选料、形制和打制方法，与贵州、四川、广西、湖北等地晚期旧石器遗址早已广泛流行的石器加工法几无二致。20 世纪 80 年代以来，随着福建漳州、三明等地旧石器文化遗存的发现，人们进而发现，台湾长滨文化八仙洞遗址出土的大型石器与福建三明岩前万寿岩船帆洞、漳州莲花池山出土的大型石器，以及长滨文化潮音洞出土的小石器，广泛分布于闽南各地的漳州文化小石器之间，均有许多明显的共同特征，这反映了台湾岛内旧石器文化是源于祖国大陆华南地区而可能经由福建东传的事实。

---

① 黄士强：《从东河地区谈东海岸史前文化问题》，《田野考古》1991 年第 2 卷第 1 期。

第三章　新石器时代闽台先民文化遗存

　　在公元前1万~前4000年,随着地球末次冰期的结束,各地气候和生态环境产生较大变化。在内陆地区,气候变暖,人类开始从单纯的捕捞、采集经济逐渐向以种植农业、饲养家畜为主的经济过渡,在生产中也开始使用磨光石器并烧制陶器,原始先民赖以长期定居的村落出现了,这是人类从旧石器时代进入新石器时代的标志。由于生态环境和文化因素相互类似,从远古时期已建立的海峡两岸密切的交往联系,此时有了进一步的发展。半个世纪来,海峡两岸新石器时代考古所取得的丰硕成果,正不断地证实这一点。

第一节　福建新石器时代文化

　　福建新石器时代考古开始于20世纪30年代。此间,厦门大学林惠祥率先在闽西南等地开展新石器时代遗址调查和发掘,因受时代条件限制,举步维艰,成效甚微,但先生毕竟有开辟草莱之功。新中国成立之后,福建新石器时代考古面目一新。20世纪50年代闽侯昙石山遗址的发现和正式科学发掘,揭开了我国东南地区新石器时代考古的序幕。嗣后,闽江下游以闽侯昙石山、白沙溪头、榕岸庄边山为代表的一系列新石器时代贝丘遗址的发现和多次发掘,为我国东南地区新石器时代文化也是福建境内第一个考古学文化——昙石山文化的确立和深入研究,提供了丰富的资料。80年代以来,随着福建全省考古调查工作的开展和发掘工作逐步向全省铺开,先后在闽江下游、闽东南和闽西北发现了极富地域特色的新石器时代文化。如目前福建已发现的最早的新石器时代文化,与金门富国墩遗址应为同一时代文化类型的壳丘头文化；又如分布于福建东部沿海地区,有鲜明地域特征和广泛分布区域,与台湾凤鼻头文化有密切联系的黄瓜山类型文化。

在闽北地区,通过对牛鼻山遗址、梅溪岗遗址、斗米山遗址等地区新石器时代典型遗址的发掘,获得大批资料,从而为重新认识闽西北地区新石器时代文化,构建这一地区新石器文化的发展序列,奠定了基础。

福建地处我国东南地区丘陵地带,靠山面海,属亚热带—热带湿潮季风气候,雨量充沛（年降雨量在1500毫米以上）,海岸线长,多岛屿港湾,丘陵纵横。特殊的自然与地理因素,决定了福建境内远古居民有长期与山林、海洋打交道,获取山海资源以谋生的得天独厚的条件。已发现的考古资料表明,福建新石器时代居民主要生活在闽西北和闽东南两大地区。由于区域性的自然和地理条件的制约,这两地之间的文化面貌既有联系,也不乏地域特色。

一、闽东、闽南滨海文化

与华南其他兄弟省区（广东、广西、台湾、海南等）一样,新石器时代的闽东、闽南滨海地区居民发展了一种以捕捞、采集海生食物为主的独具特色的海洋文化。居民聚居地一般多集中在闽江下游江滨河口以及东部海边小丘陵、小岛屿,如闽侯昙石山、白沙溪头、榕岸庄边山,福清东张,平潭南垅壳丘头、南厝场,金门富国墩,以及闽南沿海的诏安腊洲山和东山大帽山等。远古的居民围绕着河流或海滨小平原,逐水产禽兽而居,逐渐形成由海生软体动物贝壳堆积而成的人类"贝丘遗址"和有特色的地域文化,如壳丘头文化、昙石山文化。他们是新石器时代福建的原住居民、土著部族,是商周时代闽族人的直系祖先,是春秋以后发展起来的闽越文化的主要渊源。

（一）分布

福建沿海已发现的新石器时代早期人类遗址主要有:平潭壳丘头遗址、金门富国墩遗址及闽侯的白沙溪头遗址（下层）。

1. 壳丘头遗址

位于闽江口以南海潭岛上平原乡,属平潭县,东南距平潭县城15公里,东北距海约5公里。遗址位于临岛湾海岸山麓上,面积不足3000平方米。1985年秋至1986年春,福建省博物馆考古队在此进行历时4个月的发掘,在总面积约772平方米的范围内,发现了新石器时代贝壳堆积坑21个,残墓葬1

图 3-1　壳丘头遗址

座,出土了石器、骨器、玉器、贝器、陶器等文化遗物 200 多件以及大量陶片。[①]
与壳丘头遗址有密切关系的还有金门岛上的富国墩遗址和闽侯白沙镇的溪
头遗址。

2. 富国墩遗址

又称"蚵壳墩遗址",位于金门县金湖镇溪湖村西北的一个海滨小山。
1968 年 9 月台湾大学地质系在该地进行地质调查时发现,遗址面积不详,
文化层以贝壳堆积为特色,是一个由 20 种贝类构成的贝丘遗址(又称"贝
冢")。70 年代,考古学家在这个贝丘中"采集到许多黑色和红色的陶器破
片……陶片之外还采集到凹石一件,石把手一件"[②]。这些陶片颜色不纯,纹
饰中以贝印纹、刻划纹和指甲纹为主,与壳丘头十分的相似。1995 年台湾"中
央"研究院历史语言研究所在金门岛北部海滨发现了文化面貌与富国墩相
似的金龟山遗址,反映出此类遗存在当地有一定分布范围,都属壳丘头文化
类型。富国墩遗址的年代,经放射性碳素标本测定并依树轮校正,当在公元
前 5500～前 3940 年之间[③],壳丘头的年代也应与此相当[④]。以上是福建境内
新石器时代早期一批有共同文化特征的遗存,考古学上称"壳丘头文化",也
称"富国墩文化"。壳丘头文化的某些文化因素与较之时间略迟的昙石山文
化有传承关系,是目前已知福建境内最早的新石器时代人类文化遗存。据考

---

① 福建省博物馆:《福建平潭壳丘头遗址发掘简报》,《考古》1991 年第 7 期。
② 林朝棨:《金门富国墩贝冢遗址》,台湾《考古人类学刊》1973 年第 33、34 期。
③ 韩起:《台湾原始社会考古概述》,《考古》1979 年第 3 期。
④ 白寿彝:《中国通史》第二卷,上海人民出版社 1994 年版。

古材料反映,与壳丘头类似的文化沿着福建南部海岸可一直延伸到广东、广西及台湾东海岸,如平潭南厝场,广东潮安陈桥村贝丘遗址、海丰、南海西樵山,香港舶寮洲深湾,广西灵山、南宁东兴,台湾大岔坑等。

(二)经济生活

据考古材料反映,距今 6000 年前的壳丘头文化先民生活在闽江下游、东海之滨的古福州湾沿岸或附近的海岛上。那时先民们多居住在河口或海岸的低台地上,背临低山茂林,附近都有大片海水或淡水的资源,可渔、可猎、可采集或捕捞。从溪头遗址第四纪孢粉分析及动物骨骼鉴定的结果看,这一带属海洋性亚热带气候,气温湿热,雨量充沛,山上有茂密的热带雨林,低平地带覆盖着茂盛的植被,其中有大量蕨类草本植物,少量蒿属灌木和松、栎属乔木。在临近人类聚落遗址的山上有大量鹿类、叶猴、牛、象、熊、豪猪、犀等野生动物出没。遗址附近的大片海边滩涂则埋藏有大量海生软体贝类(蚬、耳螺、牡蛎等)。这些丰富的山海动植物资源成为壳丘头先民生活的主要来源。渔猎、捞捕和采集是他们经济生活的主要手段。从兽骨鉴定材料看,先民们已开始饲养狗、猪等家畜。[①] 先民们食余的海生软体动物贝壳堆积成山。在壳丘头,发现有厚 5～65 厘米、深 55～185 厘米的贝壳层,同时还发现平面呈圆形、椭圆形等形状各异且圆径、大小不一的 21 个贝壳堆积坑(也称"灰坑")。这些是当时居民们遗留下来的"垃圾",从坑中埋放物可以窥测当时先民们的经济生活一斑。其中有 14 个坑埋放兽骨及鹿角、鹿牙等遗骸。在溪头遗址发现的少数偶蹄类动物的头后骨骼上,还发现有烧烤的痕迹。科研人员的鉴定材料表明,壳丘头文化居民的狩猎和捕捞的野生动物对象,主要是陆生兽类的水鹿、梅花鹿、赤鹿、野猪,海洋生物则有隆头鱼、海龟及大量的文蛤和少量的牡蛎、蚶、小海螺等。

壳丘头文化居民已经能制作不同质料的渔猎、采集工具,这些生产工具有石器、骨器、贝器和陶器。

石器质料经福建省地矿局鉴定,以凝灰质粉砂岩为主,此外还有闪长岩、辉长岩等。石器以磨制为主,部分打制石器种类有砍砸器、刮削器,磨制石器则有大量的锛(占总数的 2/3),还有以往在福建境内未曾发现的穿孔石刀、

---

①　福建省博物馆:《闽侯溪头遗址第二次发掘报告》,《考古学报》1984 年第 4 期。

穿孔石斧以及石杵、臼等。此外还有数量可观的利用天然鹅卵石粗磨而成的石球,也是渔猎工具。同时出土的骨器有用动物的肢骨、胯骨制作的凿、匕、锥、镞、笄,其中磨制精细但铤、锋皆残的骨镞,应是反复使用的狩猎利器。在壳丘头还发现有明显敲砸、切割痕迹的尚未加工成品的动物肢骨骨管破片以及少量用牡蛎壳加工制作的工具(报告者称之为"贝耜"),反映了壳丘头居民已了解陆栖与海产动物资源不仅可供食用,还可成为制作生产工具的主要材料。在壳丘头、富国墩、白沙下层都发现一批以炊煮器(釜)为主的夹砂陶器,反映出壳丘头人已经掌握原始的制陶技艺。在上述遗址出土的陶器中夹砂陶占90%,泥质陶只占10%。这些掺有大量粗砂和贝壳末制成的陶器不仅胎质松碎,表面颜色斑驳不匀(火候低的缘故),而且多以手制为主(少数口沿轮修),在许多器物的内壁还留有凹凸不平的垫窝。壳丘头先民在聚落遗址中留下的完整的可复原的陶器数量极为有限。从大量陶片中观察,这些陶器器类简单而粗糙,其中以供炊煮用的圆底釜和罐类数量最多,其他还有泥质陶制作的豆、壶、盘、碗等。在部分陶器表面,除了抹光通施红衣外,还应

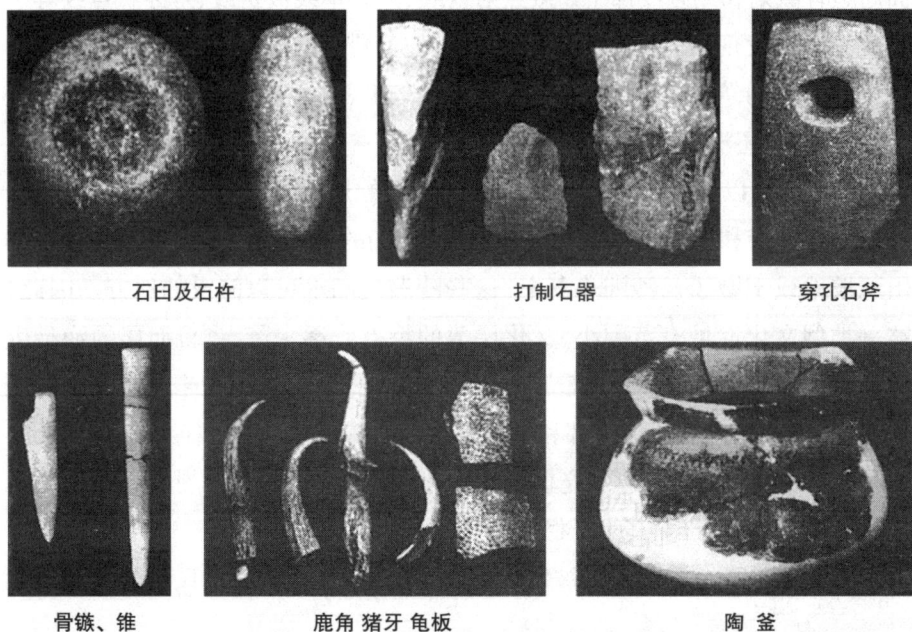

石臼及石杵　　　　　　　　打制石器　　　　　　　穿孔石斧

骨镞、锥　　　　　鹿角 猪牙 龟板　　　　　　陶 釜

图3-2　壳丘头遗址出土的石器、骨器和陶器

用了拍打、压印、刻划、戳点等手法。常见纹饰有麻点纹、细绳纹、贝齿纹、平行刻划纹,其中以拍印的麻点纹、压印的贝齿纹、戳点纹以及多线平行刻划纹最为典型,也最具特色。[①]

在金门岛的富国墩贝丘遗址,发掘者报告,贝冢中采到许多黑色和红色的陶器破片,有素面的,也有带纹的。纹样形式以贝印纹和指甲纹为主,利用种种蚌类的壳缘印出波浪纹、点线纹、直线纹等,用指甲印出弧纹列。此外,亦有横线、斜线和横列短直线的刻印纹。[②]

从以上报告可知,用各种贝壳直接压印在陶坯的贝齿纹图案已构成壳丘头文化的标志之一。这些纹样生动地表现了先民们处于海滨、水乡的生活环境,同时也反映了先民们"寓生活于艺术之中"的原始、朴素的艺术观念。

除了原始制陶业,壳丘头居民已经掌握了纺织技艺。在壳丘头遗址发现8个陶质纺轮,其直径多在6厘米左右,形态上有圆饼状且横剖面呈扁梯形的,也有算珠形而剖面呈六角形的,还有一种断面均呈长方形的。这些纺轮的陶质有夹砂灰陶、夹砂红陶、夹砂黑灰陶和泥质黑陶等,其中多数纺轮的表面尚施有戳刻和刻画纹饰(如戳点射线纹、刻画单线波折纹、月牙状点纹等)。壳丘头遗址发现纺轮的数量远远不及其他渔猎、采集工具,反映出作为辅助性生产劳动的纺织劳动,在生产力水平比较低下、生产方式比较原始的壳丘头居民之中,还没有形成独立的生产门类。

从人们赖以生存的生态环境和劳动手段的遗物看,壳丘头文化居民是一支以海洋渔猎和捕捞为谋生手段的部族,他们的聚落一般选择在濒临海边的山麓坡地或土墩子及沙洲小岛上,这些沙洲是潮水可以淹没的地方。因此,这一类型文化遗址有范围小、文化层薄的特点。逐水产、禽兽而居的渔猎生活,决定了壳丘头居民难以建立大规模的原始村落。这里尚未发现完整的居住遗迹,只有壳丘头遗址东部和中部发现一批深浅不一、大小各异、排列无序的小洞(共100个)。这些充填贝壳的小洞虽然在分布、排列及间距上均无规律可循,但也不排除其为干栏式建筑柱洞的可能。

与大片的原始村落未曾被发现一样,壳丘头文化先民的氏族公共墓地也

① 福建省博物馆:《福建平潭壳丘头遗址发掘简报》,《考古》1991年第7期。
② 林朝棨:《金门富国墩贝冢遗址》,台湾《考古人类学刊》1973年第33、34期。

没有被发现,这似与壳丘头居民以渔猎、采集经济为主要生产方式和居无定所、随季节而迁徙的生活方式有关。

（三）社会习俗

壳丘头遗址仅发现氏族残墓一座,为了解壳丘头文化居民的葬俗提供了珍贵的实物资料。从出土材料看,当地居民施行的是竖穴土坑,仰身直肢葬,头向东南。壳丘头遗址残墓仅存部分肢骨、肋骨、牙齿,墓主是两个孩童。

图3-3　壳丘头遗址出土的"陶祖"（或称"支脚"）

墓葬中未见随葬生产工具,仅发现填土中一只陶罐,尚无法确定是否是随葬品。在壳丘头遗址的贝壳堆积层（第五层）发现19件夹砂陶制作的"陶祖"模型（原报告称为"支脚"）。这些"陶祖"多为蘑菇形顶,圆柱状器身（中空通顶或不通顶）,底座外敞,呈喇叭口,周身戳印点线交叉纹或麻点纹、菱格纹、三角纹。有的顶腹间还有明显的手制抹痕,高11～14厘米,底径9厘米左右。其外形及中空通顶的内部结构,酷似男性阳具,这应是男性生殖器崇拜的信物。男性生殖器崇拜,是原始社会母系氏族社会向父系氏族社会过渡的产物,后来成为父系氏族社会确立的象征。男性生殖器崇拜大约发生于新石器时代的中期,考古发现许多带有模拟性质的"陶祖"、"石祖"和"木祖"。壳丘头文化遗址"陶祖"的发现,反映了壳丘头文化部族已经进入父系氏族社会发展阶段。由于壳丘头文化遗址发现的遗迹和文化遗物少且种类不多,故难以反映这一支原始部族的生活全貌。

二、闽江下游地区文化

考古学材料表明,在距今4000年左右,在福建闽江下游,以闽侯甘蔗恒心乡为中心区域,曾生活过一支新石器时代部族居民——昙石山文化居民,他们是继壳丘头文化之后的福建沿海、闽江下游的另一支史前文化居民。

（一）分布

1. 昙石山遗址

位于闽江下游闽侯县恒心乡,南距闽江约 200 米,是闽江谷地上一个高出江面 20 多米的长条形小土岗,遗址周围是闽江冲积平原。这里远处山林蓊郁,近处翠绿一片,田连阡陌,是适于古人类生存的良好环境。1954 年 1 月间,闽侯县甘蔗镇恒心乡的农民为了修筑闽江防洪堤,在该乡昙石山取土时发现了贝丘堆积及陶器、石器等古物。福建省文物管理委员会获讯后即派员进行调查,在昙石山遗址及附近洽浦山、鲤鱼山等处都发现了原始社会文化遗物。同年 3 月中旬,华东文物工作队派尹焕章、宋伯胤两位专家到闽侯实地勘察。嗣后,由华东文物工作队和福建文物管理委员会联合组成考古队进行挖掘。[①] 林惠祥也亲临现场并协助调查工作。4 月 11 日至 19 日,考古队在昙石山遗址挖掘两条长 10 米、宽 15 米的探沟,根据出土文物初步判定,昙石山遗址属于新石器时代人类聚落遗址。此后,考古队在沿闽江两岸的田野调查中,陆续发现了闽侯榕岸边庄山、白沙溪头巷、恒心白头山等与昙石山类似的史前文化遗址多处。

为了全面揭示昙石山遗址的文化面貌,1954～1965 年,有关人员对遗址先后进行了 6 次发掘,1974 年又进行了第 7 次发掘,揭露面积约 1000 平方米

图 3-4　昙石山遗址全景

---

① 华东文物工作队福建组、福建文物管理委员会:《闽侯县石山新石器时代遗址发掘报告》,《考古报》第 10 册。

（先后参加发掘工作的有华东文物考古队、厦门大学历史系师生、福建省博物馆考古队等）。[①]

昙石山遗址前后 7 次考古发掘的主要收获是，在遗址范围内发现了史前居民的遗迹，如火塘、灰坑、灰沟、公共窑场、氏族墓地，以及大量新石器时代至青铜时代的生产工具和生活用具。昙石山遗址以贝丘堆积为特色，有 3 个文化层次，中下层是贝丘堆积，属新石器时代晚期文化遗存，上层属青铜时代。一般认为，昙石山文化系指中下层文化遗存。

已知昙石山文化遗址主要分布在闽江下游及东部沿海地区。经过正式考古发掘的昙石山文化遗址除了闽侯甘蔗昙石山，还有福清东张、闽侯榕岸庄边山、白沙溪头巷等处。

2. 福清东张白豸寺遗址 [②]

位于福清东张镇南一座俗名"白豸寺"的孤立的小山丘上。遗址高出地面 3～5 米，西南紧临龙江，总面积 5000 多平方米。1957 年考古调查时发现，1958 年发掘，揭露面积 1500 平方米，发现房基、灰坑、灶址等遗迹和大量石器、陶器等遗物，下层为新石器时代昙石山文化类型。

3. 闽侯溪头遗址 [③]

位于闽江下游北岸、闽侯县西南约 12 公里的白沙乡溪头村西南台地上。遗址高出地面 1.5～2 米，南距闽江约 2 公里，西距昙石山遗址约 15 公里，台地海拔 10～15 米。遗址东西长约 100 米，南北宽约 80 米，总面积 1 万多平方米。1954 年考古调查中发现，1975 年 12 月至 1976 年 1 月、1979 年 10 月至 1980 年 1 月先后两次发掘，揭露面积 1548 平方米。两次发掘在下层蛤蜊壳层共清理新石器时代墓葬 51 座，灰坑（蛤蜊壳堆积坑）32 个，以及石器、骨器、玉器、陶器、贝器各类遗物近 400 件。

---

① 福建省文物管理委员会：《闽侯昙石山新石器时代遗址第二至四次发掘简报》，《考古》1961 年第 12 期；《闽侯昙石山新石器时代遗址第五次发掘报告》，《考古》1964 年第 12 期；《闽侯昙石山遗址第六次发掘报告》，《考古学报》1976 年第 1 期；《福建闽侯昙石山遗址新收获》，《考古》1983 年第 12 期。

② 福建省文物管理委员会：《福建福清东张新石器时代遗址发掘报告》，《考古》1965 年第 2 期。

③ 福建省博物馆：《闽侯溪头遗址第二次发掘报告》，《考古学报》1984 年第 4 期；福建省博物馆：《福建闽侯白沙溪头新石器时代遗址第一次发掘简报》，《考古》1980 年第 4 期。

图 3-5 闽侯溪头遗址全景

4. 庄边山遗址 [①]

位于闽江下游南岸、闽侯县竹岐乡榕岸乡庄边山,北临闽江,距福州 20 公里。遗址东西 180 米,南北 80 米,面积约 14000 平方米。1956 年发现,1960年 1 月试掘,揭露面积 78.3 平方米,清理新石器时代墓葬 2 座,灰坑 2 个,战国墓 1 座。1982 年 10 月至 1983 年 3 月、1983 年 10 月至 1984 年 1 月先后两次发掘,揭露总面积近 3000 平方米。遗址包含两个不同时期的文化堆积,上层文化内涵属夏商时代,下层为新石器时代昙石山文化。发现新石器时代墓葬 63 座及大量石器、贝器和陶器。

图 3-6 闽侯庄边山遗址

---

① 福建省文物管理委员会:《闽侯庄边山新石器时代遗址试掘简报》,《考古》1961 年第 1 期;福建省博物馆:《闽侯庄边山遗址 1982~1983 年考古发掘简报》,《福建文博》1984 年第 2 期。

（二）经济生活

考古学材料不断证明,在人类发展的不同阶段,地理环境、自然条件是那样显著地制约人们的物质生产资料活动。新石器时代,福建依山面海的地貌特征,对壳丘头文化和昙石山文化先民的经济活动,仍然同样产生了明显的影响。"东越海蛤,其人玄贝"①,大自然提供的富饶的山海资源,为昙石山文化先民的渔猎、捕捞、采集经济的发展,提供了十分优越的条件。与此同时,由于"东南山国"的地形,大大限制了耕作业的发展,这是福建原始农业发展缓慢的原因。

据地质学家的研究,昙石山文化遗址大量贝丘的堆积,系源于全新世时期,是福州盆地大幅度下沉的结果。地质学家还推断,当年闽江的入海处就在今天的甘蔗、白沙和大小箬一带,这些地方附近都有蛤蜊层发现,这足以证明当时的海水曾经到达其地。②溪头遗址的孢粉研究表明,新石器时代闽江下游昙石山一带植被十分繁茂,昙石山、庄边山、白沙溪头诸遗址附近植被以喜温的蕨类（凤尾蕨属）为主,此外,热带林下植物如里百属、水龙骨科以及喜温的木本植物也各占一定比例。从上述遗址出土的动物群遗骨看,则是一个明显的南方型和森林型的动物群,包括犀、象、叶猴三种本地区已经绝灭的典型热带动物。从这些热带动物所依赖的生态环境分析,那时气候十分湿热、温暖,当属热带、亚热带范畴。

昙石山文化居民已经掌握了制造和使用各种不同质料生产工具的技艺。考古材料反映,这里居民使用的生产工具有石器、骨器、贝器和陶器。

石器是昙石山文化十分重要的生产工具。当时石器的质料为硅质岩、页岩、燧石及叶蜡石等。除极少数为打制石器,大部分石器都经过磨制,但精磨的很少。器形有锛、斧、凿、铲、刀、镞、钺等。其中又以横剖面呈梯形、长方形或三角形的小型石锛数量最多。横剖面呈三角形的石锛是昙石山文化富于地方特征的工具。这种锛和石斧、石铲均可用来砍伐树林,清除杂草,开垦土地,亦可用来加工渔猎工具,是一种有广泛用途的生产工具。以昙石山遗址第 6 次发掘为例,中下层出土的 65 件石器中锛有 41 件,占 63%,且出土石锛

---

① 《逸周书》。

② 林汀水:《福州地区水陆变迁初探》,《福建文博》1986 年第 1 期。

图 3-7　昙石山文化石器

刃部多已崩损,系反复使用所致,联系昙石山文化居民墓葬中极少以石锛随葬,反映出生产工具的弥足珍贵。在昙石山文化各遗址中还出土用水鹿等动物肢骨或鳖腹甲直接切割磨制而成的工具,如骨锥、骨镞、骨凿、骨针、骨鱼镖等,其中以柳叶形的扁铤和三棱形的圆铤镞常见,是狩猎的利器。还有一种海产长牡蛎壳(也称"草鞋蛎")经加工磨制穿孔而成的"贝器"(有单孔、双孔或四孔),有刀、铲或斧等形状,多上窄下宽,凸刃,中间对称穿孔,一般长 12 厘米、宽 8 厘米,可以装柄,也可以用绳子套在手腕上使用,是一种适用于挖掘、刮削、切割等作业的浅海滩涂采集和垦殖业的多功能工具。

我国古代人民对贝类的观察和利用,始于石器时代。考古材料反映,直至青铜时代,昙石山文化的后人仍在大量使用这种多功能的工具。在昙石山文化各遗址中,还出土数量不等的陶网坠、陶纺轮和穿孔圆陶片、陶拍等陶质生产工具。捕鱼用的网坠多用泥质灰陶制作,器身呈椭圆或圆柱形,两端各刻一沟漕,一般长 3 厘米左右。陶纺轮外观扁圆居多,剖面呈菱形或六角形、梯形。一种用夹砂粗绳纹陶片制成的近乎圆形、边沿不甚整齐的穿孔圆陶片,是昙石山文化富于地方特色的纺织工具,其作用当与纺轮相似。

纺轮是原始社会先民为了在纺纱过程中提高搓转和捻合的效率而发明的先进的纺纱工具,也称"纺缚",是现代纺锭的鼻祖,其出现给原始社会生产带来巨大变革。昙石山纺轮一般质料较松懈,制作简单粗放,反映出当时纺织技术水平尚处初始阶段。

1. 捕捞、狩猎和采集

依山面海的自然环境和富饶的山海资源决定了 5000 年前昙石山文化居民过着以渔猎、采集为主的经济生活。在经过科学发掘的昙石山文化各遗址中,都普遍发现大量动物遗骨。如昙石山遗址出土的动物骨骼经中国科学院古脊椎动物与古人类研究所鉴定,有虎、棕熊、印度象、梅花鹿、犀、水鹿、牛、猪、狗等。① 溪头遗址出土的动物种类与昙石山遗址出土的大同小异,其中尤以梅花鹿和鹿科动物数量最多,是昙石山人狩猎的主要对象。从上述遗址出土的偶蹄类动物的头骨有烧烤痕迹,大部分骨骼支离破碎的迹象观察,这些动物在猎获后均被烧烤或煮食。除了狩猎,捕捞和采集也是昙石山文化居民赖以生存的主要生活手段。昙石山文化居民是渔猎和海产采集的能手。这是昙石山文化遗址以大量贝丘堆积为特征的原因。

在我国海滨地区,北起辽东半岛,南至两广、香港、台湾都有发现贝丘遗址。福建省闽江下游昙石山文化诸遗址以及霞浦黄瓜山、诏安腊洲山、漳州覆船山、东山大帽山、龙海万宝山、晋江狮子山等都发现典型的贝丘遗址。闽江下游的贝丘遗址,往往存在两个不同时代的文化堆积,如昙石山、溪头、庄边山等遗址,上文化层为青铜时代文化堆积,下文化层则是新石器时代文化堆积。昙石山遗址贝丘层有的地方厚达3米多,反映了贝类已成为该遗址居民的重要食物来源。昙石山、白沙溪头各遗址贝类的品种大同小异,主要有蚬、魁蛤、耳螺、牡蛎、小耳螺。上述贝类,大部分生活在溪间带的岩石、石缝或泥沙中,少数则生活在沿岸浅海的泥沙中,因此没有高超的采集技艺和生产工具是难以胜任此项作业的。

2. 农业和畜牧业

昙石山文化先民经济生活的主体是渔猎、捕捞与采集,但与壳丘头文化时期比较,此时经济生活中原始农业和畜牧业的比重已明显增加。据考古材料反映,昙石山文化居民已经开始种植水稻。在福清东张遗址下层发现经火烧过的草拌泥地面（或墙壁）中,有许多稻草碎屑,反映出当时已种植稻谷类粮食作物。

除了稻谷遗迹,在昙石山文化遗址还普遍发现各种农具或农具的加工工具。昙石山文化遗址中下层都出土一种剖面呈三角形的石锄,一面扁平,一面有条"人"字形纵脊,器身厚重,当是垦殖工具,如石器中的斧、镰、铲以及大型牡蛎壳制作的穿孔贝器一样,都可直接应用于垦殖、收割等农业活动。而昙石山文化出土数量最多的石锛（包括个别有脊石锛）,则是最佳的原始

---

① 祁国琴:《福建闽侯昙石山新石器时代遗址出土的兽骨》,《古脊椎动物与古人类》第15卷第4期。

农具加工工具。据有关民族学的材料表明,我国南方少数民族地区直至近代仍是以当地盛产的竹、木为材料加工而成的坚硬且尖锐的竹棍和木棍作为主要的农具。[①]《说文解字》记载,"耒"是手耕曲木,这已为考古发现所证实;"耜"是从"耒"发展而成的,原始的"耜"是用石、木或骨制的,考古遗址也发现了使用木耜掘土留下的痕迹。但是,由于竹、木制作农具易腐烂,难以在地下保存。因此,在南方湿暖气候条件下,在濒江、临海甚至潮水可以淹没的昙石山文化遗址,这些竹、木制作的原始农具便很难发现。考古发掘材料反映,在昙石山文化遗存中没有发现大型石质或骨制的农具,因而木质或竹制农具可能被广泛应用于农业生产,而大量粗磨器身、精磨刃部的石锛,则是加工竹、木农具的首选工具。《淮南子·本经训》称,在中国古代,曾有"焚林而田"的耕作方法,即原始农业中采取的烧山种山,或称"刀耕火种"办法。昙石山文化居民的原始渔猎、采集经济向农业经济的过渡,也是靠"刀耕火种"来完成的。

昙石山文化遗址发现的另一重要农业加工工具,是出土于福清东张新石器时代遗址的石制研磨器。据发掘者介绍,这些石磨盘均为细砂岩质,形状、大小不一,其磨棒作椭圆形,系采用天然砾石制作的,其中平面呈马鞍形的一件长22厘米、宽15厘米。这些磨盘显然是加工谷物的工具。

动物的驯养和繁殖是新石器时代的特征之一。考古遗迹说明,早在中石器时代,狗已经被驯养,是人类最早饲养的家畜之一。在新石器时代的我国黄河流域和长江流域,狗也是被普遍驯养的动物。家犬是中国南方新石器时代的主要家畜之一,昙石山文化遗址多有家犬遗骨出土,这反映了昙石山人已有饲养家犬的习俗。在距今7000年前的河姆渡遗址,已经发现家猪的骨骼。考古材料反映,在昙石山遗址和白沙溪头遗址,都有狗和家猪遗骸的发现,这是昙石山文化居民饲养家畜的证据。一般来说,家猪需要大量的饲料,因而只有在从事农业生产之后,才能养猪。昙石山文化遗存中猪、狗遗骨的发现,也是这里居民从事原始农业的实物例证。

原始农业的出现往往与定居生活相联系,在福清东张遗址曾发现一座椭圆形半地穴式屋基,房门朝东,门道底铺石块,靠两壁与门相对处有一个石块

---

① 　林耀华:《原始社会史》,中华书局1984年版,第231页。

垒筑的灶,灶壁有烟熏、火燎痕迹,灶底还有木炭。^① 这座房屋的居住面铺设有一层灰白色的硬土。昙石山人利用高出周围平地的小山坡,营造这种简便的半地穴式的住房,是为了适应多雨湿热的气候环境。

3. 制陶业

陶器的发明是原始人类与自然界斗争中的一大创造。在新石器时代,陶器已在先民的日常生活中发挥着重要的作用。与壳丘头文化时期比较,昙石山文化的陶器无论在造型、质地和数量上都有明显的进步。在昙石山文化各遗址均发现大量先民们制作的陶器,在已发现的近百座昙石山文化氏族墓葬中也随葬了大批陶器,这反映了陶器与昙石山部族先民的生前死后有着密不可分的关系。昙石山文化陶器以大量的夹砂陶为主,约占全部陶器的 80%,其中有夹细砂和粗砂之分。早期陶器颜色多为红色或红褐色,晚期则大部分为灰色,也有少量橙黄陶和黑陶。

昙石山文化早期陶器一般用泥条盘筑法,而后口沿加以轮修。这种工艺是把泥条作螺旋式盘旋向上筑,一直绕到口沿,然后内外挤压,坯里垫以石球或陶模,外面用圆形陶拍拍打,制成陶坯雏形,然后再经加工抹平,在一些器物内部因此凹凸不平,在许多罐和壶内部留有明显的指印痕。昙石山文化陶器早期多手制,晚期始有用快轮拉坯成形。

陶器除素面磨光者外,施加的纹饰有绳纹、篮纹、凹点纹、刻划纹、附加堆纹、圆圈纹、方格纹、戳印纹、镂孔和彩绘。彩陶在陶器中只占少量,有的在黄陶杯口沿绘一周红彩宽带纹,有的则在灰陶带把壶上绘红彩卵点纹,唯早期彩绘容易剥落。

图 3-8　昙石山文化陶器

昙石山文化陶器造型以圈足器和圜底器为多,少见三足器,不见平底器。早期陶器除了少量壶有角状把手,一般不见耳、纽、鼻,晚期出现

---

① 《福建福清东张新石器时代遗址发掘报告》,《考古》1965 年第 2 期。

带把杯。器形早期主要有釜、豆、壶,晚期增加杯、碗、簋和少量鼎。高圈足豆和圈足壶、杯是昙石山文化最常见也最富地域特色的器物。釜是昙石山人最主要的炊煮器。此类以砂陶制作、表面粗糙、拍印绳纹的陶釜,可用石块支撑在崎岖不平的野外炊煮。在昙石山遗址第六次发掘下层出土的20件陶釜中,有的底部还留有烟炙,反映出此类釜确系用来烹煮食物的。反之,一些常见于此时内陆其他新石器时代遗址的炊煮器如甑、甗等器物,在昙石山文化遗存中不见踪迹,反映了当地居民种植的谷物类粮食数量有限,一般无须蒸食。

1974年,在昙石山遗址第7次发掘中,发现一处烧制陶器的窑场,由此揭开了昙石山文化的陶器烧制的历史谜团。窑场共发现7座陶窑,是在不足10平方米的缓坡地面直接挖掘而成的,窑门方向朝东或东偏南,除个别被近代灰沟打破外,多数保存较好。这些窑均为无箅横穴窑,平面多呈瓢形,窑室直径0.7~0.8米,深0.5~0.6米,底大于口,呈袋状。窑内壁多凹凸不平,尚留铲、斧类工具挖掘痕迹。由于高温焙烧,窑内壁形成一层厚3~4厘米青绿色的坚硬烧土面。窑底有2~3厘米厚的灰烬及少量木炭块,火口旁还堆积3~8厘米厚的灰烬,反映了烧窑的燃料当为树枝或干草。火膛在窑室前方,平底拱顶斜坡通向窑室。有的窑火膛与窑室之间还用大石封口,在每个窑室之内还放置若干截尖锥状体的陶器作为支垫,以取代窑箅,发挥支撑陶坯和均匀火力的作用。像这种无窑箅的陶窑,在我国史前文化遗址中是独一无二的,它为我们了解昙石山文化居民的经济生活,以及对我国陶瓷史的研究,增添了至为珍贵的实物资料。

(三)葬俗和社会习俗

已发掘的昙石山文化各遗址都发现有大面积的氏族公共墓地,在昙石山第六、七次发掘中共发现氏族墓葬35座,溪头两次发掘共发现墓葬51座。这些墓葬在遗址内均呈密集形成片分布,并有不少叠压、打破关系。以上两处墓地的分布不遵循一定的规律,如两处墓地各分两片,片与片间距6~15米不等,说明其中可能存在不同层次的社会组织。"假定每片墓是某个氏族在一定时期的死者,则整个墓地至少是属于胞族的,假如一片墓地只是一个家族在一定时期的死者,则整个墓地可能属于某个氏族。"[1]

---

① 苏秉琦主编:《中国通史》第二卷,上海人民出版社1990年版,第499~500页。

墓地葬俗有章可循,如各墓地死者遵循一定的方向。昙石山早期墓头向多朝东北,晚期则以西南向居多;溪头墓地早期墓头向东南,较晚的头朝西北,两者适相反。死者一律直接掩埋在长方形竖穴土坑之内,没有发现葬具,葬式多数为仰身直肢,少数也有仰身曲肢、侧身屈肢和侧身直肢的。死者一般为单人葬,在溪头墓地个别也有男女合葬的。昙石山文化遗址墓葬一般有随葬的习俗,这些随葬品以日用生活陶器为主,常见的有釜、豆、簋、壶,有的也随葬少量生产工具,如石锛、石镞、陶纺轮等。早期墓葬较少有随葬品,每墓葬品数量也少;晚期墓葬绝大

图 3-9　昙石山遗址出土新石器时代墓葬

多数有随葬品,且每墓随葬品数量明显增多。发现于溪头墓地的第 18 号墓是随葬品最为丰富的一个墓例,坑长 2.4 米、宽 1.35 米,死者为年龄 42 岁左右的中年男子,仰身直肢,头向西北,随葬物多达 22 件,除石锛 1 件置于足部外,其他成排置于死者左侧,计有陶釜 9 件、陶豆 2 件、陶壶 4 件、陶簋 1 件、碗 2 件、杯 2 件、石锛 1 件。从总体上看,昙石山随葬品丰厚的墓还是少数,多数死者仅随葬 1~4 件生活用品,反映了昙石山居民之间贫富差别现象已经发生。在昙石山墓地发掘的 12 座小孩(包括婴儿)墓葬中,均发现无手指骨的现象,在新石器时代半坡遗址墓地,也曾发现此种现象,这被认为是属于"割体葬仪"的一种埋葬习俗。据民族考古的调查资料反映,这种葬仪并存于我国北方仰韶文化的半坡和王湾等遗址墓地之中。昙石山文化墓葬中存在的这种古老民俗现象,对研究我国东南民族的起源和迁徙有重要的意义。

在溪头墓地的晚期墓地中还发现男女合葬墓例,男子仰身直肢,面向上,女

子侧身屈肢,面向男子。这类明显表示男尊女卑的葬例,从一个侧面反映出昙石山文化的社会性质,即原始社会母权制的解体和父权制的确立。

在昙石山墓地,还发现一个 50 岁左右男性死者,其头骨的上颌两个侧门齿生前缺少,齿槽萎缩后凹入较深,这是一种与曾流行于江苏大墩子、山东大坟口和西夏侯等我国东部沿海地区新石器时代人类拔除上侧门齿十分相似的风习。在《太平御览》引三国沈莹的《临海水土志》中,也说到夷洲(即台湾)先民中就有拔牙风俗,考古工作者在台湾鹅銮鼻的台湾土著居民石棺墓中也发现拔牙现象,这反映了闽台先民的同风同俗。

(四)种属

20 世纪 70 年代,人类学工作者韩康信、张振标等人通过对昙石山遗址人骨的观察、测量和研究,对昙石山新石器时代人的种属提出了科学的见解。根据对昙石山墓地中出土的 29 具新石器时代人类遗骸中 9 个头骨(3 男 6 女)的形态观察和测量,发现昙石山文化居民的体态具有如下特征 [1]:

1. 头型:两性皆以卵圆形占多数。这种头型的额、顶结节比较平缓,头最宽位置约在后 1/3,整个头型多前窄后宽。

2. 颅骨缝:矢状缝在前囟段和顶段,均为简单的微波形或深波形,顶孔段以后大多为锯齿形。

3. 矢状嵴:在头骨的中线有时出现由前向后隆起的矢状嵴。

4. 颧形:颧骨全部呈现较明显的拐角,即在转角处欠圆钝。

5. 眉弓:男性眉弓达眶缘的中点,属于显著和特别显著;女性眉弓属于微显或稍显。

6. 眶形:多数为圆钝眶形。

7. 梨状孔和梨状孔下缘:全部近似心形。

8. 鼻前棘:比较低矮。

9. 鼻骨形态:多数鼻骨上下部都比中部更宽,男性鼻梁凹陷皆浅,女性浅或无的各占一半。

10. 犬齿窝:不发达,全部属无或弱。

11. 铲形门齿:上门齿全呈铲形。

---

① 韩康信等:《闽侯昙石山遗址的人骨》,《考古学报》1976 年第 1 期。

12. 顶结节：顶结节位置较高。

13. 下颌骨形态：下颌全无隆起（下颌圆枕）出现。

14. 缺牙。

根据上述特征,尤其是头骨形态多呈卵圆形、颅顶缝较简单、在一些个体中存在矢状嵴、面部较扁平、颧骨较大而前突、在转角处欠圆钝、很浅的鼻梁凹陷、鼻前棘低矮、眶角较圆钝、梨状孔下缘多鼻前窝型、犬齿窝很浅及很高的铲形门齿出现率等,都表明昙石山居民比较接近于蒙古人种中的南亚类型。另据昙石山人较长的头型、外突的颧弓、顶结节位置较高、有的眶形较矮、梨状孔下缘较多婴儿型等特征反映,昙石山人也具有澳大利亚尼格罗人种的某些特征。据有关资料推算,昙石山男性平均脑量为 1521.0 毫升,女性为 1485.6 毫升;男性身高为 163.5 厘米,低于我国其他新石器时代人（如黄河流域半坡、华县、大坟口、西夏侯等地居民）的平均身高,比较接近广东南海河岩西樵山文化居民的身高。

（五）文化艺术

在原始社会,美术活动直接同生产劳动相联系。人们的艺术兴趣,主要集中于对物质产品进行美的加工,包括器物的装饰,诸如器物本身的刮磨平滑和修治整齐也是一种美的加工和装饰。这种美的加工在旧石器时代是从制造工具中发展起来的。在新石器时代,那些经过修整后匀称、平滑的石器,实可视为一种美术品。新石器时代居民对美的追求,进一步表现在陶器的器形和纹饰上。[①]

在昙石山文化居民烧制的陶器上,从造型到纹饰都集中应用了造型艺术最原始的形成原理。与壳丘头文化时期粗糙、原始、单一的陶器造型比较,昙石山文化居民已经能制造多种用途、类型复杂、形制优美的日常生活器皿。这些陶器应用了匀称、和谐、合乎比例的美学原理,不少器皿不仅是实用的生活用具,也是一种原始的工艺美术品。釜、壶、豆、簋、杯等器物是昙石山中晚期文化陶器群的常见器物。与早期比较,此时陶工更加注意器物外形的美观和类型的变化,他们通过改变器物某部位（如口沿、颈腹、底足）的形状来创新器形。以第 6 次发掘为例,在中层出土的 10 件泥质圈足杯就有 5 种款式,

---

① 参见张光福:《中国美术史》,知识出版社 1982 年版。

如直壁筒形、大口斜腹、长颈折腹、小口折腹和敛口。同时在昙石山和白沙溪头墓葬发现的一种单把杯,直口,弧腹,杯身如小碗,腹部接火炬状把手,把上端高于杯沿,镂孔,中间外凸,刻划菱格纹,口径 10.7 厘米,高 8.5 厘米,这是一类装饰性极为明显、充分反映原始陶工艺术构思的美术工艺品。昙石山出土的壶形器上的羊角纽,类型繁复的豆、簋,圈足上的镂孔装饰,无一不是原始美学观念在制陶工艺中的表现。

昙石山文化陶器除了素面磨光外,还刻绘了富于地域特色、内容丰富的各类纹饰。这些纹饰多是受自然物、自然现象或人工物的启发,反映先民们的渔猎、采集等生产活动,是人们生产实践的产物。如表现山海自然景观的圆圈纹（水波纹）、曲折纹、叶脉纹,反映劳动工具的绳纹、篮纹、席纹,表现渔猎收获品的贝齿纹。这些纹饰的内容不仅交织着先民们对朴素的生活、周围自然事物的概念,也是原始审美观念的产物。昙石山文化陶器中的彩陶图案纹样虽然形式简单（仅有宽带纹和卵点纹两种）,但是作者在着彩的器物部位、色调的配合、图案的素材方面,都有精细的考虑,以达到最佳的艺术效果。在昙石山 10 号墓出土的两件壶形器,其中一件器表饰卵点纹,口沿内壁绘竖条纹;另一件上腹及颈部绘条纹,下腹为卵点纹。若从个体形象观察,这些纹样仅仅是简单的点和线,但经合成后的图案却成功地起到美化器物及实用与美观相统一的效果,让人们从各个角度（包括俯瞰的角度）观察,都能达到良好的艺术效果。这些几何化了的纹样已逐渐成为昙石山文化先民工艺装饰艺术的主流,反映了特殊的艺术风格,为福建青铜时代几何印纹陶文化艺术奠定了坚实的基础。

三、闽南地区文化

在 20 世纪 50 年代,福建南部在大规模的考古调查中曾发现一批新石器时代遗址,后经核实,其中多数系属青铜时代文化遗址（或遗物）。以后由于田野考古工作开展相对较少,所以福建南部原始社会新石器时代文化一直无法窥其全貌。80 年代的考古调查,在闽南九龙江流域及其沿海地区陆续发现一批史前文化遗址,为进一步了解闽南地区新石器时代文化面貌,提供了重要线索。

九龙江流域的新石器时代人类聚落遗址以大量的贝丘堆积为特色,经过调查或发掘的有漳州市郊的覆船山、龙海万宝山、漳浦香山、东山大帽山、诏安腊洲山等。这一时期残留的文化层堆积都不丰厚,其中一个原因是遗址受自然或人为的破坏;另一个原因是在末次冰期结束后几次较大的海侵,使沿海地区自然生态环境发生较大的改变,因而不可避免地影响到生活在滨海丘陵地带的新石器时代的居民,迫使他们重新选择聚落居址。

(一)覆船山遗址

位于漳州市芗城区芗山乡岭下村100米处的一座形如覆船的小山上。遗址于1958年考古调查时发现,1986年和1990年两次复查,遗物散布面积1800平方米,局部残留有文化层。覆船山遗址是典型的贝丘遗址,文化层堆积主要由单纯的淡水贝类河蚬构成。两次调查采集的遗物主要有大量河蚬壳、少量残石器、打制石片、陶片、动物牙齿和骨骼等。陶器均手制,质地粗松,以夹砂陶为主,胎厚薄不一,火候极低,纹饰有曲线贝齿纹、篮纹等。其中贝齿纹及压印方法与平潭壳丘头文化和台湾大岔坑文化相似,其年代与壳丘头遗址相近(距今约6000年),反映出两者间存在密切的文化联系。

(二)腊洲山遗址

位于闽粤交界的诏安县,东接云霄,西邻广东省饶平县,南濒东海,东南与东山县隔海相望。诏安县依山面水,地形复杂,西北重峦叠嶂,中部丘陵起伏,东南则有蜿蜒海岸和沿海平原。诏安属南亚热带季风区,靠近北回归线,冬暖夏凉,雨量充沛,是古人类生活的理想之处。1985年9~10月间,考古工作者在诏安县东南梅岭乡腊洲山北坡调查,发现新石器时代贝丘遗址一处。腊洲山系西北—东南走向的条状山脉,三面环海,海拔92.5米。遗址分布在山顶,残存面积200平方米。遗址文化层厚约225厘米,主要文化层由海生贝壳堆成,厚60~175厘米,种类有蚌、蛤蜊、海螺、蚶等22种之多。这些贝类为潮间带底栖类,少数为潮下带或浅海底栖动物。在该遗址下文化层出土的新石器时代遗物主要有陶器、石器两大类。陶器分夹砂、泥质两种陶系,器形有釜、豆、罐和纺轮等。陶器制作粗糙,大部分手制,少量口沿经过轮修,火候低,陶片纹饰有压印纹、绳纹、刻划曲尺纹、锯齿纹、叶脉纹及各种附加纹饰。出土石器包括石片、石核和部分打制石器,器形有斧、石锛、石镞、砺石等,其中石锛为大宗。石器器形偏小,多不规整,打磨粗糙,且有大量石片、石料。从遗址的文化层堆积、出土遗物的质地粗糙、品类单一等情况看,诏安新石器时代贝丘与平潭县壳丘头贝丘遗址及金门富国墩贝丘遗址当同属一类型文化（即壳丘头类型文化）,是我国东南、华南地区较早期的新石器文化。

（三）大帽山遗址

　　位于东山县城西南陈城乡东北的大帽山,是闽南地区人类聚落的另一重要遗址。大帽山海拔约 251 米,遗址分布在山的东南缓坡上,长约 24 米,宽约 20 米。文化层由贝壳堆积而成,厚度为 30~50 厘米,底部是侏罗纪变质砂岩及其风化土。遗址出土物除了大量的贝壳,还有陶片、石器和脊椎动物遗骨。石器有石锛（6 件）、石球（1 件）、石锛饼（1 件）和砺石,均为生产工具。石器除石锛由粉砂岩制作外,其他均用花岗岩砾石制成。出土陶器以生活用具为主,未见完整器或可复原器。陶片分夹砂和泥质两大类,其中以夹砂陶为大宗,约占 88.1%,因火候不同分呈红褐、浅黄、灰黑等颜色,胎灰黑色居多;泥质陶发现数量较少,约占 11.9%,均磨光,有红、灰、黑三种颜色。装饰手法以素面为主（占 65.5%）,其他纹饰有绳纹、附加堆纹、刻划纹、锥刺纹、圆点纹及由以上纹饰相间构图的组合纹。可辨别器形有釜、罐、豆、碗、盘、盒等。

　　大帽山遗址陶器制作工艺有手制、轮修或手轮兼用。多数陶器火候低（700℃~800℃）,制作技艺原始,仅有一种薄胎泥质磨光黑灰陶豆或杯（残片）与山东龙山文化蛋壳陶相似。从工艺作风和纹饰来观察,大帽山遗址陶器和腊洲山有明显相似之处,反映出两者之间的文化联系。

　　大帽山遗址发现的动物遗骸中以哺乳动物骨骼和鱼类的脊椎骨为主。经初步鉴定,哺乳动物的骨骼有鹿、羊、猪等的肢骨和牙齿;贝壳壳体,经初步鉴定,有海生贝类 24 种,海生蔓足类 3 种,此外还发现有极少量陆相贝类动物壳体。经中国科学院古脊椎动物与古人类研究所对该遗址出土贝壳标本碳 -14 测定,年代为距今 4100±100 年,为新石器时代晚期。

　　从覆船山、腊洲山、大帽山等遗址丰富的贝丘堆积以及大量哺乳动物、鱼类骨骼和渔猎生产工具出土的情况看,在九龙江流域原始社会晚期居民的经济生活中,狩猎、采集、捕捞占有十分重要的地位。此时居民已经掌握了较为熟练的捕捞和狩猎技术。如大帽山遗址发现的 27 种海生贝类和蔓足类动物中,绝大多数都生活在潮间带的岩石石缝中或泥沙滩里,只有少部分生活于低潮线以下数米或数十米的浅海海底的泥沙中,要捞获这些贝类,除凭借一般的潜水作业技艺,还得借助一些专门的辅助工具。另外,在大帽山遗址发现的直径达 3.5 厘米的双凹椎体形的鱼类脊椎骨,反映出当时居民已掌握捕捞海洋中大型鱼类的本领。渔猎、采集经济的显著社会地位也反映在先民们的服饰和制陶业中,他们把食余唾弃的鱼脊骨边缘钻孔(孔径达 0.5～0.6 厘米)作为部族妇女的佩饰,象征渔业工具的网纹则出现在此时的陶器表面。

关于福建南部地区新石器时代居民人种的体质特征及由来,中国科学院古脊椎动物与古人类研究所的张振标根据现有国内古人类学的资料,特别是自新石器时代以来的颅骨和现代人的体质人类学研究资料,判断该人种当属蒙古人种的南部类型。[①] 这一类居民可能广泛地分布在我国东南及南部沿海地区,包括浙江、福建、广东、广西,他们有共同的颅骨特征:颅骨较长,颅宽大但偏中等,颅高较低(正颅型),上半面部较低且偏宽,垂直颅且指数也较小(4.5～4.8),上齿槽部较向前突(鼻面角 85°～85.5°),整个面部不很扁平(鼻颧角较小,145° 以下),鼻部较宽阔(阔鼻型),鼻根较低凹(鼻根指数在 26.0～30.0 之间),眶指数略大(平均 80.0～80.4),下颌髁间宽偏窄(平均 123.0～127.8 毫米),下颌骨偏短(平均 107.4～108.5 毫米),下颌枝较窄(平均 35.0～36.6 毫米)等。另外,以其他部位的形态观察,梨状孔(骨性鼻孔)多数为心形,其下缘多数较圆钝(婴儿型),鼻前棘略高(Broca Ⅱ级),眉脊较显著,这些特征与蒙古人种中的南亚类型相对较接近。此外,福建南部居民男性身高的平均值与广东佛山县河宕、闽侯县石山、浙江河姆渡相似,都在 162 厘米以下。

关于福建南部新石器时代居民的族属,按历史记载和根据某些共同的族俗(如断发、文身、凿齿),学术界的一种看法认为,"与浙江、广东甚至广西同时代居民可能在体质特征上代表了古越族的体质特征的种族类"[②]。另一种观点则认为,由于自然与生态环境的差异,先秦时代生活在福建境内的古民族不同于古越族,应称为"闽族"为妥。

①　参见尤玉柱主编:《漳州史前文化》,福建人民出版社 1991 年版。
②　徐起浩:《福建东山县大帽山发现新石器贝丘遗址》,《考古》1988 年第 2 期。

四、闽北、闽西山区居民文化

从迄今已获取的考古材料看,福建地区新石器时代居民的聚落遗址除了集中分布在闽江下游和东部沿海地区,还分布在闽江上游及西部、北部。20世纪 80 年代以来,经调查、试掘而确定为新石器时代居民聚落遗址的主要有:浦城石排下、牛鼻山,武夷山市梅溪岗遗址,邵武斗米山遗址,明溪南山塔下洞穴遗址,南平樟湖坂宝峰山遗址等。

（一）浦城石排下遗址 [①]

位于浦城县东郊约 2.5 公里的石排下村后门山。1981 年 5 月考古调查中发现。遗址所在后门山是一座高出地面约 20 米的月牙形小山坡,东西长 500米,南北宽 100 米,总面积约 5000 平方米。遗址多为现代村落覆盖,试掘选择在文化层保存较好的东北山坡进行,共开探沟两条,总面积 27 平方米。遗址文化堆积可分三层,下层为新石器时代晚期文化遗存,中层为青铜时代文化遗存。出土生活器皿陶器有釜、罐、盘、豆、簋、钵及鼎足等 62 件,石器有石锛、石凿、石磨盘、石球等 8 件。以上陶器中的某些器形（如釜、鼎足）和纹饰（绳纹、篮纹、漩涡纹）分别与闽江下游昙石山文化和江西清江筑卫城文化、江苏马家浜文化、广东马坝石峡文化等有相似之处。因此,推断该遗址文化为新石器时代晚期文化。

（二）牛鼻山遗址 [②]

位于浦城县东北 30 公里处管厝乡党溪村的牛鼻山。遗址分布在高 40 米的牛鼻山南坡二层台地上,1987 年文物普查时发现,1989 年、1990 年福建省博物馆考古队对此进行了两次的正式发掘,揭露面积 425 平方米。遗址文化层堆积 0.8～2 米不等,分上、下两层,上层为南朝以后堆积,下层系新石器时代人类遗存。出土少量泥质、夹砂陶片。这两次发掘的主要收获是发现 19座新石器时代晚期氏族成员墓葬,墓为长方形竖穴土坑墓,长 2.4～1.3 米,墓中随葬品多寡不一,多达三十几件,少则四五件,主要是陶器和石器,不见骨器和贝器。常见的石器是经过精磨的小石锛、小石镞,还有钻孔石斧和石环、砺石等。陶器则多为经淘洗的泥质陶及部分砂陶,主要器形有鼎、豆、壶、罐

---

① 参见《考古》1986 年第 1 期。
② 参见福建省博物馆:《福建省浦城牛鼻山第一、二次发掘》,《考古学报》1996 年第 2 期。

图 3-10　浦城牛鼻山遗址全景

等,其中罐最为常见,几乎每墓必见。陶器造型多圈足器,不见彩陶和硬陶。陶器纹饰简单,多数为素面,少数表面拍印绳纹、条纹、梯格纹,制作工艺为手轮并用。纵观牛鼻山遗址及墓葬出土的陶制生活器皿的主要造型(鼎为主,出现袋足器),和以炊煮器圆底釜为特色的闽江下游昙石山文化遗存有明显的区别。其文化遗存中的三足器、袋足器在广东石峡文化、江西筑卫城樊城堆文化中都是常见之物。遗存中的灰胎黑皮陶是浙江良渚文化的典型陶系。因此,闽北地区以牛鼻山为代表的原始文化应与毗邻的江西,广东、浙江上述原始文化有较密切的联系,是闽北地区新石器时代晚期的代表性文化。

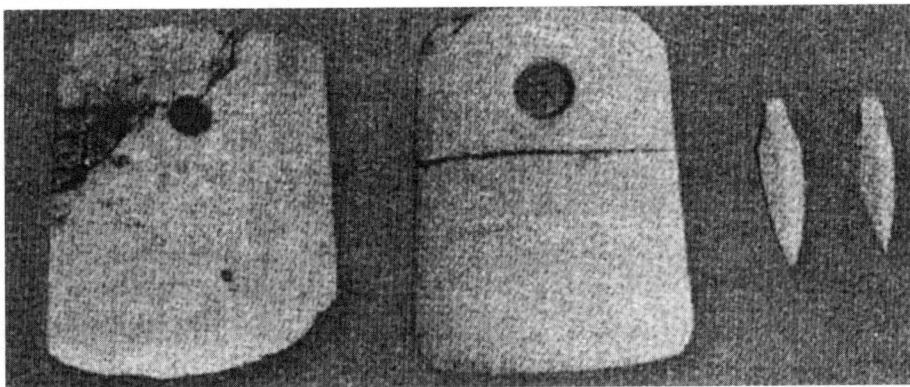

图 3-11　牛鼻山遗址出土的石器

鼎

豆

釜

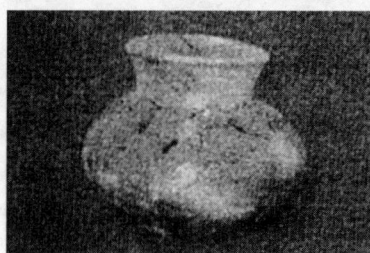

罐

壶

盘

簋

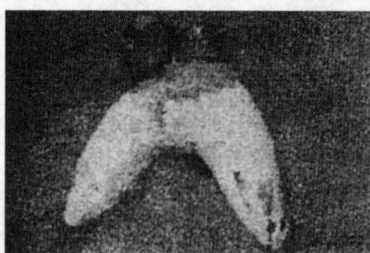

鬶

图 3-12 牛鼻山遗址出土陶器

（三）斗米山遗址

位于邵武市沿山镇百樵村东一座俗称"斗米山"的小山丘上，面积约 7000 平方米，1997 年全省文物普查中发现，1995 年夏、冬先后两次发掘，揭露面积 1402 平方米。遗址文化层堆

图 3-13　邵武斗米山遗址全景

积可分上、下两层，下层为新石器时代遗存。在下层发现三组新石器时代建筑遗迹，有柱洞、房基等。与之同时，还发现 7 座新石器时代墓葬（竖穴土坑），出土大批玉器、石器和陶器。各墓葬品多寡不一，多者 27 件，少者仅 2 件。小型玉器最为常见，每墓必见，主要器形有玉块、玉锥、玉璜等。陶器则有罐、釜、杯、盘等，造型类同牛鼻山新石器时代墓葬器物，似属同一文化范畴。斗米山新石器时代墓葬为福建省内新石器时代墓葬中出土玉器最多的地点，玉器多属饰品，为闽北地区新石器时代社会文化研究增添了重要的内容。

图 3-14　斗米山出土陶器

在斗米山遗址上层发现 15 座墓葬，出土一批器形颇为罕见、器表通施黑衣的陶器群。这些陶器仅个别见于庄边山上层或黄瓜山，因而推测其年代可能与之相当，为新石器时期至青铜时代过渡期产物。

（四）梅溪岗遗址

位于武夷山市武夷镇角亭村崇阳溪上游与梅溪交汇处俗称"梅溪岗"的小山岗顶部。遗址范围 2 万平方米，1987 年发现，1994 年发掘，揭露面

图 3-15　斗米山遗址
出土陶罐

积 531 平方米。遗址文化层堆积可分上、下两层,下层为新石器时代遗存,上层系青铜时代文化遗存。下层新石器时代遗存中发现 3 组略呈圆形的单体建筑遗迹,为福建新石器时代遗址首见。出土遗物有纺轮及小型石器锛、镞等。陶器则以火候低、质粗松的夹砂陶为主,器物有鼎、豆、簋、碗、罐等,某些器物形似昙石山文化陶器,推测其年代大抵与之相当。

（五）明溪南山洞穴新石器时代遗址

位于明溪县城关镇东 1.4 公里处一座俗称"南山"的石灰岩小山丘。遗址分布在山丘南侧 3 号溶洞。洞口朝南,上为大岩棚,横穴进深 8 米,宽、高各 2 米,发掘面积 65 平方米。文化层堆积 0.5～1.5 米,分上、下两层,下层属新石器时代晚期遗存。南山洞穴遗址考古发现原始居民居住遗迹一处,居住面长 5.5 米,宽 1.3～2.5 米,厚约 0.1 米,呈不规则长方形。另外,还出土了一批陶器（有鼎、豆、壶、尊、釜等）和石器（有斧、锛、铲等）。

近半个世纪福建地区新石器时代考古的材料表明,远在距今 6000～4000年前的原始社会晚期,在福建从东海之滨、闽江两岸到武夷山麓的山山水水之间,已经不乏闽人祖先的足迹。由于受地理条件、自然生态环境的影响,其中分布在闽东、闽南沿海和闽西、闽北地区的两支原始部族居民是这一时期的主要居民。生活在闽西、闽北地区的先民,受闽中大山带地域因素影响,他们的文化面貌更接近于粤东、赣南地区新石器时代邻人;而生活在闽江下游和东部海滨的居民,受自然条件影响,更多地表现出浓郁的海洋文化特征和地域特色,他们和台湾新石器时代文化先民有更多的联系和交往。

第二节　台湾新石器时代文化

台湾地区新石器时代文化遗址几乎遍布台湾全岛和澎湖等离岛。与旧石器时代相比,遗址数量激增、分布范围扩大、大型中心聚落的出现（晚期）是这一时期的明显特征。台湾新石器时代文化有早、中、晚三期之分,早期以距今五六千年的大坌坑文化（也被称为"绳纹陶文化"）为代表。由于 5000 年前稻作农业的出现,台湾新石器时代中晚期的文化更加繁荣,地域性也更加鲜明。新石器时代中期距今 5000～3500 年,主要有圆山文化、芝山岩文化、绳纹细陶文化等。晚期年代在距今 3500～2000 年之间,主要有植物园文化、营埔文化、卑南文化、大湖文化和麒麟文化等。

一、大坌坑文化

大坌坑文化是台湾已发现的早期新石器时代文化。它是 1964 年、1965 年台湾大学教授张光直率师生发掘台北县八里乡的大坌坑遗址与高雄县林园乡的凤鼻头遗址以后确立起来的。大坌坑文化在台湾的分布很广,其遗址集中分布在淡水河下游沿岸和中部、北部、西南、西北海岸,东部海岸和澎湖群岛也有零星分布,总数有 10 多处。经过发掘或有年代的遗址,除大坌坑和凤鼻头外还有台南县八甲村、澎湖县的菓叶 A、高雄县的福德爷庙、台北淡水镇的庄厝。①

大坌坑文化的生产工具主要是小型石器,分打制和磨制两种,类型不多。打制石器有石斧、石刀和砾石砍伐器,磨制石器有斧、锛和三角形带孔石镞以及树皮打棒,此外还有凹石和砾石制作的网坠。骨、角器主要是尖器和饰件。大坌坑文化的陶器制作技术比较原始,以粗砂陶为主,火候低,质地松软粗糙。颜色驳杂,以棕黄、红褐色为主。陶器器形简单,有的难以辨认,主要有罐、钵和碗一类器物。陶罐往往在唇下有圈凸起脊条,器物多通体饰绳纹,口沿或颈部多饰刻划纹和贝印文,也有加绘红褐彩绘和镂孔。

大坌坑文化的遗址多处

图 3-16　台北大坌坑遗址全景

---

① 臧振华:《台湾考古的发现和研究》,《东南考古研究》第二辑,厦门大学出版社 1999 年版。

于河口和海岸的低台地上,背临低山茂林。根据遗址的自然地理条件和出土资料,张光直教授对大坌坑文化先民的生态环境和生活方式进行初步分析,认为大坌坑文化是一支产生在热带地区包括海洋、湖泊、河流等暖湿环境里的文化,渔猎和采集是他们的生产基础,"当地住民可以就近从事各种水生动物、植物和鱼类的捞取,狩猎野兽,采集植物果实、种子、纤维、木材,并在台地山坡上和浅林里进行农耕"①。近年来,一些考古学家根据澎湖群岛菓叶 A 贝塚遗址发掘材料,特别是贝丘成分的分析,认为大坌坑文化居民生活的主要来源是采集沿岸潮间带上的贝类、鱼类。他们食用的贝类主要是生长在岩礁上的单壳贝,品种有蝶螺、蜒螺、钟螺和蟹守螺等;食用的鱼类则以近海的珊瑚礁鱼类为主,有隆头鱼科和鹦哥鱼科。他们也采集海边的鱼藻类,但没有农业的直接证据。②

关于台湾大坌坑文化,张光直在《台湾省原始社会考古概述》一文中指出,我国东南沿海在全新世初期有一片以粗糙的绳纹陶器为代表的一种古代文化,它的生产方式以打猎、打鱼和采集(包括采贝)为主,但是也包括对植物的采摘在内,甚至还可能包括若干农作物的培植。台湾大坌坑文化便是这种在中国东南沿海分布辽阔的一种文化的一个地方环节。他认为富国墩至少可以与大坌坑一起加以考虑。张光直进而表示,福建的富国墩(壳丘头)文化和台湾的大坌坑文化是台湾海峡区域迄今所知的最早的新石器时代文化,两者可能是同一文化的两个类型,都存在于公元前 5000~前 2500 年这一文化的主要聚落遗址在海峡西岸有 5 处,即闽侯白沙溪头、平潭岛(敖东南厝场、北厝祠堂后、南垅壳丘头)、金门富国墩、潮安陈桥、海丰西沙坑;海峡东岸则更多,主要有台北大坌坑、台南六甲村和高雄凤鼻头等。③

大坌坑文化和壳丘头—富国墩文化有不少共同点。它们都是海岸文化类型,均以贝丘堆积为特征而遗留下来,都拥有并利用各种丰富的山海资源,因而他们的生产方式均是以渔猎、采集、捕捞经济为主,也包括简单的农业活

① 张光直:《台湾省原始社会考古概述》,《中国考古学论文集》,生活、读书、新知三联书店1999 年版,第 235 页。
② 臧振华:《台湾考古的发现和研究》,《东南考古研究》第二辑,厦门大学出版社 1999 年版,第 106~107 页。
③ 张光直:《新石器时代的台湾海峡》,《考古》1989 年第 6 期。

动。大垒坑文化陶器的纹饰以各种绳纹为主,也有贝印纹;壳丘头文化陶器最富地域特征的除了绳纹之外,还有各种贝印纹与贝划纹。这应与两类文化在各自生产方式中强调植物与海贝有关。

　　张光直认为,台湾岛内的考古学文化从新石器时代到历史时代直到民族学的现代都有明显的连续性。此外,他还认为包括大垒坑文化和壳丘头文化在内的台湾海峡两岸新石器时代早期文化,可能就是大洋洲的南岛语族的祖先文化。许多大洋洲的考古学者都相信,大洋洲的南岛语族的祖先起源于中国东南海岸。对此,祖国大陆考古学界有的认同,有的则认为因发掘资料

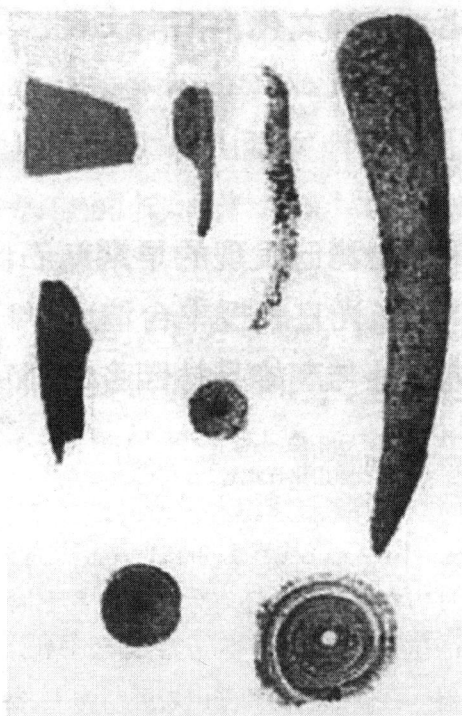

图3-17　大垒坑遗址出土的生产工具

尚显不足,有些特点还无法同福建早期遗存作比较,今后尚需依靠更有力的考古材料来证实。[1] 但是,大家普遍认为,台湾海峡两岸这两支新石器时代早期文化之间的密切联系是毋庸置疑的。从已发现的考古资料看,大垒坑文化与长滨文化之间没有必然的联系。考古学界大都认为:大垒坑文化不是长滨文化发展起来的,而是一支外来文化。这个文化与祖国大陆东南沿海特别是闽南、粤东沿海距今六七千年前以绳纹陶为特征的文化在器物特征、适应形态、文化年代上的相似,反映了大岔坑文化与祖国大陆闽南、粤东沿海同时代文化之间有密切的亲缘关系,所以很可能是从那里渡海而来的。考古学家进而推论,台湾大垒坑文化很可能是台湾南岛族群来自祖国大陆东南沿海的最早祖先,闽粤沿海是南岛民族的老家。[2]

---

　　① 安志敏:《闽台史前遗存试探》,《福建文博》1990年增刊。
　　② 臧振华:《台湾考古的发现和研究》,《东南考古研究》第二辑,厦门大学出版社1999年版,第106~107页。

图 3-18 圆山贝丘遗址

二、圆山文化

因台北基隆河下游河岸的圆山贝丘遗址而得名。该遗址 1897 年发现，1953～1954 年石璋如主持发掘，含上、下两个不同性质的文化层，下层属大坌坑文化，上层属圆山文化。

圆山文化主要分布在台湾东北部海岸和台北盆地。除圆山贝丘以外，经过小规模发掘的还有台北土城乡土地公山、大坌坑遗址上层，经过调查确认的还有芝山岩、大直、尖山等数十处。圆山文化的遗物有石器、骨角器和玉器。石器以砂岩和安山岩磨制为主，器形有斧、锛、凿、三角形带孔石锨、带槽网坠等，有较多有段石锛，也有少数有肩石斧，还有一些大型长条形磨光石器。上述石器多为渔猎、采集和加工工具。骨角器以鹿角、兽骨加工，器形有矛、锥、针、镞、镖鱼叉等。玉器使用较多，多以蛇纹岩为材料，精致小巧，有锛、凿、镯等小饰件。陶器以夹砂（细砂）陶居多，陶色以红褐色为主，器物多素面无纹，器表常施红彩，纹饰有锥刺纹、戳印纹。彩陶则以红色平行条纹为主，常见器形为鼓腹圈足罐，部分器身安流、把手、盖等，此外还出现陶土烧制的支脚、纺锤、镯等饰物。圆山文化中尚发现少量青铜，如在圆山遗址出土两翼形青铜镞和手镯类的青铜片。圆山遗址无铸铜痕迹，此类铜器当是与祖国大陆华南殷商文化交流的产物。考古学者还在圆山贝丘中发现仰身直肢葬，另在大坌

图 3-19 圆山文化石器

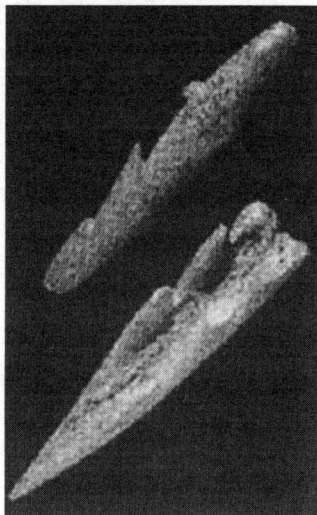

图 3-20　圆山文化骨器

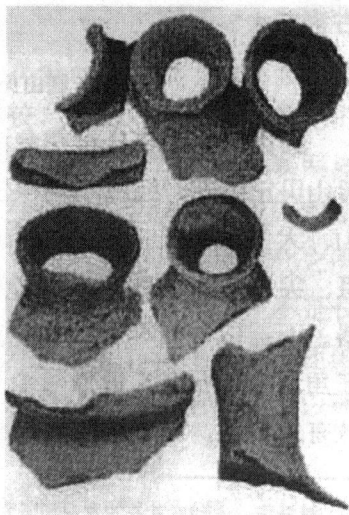

图 3-21　圆山文化陶器（残件）

坑遗址圆山文化层中发现木骨草泥为墙、岩石为基的屋房遗迹。

圆山文化贝丘下层碳 –14 年代为公元前 1910 ± 30 年，中层为公元前 1590 ± 80 年，上层已进入青铜时代。关于圆山文化的来源，普遍的看法是与早期大岔坑文化之间不存在承继关系，是一支外来文化，其源头有待追寻。

三、芝山岩文化

仅发现在台北市士林区芝山岩遗址，1981 年 2 月发掘。遗址含两个文化层，上层为圆山文化，下层为芝山岩文化。陶器主要有罐、钵、碗、豆。纹饰繁多，除彩绘外，有绳纹、方格纹、条纹、划纹、圈纹、捺点纹、齿状凹槽纹等。石器制作业发达，有打制石斧、石铲、石锄，磨制石器有斧、锛、凿、刀、杵、箭镞及凹石、网坠等。骨、角、牙器被广泛使用，制作十分精致。此外，还出土形状多样的木器，如尖状器、掘棒、陀螺形器和木桨形器等。碳化稻谷遗存（经鉴定为粳

图 3-22　芝山岩遗址

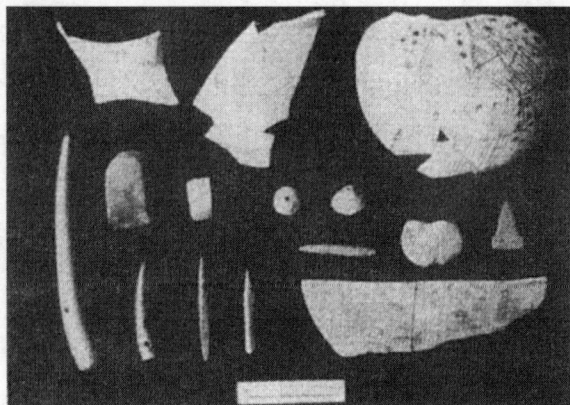

图 3-23　芝山岩遗址出土的木器、骨器、陶器

稻）的出土是芝山岩遗址最重要的发现，为研究我国稻作农业的起源和传播提供了重要的实物资料。除此之外，在遗址中还发现大量动物骨骼，经初步鉴定，有鹿、猪、狗、龟、蟹、鱼等 [1]，反映了芝山岩文化居民除从事原始农业外，渔猎捕捞是其经济生活的重要补充。从芝山岩文化的某些要素来观察，它与祖国大陆东南沿海尤其是福建、浙江的新石器时代文化关系密切。

四、凤鼻头文化

是目前台湾史前文化中分布地域最广的一支文化，除了分布于台湾中南部海岸地带和澎湖群岛，在台湾东、北部海岸，大甲溪中游河谷，曾文溪上游河谷地区也有少量发现。目前此类文化遗址发现总数已超过 90 处，为台湾

图 3-24　凤鼻头遗址

---

① 　黄士强：《台北芝山岩遗址发掘简报》，台北市文献委员会 1984 年印行。

各史前文化之最。具代表性的遗址有牛骂头遗址（台中清水镇）、草鞋墩遗址（南投县草墩镇）、牛稠子遗址（台南仁德乡）、凤鼻头遗址（高雄县林园乡）、垦丁和鹅銮鼻遗址（屏东县恒春镇）、锁港遗址（澎湖县马公市）等。关于这一支文化的命名，海峡两岸多数学者主张以文化内涵最丰富、发掘最详尽、最具文化特征的凤鼻头遗址来命名，称"凤鼻头文化"。持此说的有张光直、韩起、陈国强等人。[①]一些学者则根据不同地区的代表性遗址分别称为"凤鼻头文化"、"牛稠子文化"、"牛骂头文化"，以及东部的"绳纹红陶文化"。台湾学者臧振华则称其为"绳纹红陶文化"分为澎湖锁港、屏东垦丁、高雄凤鼻头三个类型。他还将这一文化的特征归纳为：陶器以夹砂细红陶为主，手制并经慢轮修整，器形以钵形器和罐形器为主，纹饰则以细绳纹为主，另有划纹、方格纹、彩绘等；石器则以打制或磨制的靴形石刀、石锄、长方形石

图 3-25　牛稠子遗址

锛、石镞、网坠、凹石及玉质饰物为主。[②]

张光直将具备不同地域特色的凤鼻头文化分为红陶文化类型、素面和刻纹黑陶文化类型、印纹和刻划纹灰黑陶文化类型，同时推测这个文化的原型应当是祖国大陆的青莲岗和马家滨文化。凤鼻头文化分为两期，早期遗址除凤鼻头外，还有台中牛骂头遗址下层、南投县草墩遗址、屏东县垦丁和鹅銮鼻遗址等；晚期遗址主要有台中营埔、南投县大马、台南市牛稠子、高雄县大湖贝丘遗址等。陶器早期以红陶为主，器形中出现鼎、豆；晚期以灰陶和磨光黑

---

① 张光直：《台湾省原始社会考古概述》，《中国考古学论文集》，生活·读书·新知三联书店1999年版，第246~247页。

② 臧振华：《台湾考古的发现和研究》，《东南考古研究》第二辑，厦门大学出版社1999年版，第108页。

陶常见。早期陶器纹饰有绳纹、席纹、刻划纹和附加堆纹；晚期则以划纹、绳纹、条纹为主，另有不少刻划符号。彩陶多着深红色彩，也有着黑彩，绘制错向平行线纹、网格纹和连点纹。凤鼻头文化遗址多为贝丘堆积，也在不少地方发现稻谷遗存，反映出这是一支农业为主兼营渔猎经济的部族。[1]

以上文化，尤其是圆山文化和凤鼻头文化，同海峡西岸福建的昙石山文化之间存在许多共同的文化因素和十分密切的联系。考古学家夏鼐指出："昙石山中层文化和台湾省高雄凤鼻头的第三、四期贝丘文化，有相当的相似处，碳-14年代也大致相当。这表示当时福建、台湾两省的居民，已有紧密的联系和往来。"[2] 考古学家张光直则认为："凤鼻头文化的许多新颖的文化物质如稻米农业、农具和陶器形制中的鼎和豆，与大坌坑文化扯不上关系，却与海峡西岸的马家浜、崧泽、河姆渡、昙石山文化有显著的类似，可能是在后者影响之下而产生的。"[3] 近年来，海峡两岸新石器时代文化考古不断有新的发展和收获。最新研究材料表明，凤鼻头文化的年代为距今4700～3500年，除部分文化因素来源于大坌坑文化外，在稻作农业、农具、部分陶器的器形和装饰手法（豆、鼎等）及建筑形制（干栏式）、拔牙习俗等都吸收了祖国大陆东南沿海地区的新石器时代文化成分。[4]

五、其他文化

（一）植物园文化

主要分布在台北盆地和淡水河中下游一带，以台北植物园遗址为代表。陶器以细质褐色罐形器为特色，纹饰主要有方格纹。石器中打制与磨制数量相当，主要器形有斧、凿、锛。与圆山文化大同小异，目前对这一文化内涵了解不多。

（二）营埔文化

主要分布在台湾中部大肚溪和浊水溪中下游一带，以1964年发掘的台中大肚乡营埔遗址为代表。其他重要遗址还有南投县顶嵌子、曲冰遗址和埔里

---

① 白寿彝主编：《中国通史》第二册，上海人民出版社1994年版，第504页。
② 夏鼐：《碳-14测定年代和中国史前考古》，《考古》1972年第4期。
③ 张光直：《新石器时代的台湾海峡》，《考古》1989年第6期。
④ 《台湾考古五十年》，文物出版社1999年版，第529页。

图 3-26　台中营埔文化遗址

镇大马磷遗址等。由于营埔文化的分布地域较广，各地遗址间存在某些地域差异，但是文化共性还是十分明显。如陶器以灰黑色罐（圈足或三足）、钵为主，纹饰种类较多，有羽状纹、波浪纹、圆圈纹、弦纹、贝印纹、彩绘等；石器有锄、锛、刀、镞、枪、球和网坠等，种类繁多。在营埔遗址的陶片上还发现稻壳印痕，经鉴定属印度亚种的栽培种，是该文化存在稻作农业的直接证据。此外，在曲冰遗址还发现大量住房建筑遗迹。

（三）大湖文化

主要分布在台湾南部，以高雄大湖遗址为代表。陶器以夹砂灰、红陶为主，器形有罐、盆、杯、钵等，纹饰有绳纹、刻划纹、篮纹、方格纹等，此外还有相当数量的彩陶和黑陶。石器多板岩质，器形有锄、锛、刀、镞等。角、贝器被广泛使用。多贝丘是大湖文化的另一特色。

（四）卑南文化

分布于台东平原、海岸山脉南部至恒春半岛、花东纵谷，以台东市卑南遗址为代表。卑南遗址发现于 1980 年东线铁路建设，并经十多次抢救性发掘，发现一批重要建筑遗存、石

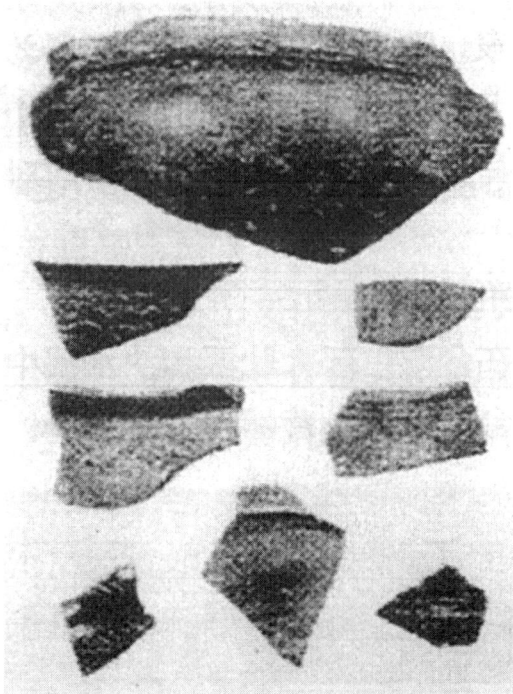

图 3-27　大湖遗址出土的陶器

图 3-28　台东卑南遗址

棺墓葬群和大量遗物。卑南遗址面积超过 30 万平方米,是迄今为止台湾地区发现的面积最大的史前文化聚落之一。

卑南文化的陶器有罐、壶、杯、陶纺轮等,石器则有刀、矛、斧、镰、镞、针、凹石、网坠、石棒等。发达的玉器工业是卑南文化的特色。在卑南各遗址出土大量玉制品,有工具、装饰品。其中最富特色的是大量玉玦,玉玦有环形玦、外侧附四个实纽的环形玦以及长方形玦。上述二类环玦映见于广东石硖文化,反映了台湾史前文化中玉玦来自祖国大陆。[①]

从已发现的考古材料反映,卑南文化的居民建筑遗存包括立石结构、石墙、石圈和铺石路面。

图 3-29　卑南遗址出土的陶器

(五)麒麟文化

又称"巨石文化",是台湾东海岸与卑南文化并存的另一支晚期新石器时代文化。主要分布于东部海岸山脉中段东面的山麓,已发现 10 多处遗

---

① 安志敏:《闽台史前遗存试探》,《福建文博》1990 年增刊。

址,其中以成功镇麒麟遗址为代表。陶器以夹砂红褐陶为主,器形主要有罐、钵、纺锤等,大都素面无纹。石器有打制石器(锄)和磨制石器(器形有锄、锛、凿、矛、刀、网坠)。在遗址中发现人工雕琢的巨石(如岩棺、石像、石轮、石柱、中孔石盘等),这是麒麟文化的最大特色。这些巨石制品可能与祭祀及礼仪有关。[①]

第三节　新石器时代闽台先民文化遗存的关系

全新世发生在台湾海峡两岸几乎是同步的 6 次海侵、海退,严重地影响到两岸人类聚落环境的选择和食物的来源。[②] 台湾海峡这一地理环境的变化,包括海岸线的升降和不同气候类型的植被的更迭,对福建和台湾沿海新石器时代居民提供了共同的生态环境和生存空间。此时台湾海峡两岸的地理特征是:高水面,气候暖湿,在沿海有一系列台地。紧邻台地,前面是潮水可淹没的大片滩涂,这里有丰富的海洋和河口水产资源。台地后面是茂密的热带雨林,林间河谷禽兽出没,大自然提供的富饶的山海资源是闽台先民共同的衣食父母。同样的自然生态环境是新石器时代闽台先民文化渊源关系的基础。

台湾海峡区域最早的新石器时代文化,即福建的壳丘头文化和台湾的大坌坑文化。据考古材料反映,它们同属公元前 5000～前 2500 年之间存在的台湾海峡两岸的海岸文化。它们不仅年代相近,文化面貌也十分相近。其共同的文化因素除了相同的生态环境(多分布河边海口的低台地上、遗址面积不大、多是贝丘堆积等)和生存方式(以采集、渔猎为主,原始农业为补充)外,还表现在生产工具、生活用具以及装饰艺术的相同或相似上。如:石器中打制石器与磨制石器共存,磨制不精,器形简单,常见小型石锛;陶器以夹砂红褐陶或灰褐陶为主,多手制,火候不高,常见圜底器和圈足器;罐为常见器物,装饰手法单纯,常见纹饰有粗绳纹、刻划纹、篦点纹、贝齿(或贝印纹)、镂孔等;遗址中大量的贝丘堆积,特别是常以海生贝类外壳的压印纹样作为陶器的装饰。所谓贝印纹或贝划纹,集中反映了闽台两地新石器时代早期居民

---

① 宋文薰:《台湾东海岸的巨石文化》,《中国民族学会通讯》1956 年第 7 期。
② 张光直:《新石器时代的台湾海峡》,《考古》1989 年第 6 期。

与海洋的密切关系。

　　除了共同的文化因素,大坌坑和壳丘头文化之间也存在一些地域差异,包括某些生产工具、生活用具的造型、类别、制作工艺风格、纹饰等方面的差别,以及在各自遗存中出现的有特色的工具,如穿孔石斧、磨制石环、石把手(以上出土于壳丘头文化)和打制石斧、砾石网坠、三角形穿孔石镞、长方形穿孔石板及树皮布打棒等(以上出土于大坌坑文化)。有鉴于此,海峡两岸的考古学界有人认为"把蚵壳墩和大坌坑作为同一文化的两个类型,恐为时过早"(安志敏,1989),有人认为因发掘资料不足,对大坌坑文化情况了解尚不明(宋文薰,1980),也有人认为大坌坑与壳丘头是属于同一文化区关系极为密切的两种类型文化(吴绵吉,1993)。十几年过去了,闽台两地史前考古的丰硕成果,极大丰富了原先研究资料的不足,也纠正了一些片面的认识。诚如台湾考古学者臧振华所言,大坌坑文化与祖国大陆闽粤沿海一带同时代的文化有很密切的亲缘关系,且与代表龙山形成期早期的细绳陶文化之间有承继发展的关系。[1]

---

[1]　臧振华:《台湾考古的发现和研究》,《东南考古研究》第二辑,厦门大学出版社 1999 年版,第 107 页。

第四章　青铜时代闽台先民文化

第一节　福建青铜时代文化

在公元前 21 世纪~前 5 世纪,我国历史进入夏商西周与春秋时期,考古学上称这一时期为"青铜时代"。僻处我国东南一隅的福建,与中原相隔千山万水,夏商周文化的影响难以直接波及。由于中原的史籍中对闽地的记载极为简略,福建青铜时代的历史,只能于零星的书籍记载中窥其端倪。考古方面的发现也极不充分。福建的青铜器发现不多,且一般时代较晚,其上限当在中原商周时期。所以,关于福建青铜时代,许多问题还有待进一步研究。20 世纪 80 年代以来,全省考古普查以及嗣后的一系列重要的考古发掘取得了重大收获,全省各地发现青铜时代文化遗存点达 2000 多处,采集实物标本数以万计。[①] 在闽江下游,继 70 年代闽侯黄土仑文化遗址商周时代印纹陶墓葬的重大发现之后,1996 年闽侯县石山遗址第 8 次发掘,发现商周时期的壕沟和祭祀遗迹。在闽北,继 80 年代光泽崇仁发现商周时代墓葬群之后,1995 年在光泽池湖首次发现商周时期疑为部落酋长的印纹陶大墓,出土大批品类齐全、造型精美的商周时期印纹陶器和个别原始瓷器,被誉为福建商周考古的重大发现。在闽南,继南安大盈西周青铜器窖藏的发现之后,80 年代以来,又相继在诏安、平和、南靖、云霄等地发现一批商周时期浮滨类型的墓葬和遗址,反映出闽南地区青铜文化鲜明的地域特色。总之,随着考古工作的不断开展和深入,福建青铜时代的文化面貌以及和中原及周边地区(包括台湾地

---

① 福建省博物馆:《五十年来福建省文物考古的主要收获》,《新中国考古五十年》,文物出版社 1999 年版,第 207 页。

区）的文化联系正日渐清晰起来。

一、分布与分期

学者对福建青铜文化的认识有一个过程。早在 20 世纪 50 年代,在光泽大乾河两岸油家垄、腰垄山以及福安岩湖、南安寨仔山等遗址,曾先后有零星青铜工具出土,但是没有引起足够的重视。在 50 年代的考古报告中,全省数以千计的青铜文化遗存被视作新石器时代文化。直到南安大盈青铜器的发现,考古学界对福建青铜器文化的面貌才开始有了初步的认识。考古调查表明,福建青铜时代文化遗存遍布全省 66 个县（市）,数量达 2000处以上。这些遗址多分布在江河水系两岸的谷地和滨海地区的丘陵地,如闽江、晋江、九龙江、汀江流域及闽东滨海地域,都有青铜文化典型遗址或遗物发现。

根据各地考古发掘调查（或采集）大量文物资料分析,分布于全省的青铜时代的文化遗存基本可分四种类型,即庄边山上层类型、黄土仑类型、浮滨类型及武夷山崖葬文化类型。福建青铜时代可分为早、晚两个不同时期。

（一）早期青铜时代文化遗存——庄边山上层类型

福建青铜文化发育较晚,夏商时代,当中原和福建邻近省区（浙、赣、粤）已经纷纷进入发达的青铜器时代的时候,福建仍处于新石器向青铜文化的过渡时期。代表这一过渡时期典型文化的是庄边山上层类型的遗存。

庄边山遗址位于闽侯荆溪乡榕岸,与闽侯县石山遗址隔江（闽江）相望。经 1960 年、1982 年、1983 年 3 次发掘,发掘总面积近 3000 平方米,共发现新石器时代墓葬 63 座,灰坑 70 多个,同时发现战国至西汉初墓葬 8 座及大批遗物。[①] 遗址文化堆积分上、下两层,下层属新石器时代昙石山文化类型,上层则保存了较完整的早期青铜时代文化遗存。类似的文化遗存尚见于闽江下游和闽东地区,其中以霞浦黄瓜山遗址最为典型。

庄边山上层类型遗存的文化特征,大致可归纳为如下几点：①生产工具仍以磨制小石器为主,其中各种动物的肢骨和海生软体贝类外壳磨制的工具

---

① 　福建省文物管理委员会：《闽侯庄边山新石器时代遗址试掘简报》,《考古》1961 年第 1 期；福建省博物馆：《闽侯庄边山遗址发掘报告》,《考古学报》1998 年第 2 期。

已占一定比例。②石器中,有段石锛数量激增,又出现了石矛、石戈、骨矛等
新品种。③陶器是庄边山上层文化类型的标志物。这些陶器(多数为残器
或陶片)主要由器表面施赭色陶衣的橙黄陶、施深赭色陶衣的灰硬陶和彩绘
硬陶等三类器物组成,约占该层陶片总数的1/3。这些陶片由于烧制时火候
高,质地十分坚硬,反映了制陶文化的成熟。从形状来看,陶器群中大型容器
居多,口径最大可超过40厘米。器形则以敞口圜凹底为特征,主要有尊、罐、
盘、豆、杯等。器物表面拍印篮纹、斜线条纹、栅篱纹、方格纹、叶脉纹等。不
少器物往往于拍印上述纹饰之后再施以赭色或深褚色陶衣。多数器物的肩
部饰有宽凸棱状附加堆纹。此外,某些器物的口沿、肩部还施以红赭或黑赭
涂料绘成的平行条纹或斜线三角纹等几何形图案,其中最富有特色的是彩绘
条纹硬质纺轮。

　　属于这一类型文化的典型遗址,还有霞浦黄瓜山遗址、武夷山市葫芦山
遗址下层。其中黄瓜山遗址于1989～1990年发掘,揭示面积1000平方米,
出土物除现有橙黄陶、彩陶外,还发现2组柱洞、4个灶坑、2条水沟等重要遗
迹。① 黄瓜山遗址的发掘极大丰富了人们对福建早期青铜时代文化遗存的认
识。在黄瓜山遗址,除了发现大量小型石锛、石镞、纺轮、钓坠、网坠等狩猎工
具外,还出土了大量橙黄色陶器及彩绘几何形图案的陶器,这些文化特征与
庄边山上层文化相同。更加重要的是,在黄瓜山遗址下层发现的两组柱洞建
筑遗迹,大体上反映了两个长方形、面积各达60平方米的可能为干栏式风格

图4-1　黄瓜山遗址全景

---

① 福建省博物馆:《福建霞浦黄瓜山遗址发掘报告》,《福建文博》1994年第1期。

的单体住屋情况。

据考古发掘材料反映,黄瓜山下层曾发现少量昙石山中层的文化因素（如造型相同的陶釜等）,而在上层则出现部分与黄土仑类型相似的文化陶器（如折肩尊、单耳罐）,此外还有零星釉陶与原始瓷片。以上迹象说明,黄瓜山遗存的文化年代当介于昙石山中层文化与黄土仑文化之间,即新石器时代末期至青铜文化晚期,其年代距今 4000～3000 年间。下层贝壳标本的碳测数据为 3916±260 年,大抵与以上推断相符。[①]

从新中国成立以来的考古调查材料获知,庄边山上层类型文化遗存除了广泛分布于闽江下游外,还散布在沿海的福安、霞浦、泰宁、罗源、宁德、古田、福鼎等县,闽北的邵武、武夷山、建瓯,以及惠安、莆田、厦门和浙江的瑞安,乃至台湾西海岸的凤鼻头遗址上层。庄边山上层类型文化虽然尚未发现青铜器,但其上层陶器的烧造工艺中明显的仿铜风格,以及几何形彩陶的纹样中包含典型的商周青铜器纹样（如云雷纹及变体雷纹）,都反映出这支广泛分布于闽江下游、闽东沿海地域的史前文化受中原青铜器文化的强烈影响,它的前期可能仍处于新石器时代末期,其后期则已进入铜石并用的青铜文化时代。

由于庄边山上层类型文化遗存在昙石山遗址直接叠压在当地新石器时代晚期昙石山文化之上,以及这一时代陶器所具有的青铜文化特征,我们判定其相对年代距今 4000～3500 年之间,相当于中原的夏商时期。

（二）晚期青铜时代文化遗存

1. 黄土仑类型文化

黄土仑类型是福建青铜时代最主要的文化类型之一。此类遗存主要分布于闽江下游的闽侯鸿尾黄土仑和古洋、福清东张、福州浮村等遗址,也散见于昙石山遗址上层。近年来的文物普查材料进而证实,这一类型文化广泛地分布于福建大部地区,包括闽北、闽东、闽西、闽中以及闽江、晋江、木兰溪流域的广大地区,它的文化影响甚至达到赣东北的鹰潭地区。

黄土仑类型文化的典型遗址位于闽侯县鸿尾乡石佛头村南部。黄土仑是石佛头小盆地上的一座小山丘,海拔高度约 40 米,遗址分布在小山的顶部

---

①   福建省博物馆:《福建霞浦黄瓜山遗址发掘报告》,《福建文博》1994 年第 1 期。

图4-2　黄土仑出土陶器

和东、西两坡,面积约5000平方米。于1974年发现,1978年正式发掘。先后发现有19座印纹陶墓葬,出土近200件几何印纹陶器。这批陶器大部分是供宴饮或祭祀的器皿,少数是专为死者制作的冥器。器形有豆、杯、壶、罐、钵、盂、勺、簋、尊、盘、釜、鬲形器、虎子、鼓等。^① 这批印纹陶器无论在数量、质地、工艺诸方面均为福建乃至我国南方诸省所罕见,更以强烈的仿铜作风和浓郁的地方特色令人耳目一新,被誉为福建青铜时代考古的重大发现,引起我国文物考古界的极大关注。

古洋遗址位于闽侯鸿尾乡古洋村,是仅次于黄土仑之后发现的另一处青铜时代重要文化遗址。^② 古洋是闽江下游众山环抱的一片小谷地,黄土仑类型文化遗存就分布在谷地边沿一系列蜿蜒伸展的条状小丘上,其中主要有五房山、师公仑、平冈、米粉岬。这里出土的陶器均以高火候泥质灰硬陶为特色,器形有豆、罐、杯、壶、尊、釜,纹饰有雷纹、方格纹、篦纹、刻划纹和附加堆纹。其中凸棱实心柄豆、瓢形杯、簋等器物的造型、纹饰与黄土仑完全相同。但这个遗址多数印纹陶器制作工艺显得简单。在古洋遗址与印纹陶器共存的还有一批风化剥蚀严重的石器,器形有石斧、石锛、石镞等,其中颇具特色的是横断面呈长椭圆形的大型石斧。

在古洋上述各遗址还发现一批刻划在陶器上的陶文或符号,古洋五房山等4处遗址共发现陶文符号50多片、60多种。

在闽江下游属于黄土仑类型的文化遗址,经过正式发掘的还有福州浮村遗址。浮村遗址位于福州北郊湖前乡浮村村后的一座孤立的小山丘上,高38米,面积50平方米。该遗址遭破坏十分严重。文化层基本分上、下两层,

① 福建省博物馆:《闽侯黄土仑遗址发掘简报》,《文物》1984年第4期。
② 陈龙、林忠干:《闽侯古洋遗址调查》,《福建文博》1984年第1期。

上层为唐宋以后扰乱层,下层主要是商周时代黄土仑类型文化层。出土印纹硬陶占陶片总数的 63%,其中完整器极少,仅复原一个瓠形刻纹杯。纹饰以方格纹为主,还有绳纹、篮纹、弦纹、回纹和刻画纹。石器有斧、锛、刀、镞、凿、锥、环等,其中以横断面呈梯形的小型石锛最多。在浮村遗址下层同时出土了内容、刻划位置与闽侯古洋十分相似的陶文符号。此外,浮村下层的印纹陶器在陶质、器形、陶色、纹饰诸方面均与黄土仑、古洋等遗址相似,反映出它们是同属一个时代的文化遗存。[①]

黄土仑类型文化遗存在闽侯县昙石山遗址上层曾有零星发现。1996 年,昙石山遗址进行了第 8 次发掘,在遗址北部属于黄土仑时期的文化层中发现商周时期壕沟遗迹和两个祭祀坑,其中一个祭祀坑埋放有一具完整的狗骨架,另一个祭祀坑埋放有原始瓷器,瓷盘上遗留有禽类动物骨殖。这一发现为黄土仑类型文化晚于庄边山上层类型文化遗存提供了考古学文化层位上的证明,同时也为探讨黄土仑类型文化晚期的社会性质提供了重要物证。[②]

属于黄土仑类型文化的遗址和墓葬在近年来闽北的考古调查中时有发现,其中以闽北光泽县崇仁白主段墓葬出土的大批印纹陶器最为典型,有人直称为“白主段类型”。1995 年,又在光泽池湖发现 10 座以印纹硬陶为主的

图 4-3　光泽崇仁积谷山遗址

---

① 曾凡:《福州浮村遗址的发掘》,《考古学报》1958 年第 2 期。

② 福建省博物馆:《闽侯昙石山遗址第八次发掘报告》。

墓葬,在墓中发现原始瓷器和石锛、石戈等小型工具。这些墓的结构为竖穴土坑,平面呈长方形,其中两座墓室分别长 7~8 米,宽 3.5~4 米,并有长条形墓道。墓底四周有排列整齐的柱洞与沟槽,就此来看,该墓原来应有木架构,墓底当有木构平台。两墓均有大量随葬品,成堆、成组地埋放在墓室四周。其中一座墓有 80 件随葬品,另一座墓则有 93 件。葬品多为陶器,也有原始瓷器,如硬纹陶质的三足盆、高柄杯、双耳簋及支钉状盖罐、云雷纹大罐等[①],其造型之奇特,工艺之精湛,给人留下深刻的印象。商周时代这种规模的大墓在福建省还是第一次发现。从墓葬的规模和丰富的随葬品推测,两墓主生前当为部落首领一类人物。因此,这一发现对研究福建地方青铜时代历史有十分重要的意义。

黄土仑类型文化的主要特征如下:

(1)陶器从种类、造型、装饰工艺等多方面承袭了青铜器作风,反映出强烈的青铜时代风格。黄土仑陶器多是仿青铜器制作,其中仿铜礼、乐、酒器占了很大的比例。墓葬中常见的器物组合是:豆、杯、罐(或壶)。一种仿青铜酒具的觚形杯几乎是每墓必备的随葬器,最多的一座墓出土 8 件。从史籍记载看,商代晚期,由于允许民间酿酒,饮酒之风极盛,《史记》就曾记载商王帝辛修"酒池肉林"作"长夜之饮"的史实,黄土仑大量仿铜陶质酒器的出现,是这一时代社会风尚的反映。其他如陶镜、陶鼓均是铜器的仿制器。早在 20 世纪 50 年代,考古学家安志敏先生已著文指出,福建闽侯所发现的带鋬罐,上附有两个螺旋形泥条,可以知道它是模仿铜器的形制,虽然有石锛等石器共存,却可以间接说明当时福建已经产生了铜器。

从装饰艺术看,黄土仑印纹陶器上常见的半浮雕式的云雷纹,S 形、〰 形泥条附加堆饰,以及各种动物形象(如龙、虎、羊)的堆塑,装饰在器身上,体现了商代青铜器流行的装饰作风。

(2)具有浓郁的地方色彩。黄土仑类型陶器造型奇特,多数造型为国内同期器物罕见,其中如凸棱节柄豆、觚形杯、杯口双系壶、单鋬罐、鬶形壶、凹底尊都是工艺精湛、极富地方特色的作品,反映出黄土仑类型文化高超的制陶工艺水平。

---

① 　福建省博物馆:《光泽县池湖古墓葬的清理》。

黄土仑遗址经碳–14测定,为公元前1300±150年,相当于距今3250年的商代晚期。另外,我们注意到,黄土仑类型陶器的风格与江西清江商代吴城遗址、万年肖家山遗址、上海马桥遗址中层、安徽潜山薛家岗遗址的同类器物十分相似,而上述遗址都是著名的青铜文化遗址。这一事实说明,黄土仑类型文化遗存应属于青铜时代的商周之际。但也有专家根据黄土仑遗存没有伴出原始瓷器,以及该处陶器的胎质、陶色、形制特征及器表装饰与郑州商代二里岗期的陶器比较相似,认为此类型文化时代可能早在商代中期。

2. 浮滨类型

浮滨类型文化最初因20世纪70年代发现于广东省饶平县浮滨、联饶的21座商周时代墓葬而得名。[①]80年代,又在揭阳、潮州大埔等地发现许多同类遗存。

这个类型文化墓葬均为土坑竖穴,墓向无规律,随葬品组合一般石器有戈、矛、凿,陶器有尊、豆、壶、罐,出戈、矛的墓不出纺轮。戈多属原始型,以无栏戈为特色。陶器中以大口尊最富特色,花纹以直条纹为主,部分陶器施酱釉或酱黑釉,不少陶器的腹部或圈足出现刻划符号。

由于缺乏地层关系材料,考古学界对此类文化遗存年代尚有分歧。一般认为,浮滨类型年代在商代中晚期至西周前期。这类文化遗存除发现于广东东部外,还广泛分布于闽西

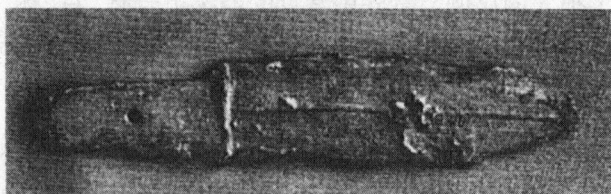

青铜戈

石戈

陶尊

图4-4　漳州虎林山商周墓葬出土遗物

---

① 广东省博物馆:《广东饶平县古墓葬发掘简报》,《文物资料丛刊》第八辑,文物出版社1983年版。

南地区、闽南九龙江流域,包括厦、漳、泉三市及龙岩地区大部,其中仅漳州市一地就发现 360 处遗存,足见分布之密集。上述遗址多出土酱釉陶器、原始瓷、灰印纹硬陶,并有无栏石戈、条形凹刃锛、石镞等。陶器常见的有尊、豆、罐、壶、盂、杯,常见纹饰则有拍印条纹、刻划斜线三角纹及凸棱。浮滨类型文化距今约 3000 年,其时代与黄土仑类型文化大致相近,是福建西南部青铜时代晚期文化的一种主要文化类型。

3. 武夷山悬棺葬类型

青铜时代,在福建闽北的武夷山区曾盛行一种颇为奇特的葬俗,这就是悬棺葬。它是若干古代民族的丧葬形式之一。其特点是置棺于悬崖绝壁,放置方法为洞穴安放或凌空悬挂。这一古老民族文化葬俗流行甚广,包括我国南方十几个省区:东起台湾,中经福建、浙江、江西、湖南、湖北、广东、广西、四川等省区和陕西南部,西至云贵高原,绵亘万里。此外,东南亚地区及太平洋上的美拉尼西亚、波利尼西亚诸岛亦流行这种葬俗。各地悬棺葬年代不同,其中武夷山区的悬棺葬年代最早。

武夷山悬棺的记载最初见于南朝梁陈间人顾野王(519~581)。萧子开《建安记》曰:"武夷山高五百仞,岩石悉红紫二色……有石壁峭拔数百仞于烟岚之中,其石间有木碓、砻、簸、箕、箩、箸什器等物,靡不有之,顾野王谓之地仙之宅,半岩有悬棺数千,传云昔有神人武夷君居此,故因名之。"又《坤元录》云,建阳上百余里有仙人葬山,亦神仙所居之地。① 对这些悬棺,古籍中有"仙船"、"仙函"之称。据后世调查,武夷山悬棺葬的分布范围很广,在方圆 120 里的武夷山风景区内均有悬棺遗迹,其中又以崇安境内武夷山和江西贵溪仙岩分布最为密集。此外,《太平御览》等书还记载了离武夷山北约百里的阑杆山(建阳境内)亦有悬棺葬遗迹,"半岩有石室可容六千人,岩口有木栏杆,飞阁栈道,远望石室中,隐隐有床帐、案几之属,岩石间悉生古柏,悬棺仙葬多类武夷"。而《夷坚志》中也说:"泰宁县东十五里有仙棺石。"安溪县境内悬棺葬的分布亦存有文字记录。但上述地区这些悬棺多不见踪影,唯有武夷山区保留较好。1979 年 8 月,考古工作者沿九曲溪两岸对武夷山境

---

① 《太平御览》卷四七《武夷山》。

内市悬棺葬遗迹做了全面调查。[①] 据调查者报告,九曲溪沿岸的大王峰(升真洞)、小藏峰(飞仙台)、大藏峰(鸡巢岩、金鸡洞)等处共发现船棺 11 具,其他山岩仅有少许残存。

为解开武夷山悬棺的历史疑谜,历代都有人冒险攀岩入洞。1973 年,一伙窃贼以为船棺中有奇宝,他们以粗铁丝制成软梯,从武夷山观音岩洞盗下一具残长 3.54 米的船棺,为圆木刳成,呈船形。现在这副残棺尚存武夷山市博物馆。

1978 年 9 月,福建省博物馆考古工作者对武夷山悬棺葬作了首次科学考察。[②] 这次考察,从距谷底 51 米高的白岩洞穴中取下一具完整船形棺木。船棺长 4.89 米,宽 0.55 米,高 0.77 米。棺体分底、盖两部分,均为整木凿成。棺底首尾起翘如梭形,中间为方形尸枢,并留有刀具加工的弧状凿痕。盖后两侧沿有两孔相对,中间横贯木梢一根。除盖顶有两个风化小洞和首尾起翘部分微残外,其余部分基本完整。

图 4-5　武夷山船棺

经有关部门鉴定,崇安观音岩、白岩的两具船棺及垫板,系用楠木制成的。棺内有完整男性骨殖 1 副,身高 1.62 米,年龄 55～60 岁之间,尸骸上下覆垫"人"字纹竹席,席下以木棒、竹绑作"册"字形铺垫。死者头部两侧填塞细棕,棺内发现随葬纺织品——大麻、苎麻、丝绢、棉布 4 种。据上海纺织科学研究院鉴定,在出土的纺织原料中的一块青灰色木棉布残片,是我国年代最早的出土棉织物。[③] 此外,在船棺内还发现龟形木盘 1 个、猪下颚骨 1 块。

从上述经过考察清理的崇安观音岩、白岩两悬棺的造型、结构及工艺水平看,此类悬棺是以金属刀具加工的。金属刀具在当时应用广泛,白岩悬棺内出土的"人"字纹竹席,为粗、细两种篾片精心加工而成,没有金属工具,不可能有这么细致的成品。从工具来看,船棺时代已进入青铜时代。从形制来看,这

---

① 崇安县文化馆文物组:《武夷山船棺的分布及现状》,《民族学研究》第 4 期。
② 福建省博物馆:《福建崇安武夷山白岩崖洞墓清理简报》,《文物》1986 年第 6 期。
③ 高汉玉等:《崇安武夷山船棺出土纺织品的研究》,《民族学研究》第四辑,民族出版社 1982 年版。

些竹席的编制工艺水
平恰好介于河姆渡遗
址发现的新石器时代
竹编和长沙战国时期
楚墓竹编之间,亦从
一个侧面反映出悬棺
主人的生活时代。

图 4-6　崇安白岩船棺随葬龟形木盘

龟形木盘是崇安白岩悬棺唯一随葬的生活用具。龟是商周时代的吉祥物,商人把龟甲用作占卜。龟还是商周时代青铜器或陶器上的常见造型、纹饰,如龟形纽盖、龟鱼纹等。因此,龟形木盘的出现,亦可作为悬棺年代的参考。

此外,通过对崇安白岩悬棺随葬的丝麻织物的鉴定,发现崇安麻织物的密度与质量,略高于商代中期而低于战国时代,丝织物则接近于商代低于战国时代。

崇安白岩、观音岩的两具船棺,已经获得三个碳测数据:观音岩的两个,其一距今 3840±90 年,其二距今 3370±80 年;白岩悬棺的一个距今 3445±150 年。联系悬棺随葬物的时代特征,初步判定崇安悬棺葬的年代大约为商代晚期,下可延伸至周代。

关于悬棺的主人,古人已经开始探索。朱熹在《武夷山图序》中云:"武夷君之名,著自汉世,祀以干鱼,不知果何神也。今崇安有山名武夷,相传即神所宅,峰峦岩壑,秀拔奇伟,清溪九曲,流出其间。两岸绝壁人迹所不到处,往往有枯权插石罅间,以皮舟船棺柩之属,柩中遗骸,外列陶器,尚皆未坏,颇疑前世,道阻未通,川壅未决时,夷落所居。而汉祀者即其君长。……且传以为仙也……"[①] 许多人认为,朱熹的这一推测颇有道理。但船棺的主人究竟是哪一个民族,学术界颇有争议。有的主张为古越族,其主要依据是:史载越人多生活在溪谷岩壑之间,善用舟而习于水斗,武夷船棺反映死者生前的水上生活,因此,船棺主人当为越人无疑。但这一观点忽略了这样一个史实:首先,"山行水处"是一切山居民族的共同习性,生活在湖北、湖南、江西大部分地区及武夷山地区的苗瑶先民同样不乏这样的生活本能。其次,考古资料反

---

① 朱熹:《武夷山图序》,见董天工《武夷山志》,方志出版社 1997 年版,第 88 页。

映,商周越族先民,包括会稽越人活动的中心区域,均无越人施行悬棺葬的记载;春秋以后越国君王至臣民也一直施行土葬。当然,悬棺葬历史上从来不是某个民族独有的葬俗,从各地民族学的材料看,施行这类葬俗的多为苗瑶族系统的民族,如贵州的红苗、花苗、仡佬族均施行"亲死,剡木以瘗,置崇岩峭壁"的悬棺葬。[①]

武夷山悬棺葬主人的族属,属于古代我国南方苗瑶或苗蛮集团的一支土著部族。据《隋书·地理志》:"南郡、夷陵、竟陵、沔阳、沅陵、清江、襄阳、春陵、汉东、安陆、永安、义阳、九江、江夏诸郡,多杂蛮左,其与夏人杂居者,则与诸华不别。其僻处山谷者,则言语不通,嗜好居处全异,颇与巴、渝同俗。诸蛮本其所出,承盘瓠之后,故服章多以班布为饰。其相呼以蛮,则为深忌。……其死丧之纪,虽无被发袒踊,亦知号叫哭泣。始死,即出尸于中庭,不留室内。敛毕,送到山中,以十三年为限。先择吉日,改入小棺,谓之拾骨。拾骨必须女婿,蛮重女婿,故以委之。拾骨者,除肉取骨,弃小取大。当葬之夕,女婿或三数十人,集会于宗长之宅,著芒心接篱,名曰茅绥。各执竹竿,长一丈许,上三四尺许,犹带枝叶。其行伍前却,皆有节奏,歌吟叫呼,亦有章曲。传云盘瓠初死,置之于树,乃以竹木刺而下之,故相承至今,以为风俗。"[②]

盘瓠是苗瑶族的远古祖先,上述九江郡山区盛行"拾骨"(二次葬)葬俗的民族当是盘瓠一系苗瑶族后裔。其次,人死后,将其尸身置之树上,当属天葬一类,这与悬置棺木于岩陬的武夷山悬棺葬,应属同类葬俗。生活在闽赣交界、武夷山脉北麓的悬棺葬的主人与聚居于附近九江郡山区的苗瑶部族,除了在葬俗上有密切的渊源关系,还通过葬具、葬式、随葬物表现出鲜明的土著民族的个性。

我们也注意到近年来一些学者在非议武夷山船棺越族说的同时,提出闽族说、安家族说、于越族说等不同主张,这是繁荣学术研究的可喜现象。随着悬棺葬考古工作的不断深入,有关悬棺葬族属问题势必会得到彻底的揭示。

至于古人如何把悬棺置于数十米的悬崖峭壁上,一直是大家关注的历史之谜。近年来,学术界联手就此问题进行了实地的科学论证。[③]1989年6月

①　曾文琼:《试论悬棺葬的族属及性质》,《民族学研究》第四辑,民族出版社 1982 年版。

②　《隋书》卷三一《地理志》。

③　曲利平:《悬棺吊装实施过程》,《江西文物》1991 年第 1 期。

13 日,同济大学师生、江西省文物工作者及美国加州大学圣地亚哥分校中国研究中心的专家,经过充分准备,在江西省贵溪县龙虎山崖墓成功地进行了一次原始机械吊装悬棺的现场实验。他们利用简朴的原始绞车、滑轮、绳索等设备,以人力将一口重约 150 公斤,长 2.1 米、宽 1.1 米的棺木,稳稳当当地吊装,提升到距水面 26 米高的崖洞。实验利用人力的原始机械,再现了二千多年前先民升置悬棺的壮观场景。这说明早在商周时代,在诸多人力设置方案中,利用简易机械提升法应是最为方便可行的升置方法。

江西龙虎山悬棺的吊装成功,解开了武夷山悬棺安置的千古之谜,澄清了历史迷雾,为中国悬棺葬的研究,也为科技史、民族史、民俗史的研究提供了极有参考价值的资料。[①]

4. 其他类型

新中国成立以来,在福建全省文物普查中还陆续发现西周至春秋战国时期的文物,如昙石山上层、东张上层的带乳钉的原始瓷豆,溪头上层发现的原始瓷盂,以及南安大盈寨山出土的西周青铜器,建瓯阳泽村出土的西周甬钟,建瓯南雅出土的青铜编钟。但它们多是零散发现,地层关系不明,文化类型有待进一步研究。

二、文化特征

地域之间的差异,造成福建各地之间青铜文化面貌不尽相同,如闽江下游的黄土仑类型文化、闽南三角洲的浮滨类型文化等。各类型文化既有区别又有联系,但都无法排斥外来文化的影响,共同构成了福建地区青铜文化的丰富内涵。

福建青铜文化遗存分布面广,遗址广泛分布在闽江及支流两岸谷地孤立小山丘或台地上,遗址所在山丘坡度平缓,相对高度一般在 50 米左右,山顶平坦开阔。然而,遗址面积不大,堆积不厚,文化层多因水土流失难得保存。因此,福建青铜时代的遗物多以采集得来,可供正式科学清理发掘的人类聚落遗址实属寥寥无几。这是福建青铜文化考古长期滞后的原因。

福建青铜时代是铜石并用并以石器为主的时代。从各地青铜时代遗址出

---

① 陆敬严:《中国悬棺葬升置技术研究》,《江西文物》1991 年第 1 期。

土物看,为数不多的青铜工具和兵器往往和磨光石器共同存在。大量仿铜石戈、石矛及石镞的出土,反映了石器仍然是福建地区青铜时代居民的主要生产工具。这一情况,在全国各地都是存在的。

青铜器数量少,而且出土年代晚,这是福建地区青铜文化的又一特征。新中国成立以来,福建境内最主要的青铜器发现,仅有 1974 年南安大盈出土的一批西周青铜器,有戈、戚、矛、镞、匕首及铜铃等。1987 年建瓯小桥乡阳泽村出土西周前期青铜甬钟,以及 1987 年建瓯南雅乡出土青铜编钟,算是较大的发现,其他多为零星采集或出土。从年代看,以上器物的器形表明:其年代早的约相当于西周时期,迟的约为春秋战国时期。就现有材料看,只能得出福建青铜时代展开要比中原地区晚的结论,并且反映出福建地区青铜文化不甚发达的事实。

另外,从青铜器的器形与纹饰看,福建地区部分青铜器表现出与中原地区有较大的差异,具有鲜明的地方特色。如南安出土的铜铸,形状与当地新石器时代有段石镞雷同,其他如铜戚、铜铃上的网状纹、曲折纹、波浪纹,又与当地几何印纹陶纹饰相似,反映了两者之间的渊源关系。另一方面,建瓯出土的西周甬钟,其造型纹饰与浙江长兴先后出土的同类甬钟[①]及湖南出土的铜钟[②],几乎完全相同;建瓯平洋遗址出土的两件甬钟与浙江萧山出土的同类甬钟,形制相同。这些反映了青铜时代闽浙两地密切的文化联系,以及南方青铜文化的共同特点。考古资料所反映的福建境内极少出土青铜时代的大型礼器以及至今未能发现铸铜遗址、工具(范模)的事实,也说明了先秦时期福建地区青铜文化滞后于中原和邻省。此外,从闽北地区出土的少量青铜工具、兵器,其造型工艺作风多与吴越地区相似的迹象判断,福建青铜文化明显受吴越青铜文化影响。

福建地区最具地方特色的青铜时代遗物是一种以拍印几何形纹样为装饰的硬质陶器,考古学界称之为“几何印纹硬陶”,它普遍存在于青铜时代各类型文化遗存之中。它的出现可上溯福建新石器时代晚期,但数量不多。迄至早期青铜时代,福建各地墓葬中发现的几何形纹样青铜器逐渐增多。到了西

---

①　浙江省文管会:《浙江长兴出土的两件铜器》,《文物》1960 年第 7 期。
②　湖南省博物馆:《湖南省博物馆新发现的几件铜器》,《文物》1966 年第 4 期。

周以后,则与青铜器、原始青瓷共出于全省各地的遗址、墓葬。几何印纹硬陶成为福建地区青铜时代文化的重要组成部分,也是我国东南区青铜时代一种极富地域特征的遗物。高度发达的几何印纹陶文化,在福建地区直到春秋战国才逐渐衰微。

三、经济生活
（一）渔猎和采集

福建依山面海的自然环境和富饶的山海资源,决定了青铜时代先民的经济生活中,渔猎和采集经济仍然占有很大的比重。这是福建青铜文化的又一个特点。在经过科学发掘的闽侯昙石山、溪头、庄边山,福清东张,以及云霄墓林山等遗址,都普遍发现动物的遗骨。以溪头遗址为例,上层出土有狗、猪、犀牛、熊、豪猪、牛、梅花鹿、水鹿等动物的骨骼。昙石山遗址上层也出土了大量动物遗骨,其种类与溪头大同小异,其中尤以梅花鹿等鹿科动物数量最多。茂密的森林,肥美的水草,优越的自然生态环境,使 3000 年前的闽江下游丘陵成为食草性偶蹄动物的繁衍、生长场所,数量众多的鹿科动物成为先民们狩猎的主要对象。在上述遗址出土的偶蹄类动物的头骨有明显的烧烤痕迹,大部分骨骼支离破碎。从这些迹象观察,这些动物在猎获后被烧烤或煮食,其数量表明当时闽江下游的先民以鹿肉为重要食品。

除了狩猎之外,采集也是沿海居民赖以生存的主要生活手段。新石器时代的贝丘遗址,在青铜时代仍然大量发现,福建省闽江下游昙石山文化诸遗址以及霞浦黄瓜山、平潭壳丘头、诏安腊洲山、漳州覆船山、东山大帽山、龙海万宝山、晋江狮子山等都是典型的贝丘遗址。以往曾把这类遗址统归为新石器时代遗存。20 世纪 70 年代昙石山遗址第 7 次发掘证实了闽江下游贝丘遗址往往存在两个时代的文化堆积。在昙石山、溪头等地上文化层已经进入青铜时代,在闽东、闽南,还有纯系青铜时代的贝丘文化堆积,如霞浦黄瓜山遗址。这些堆积成山的贝壳,反映出采贝业是青铜时代沿海、沿江居民赖以生存的重要的生产手段和经济生活的来源。

不过,各地贝丘遗址的内容略有差异,如闽江下游昙石山文化诸遗址,贝类主要有魁蛤、牡蛎、蚬、小耳螺[①];闽南沿海东山大帽山遗址的贝类品种,经

---

① 福建省博物馆:《闽侯昙石山遗址第六次发掘报告》,《考古学报》1976 年第 1 期。

初步鉴定有海生贝类 24 种,海生蔓足类 3 种 ①,还有为数不多的陆相贝类。这些海生贝类,绝大部分生活在溪间带的岩石、石缝或泥沙中,仅有少数生活在沿岸浅海的泥沙中,因此没有高超的采捞技艺和辅助工具是难以作业的。

在上述各贝丘遗址中出土的渔猎采集工具,其质地有石、骨、贝、陶等各种。如昙石山遗址上层出土的有磨制精巧的石锛、石斧、石矛、石镞、砺石、网坠、石核、砸敲器,以及鳖的腹甲,水鹿等动物骨、角制作的骨锥、骨镞、骨针、骨鱼镖,长牡蛎壳加工制作的采集工具。其中数量最多的小型扁平长方形石锛和平面呈柳叶形的镞,是加工、射杀野兽的锐利工具。

从新石器时代后期至青铜文化时代,福建沿海贝丘遗址的居民除了普遍使用凹石加工贝类食物外,还普遍使用一种适用于浅海滩涂采集和垦殖业的多功能工具——牡蛎器。它是利用海产长牡蛎壳磨制而成,有刀、铲、镰、斧等形状,一般长 12 厘米、宽 8 厘米,既可装柄也可以系绳,是另一类极富地域特色的工具。

史籍记载,渔猎、采集经济是先秦时代我国南方百越民族经济生活的重要构成因素。《史记·货殖列传》云:"楚越水乡,足螺鱼鳖,民多采捕积聚,稺叠包裹,煮而食之。"《汉书·地理志》亦云:"江南地广,或火耕水耨,民食鱼稻,以渔猎山伐为业,果蓏蠃蛤,食物常足。"以上记载,已为考古发掘的材料所证实。总之,渔猎与采集是青铜时代福建地区经济生活的重要部分。

（二）农业

商周时期是我国农业取得重大发展的时期。这时期无论在农业生产工具、耕作技术以及农产品的贮藏、加工等方面,都有长足的进步,石器时代那种粗放的耕作方式已向精耕细作为特征的农业发展。福建青铜时代的农业经济由于受自然环境的制约,各地发展极不平衡,闽江下游及闽东沿海的居民,此时仍然过着以渔猎为主、原始农业为补充的经济生活,而在闽江上游内陆地区的居民则多数从事采集、渔猎与迁徙农业并重的经济生活。

福建域内青铜时代文化遗址一般都分布在河谷、盆地内相对高度在 50 米以下的独立小山丘或台地上,山坡平缓,山顶开阔平坦,面积一般不超过 1 万平方米。在上述遗址周围,有宽广的沼泽、河滩、田地。如闽侯商周时代先民

---

① 尤玉柱:《漳州史前文化》,福建人民出版社 1991 年版,第 85 页。

所选择的依山临水的黄土仑、古洋等,山上有繁茂的亚热带森林,河流中有丰富的野生动物资源,大自然为先民们提供了得天独厚的"山泽之利",成为他们的"衣食父母"。先民在这种生态环境中,创造了一种"随陵陆而耕种"、"逐禽鹿以给食"的生活方式。

由于古代先民无计划的滥采滥伐,造成天然森林大面积破坏,由此严重破坏了自然界的生态平衡,水土流失使遗址所在山丘迅速成为荒山秃岭,导致人类无法生存。据考古调查材料反映,福建地区内陆数以千计的青铜时代文化遗址,其生态环境与沿海地区一样,均遭到严重破坏。如闽北的光泽,青铜时代遗址分布在大乾河两岸 30 里丘陵,这些遗址高 10～50 米,离河流近,有的紧接河床,遗址内文化层多已无存,遗物暴露地表。在建瓯、建阳、邵武、长汀、武平,情况大致如此。由此推测,青铜时代闽人的农业以迁徙为其特点,在一块地的植被被破坏之后,又迁到新的地方垦种,所以,他们无法过上真正的定居生活。这也是青铜时代福建境内已发现居住遗迹寥寥无几的原因。

青铜时代,随着农业生产发展,我国农具的种类、数量有了急剧增加,质量也日益提高。各地出土的农具除了大量石器、骨器、贝器外,先民们已开始使用少量青铜农具。

在福建境内出土的商周至春秋战国青铜农具,器形主要有斧、锛、钁等,斧是商周时代重要农具之一。先秦时代,先民生活的环境,到处是森林覆盖,开垦农田必先以斧斤砍伐树木,所谓"伐草木为田以种谷"。分别出土于漳浦祖妈林和光泽洋塘油家垄的两件铜斧,其造型与湖南、广西战国墓出土铜斧相似,推测其年代不会晚于战国。

铜锛共发现 13 件,出土(或采集)地点分别为南安大盈寨山、寨仔山、莲塘,泉州北峰乡埔任村,福安溪东岩湖,大田曹昆仑,光泽洋塘油家垄,云霄尖子山,莆田城郊下郑,建阳徐市后门山。南安莲塘、泉州北峰及云霄墓林遗址出土的铜锛,其器形仅见于福建沿海地区,是一种极富地方特色的青铜农具。

与木、石、骨、蚌等质料制作的农具对比,青铜农具有明显的轻巧、锋锐和硬度大、耐磨等特点,可大幅度提高劳动效率,促进农业生产的发展。但是,受开采和炼制困难种种因素的制约,在整个青铜时代,铜质农具终究无法取代石制农具而占主导地位。福建的情况更是如此。考古发掘表明,在很大程度上反映这一时间福建地区生产力水平的农业工具还是石器。青铜时代的石制农具不仅种类增多,常见的有斧、锛、铲、镢、锸、耒、镰、刀、臼、杵等,而且磨制更精。在一些远离江、河、湖、海的山丘坡地遗址,此时出现一些大型石制生产工具。例如在长泰、平和、南靖、漳浦等地遗址出现一批大型石锛,这类锛多凹刃、扁长身、背部平直、通体磨光,一般长度在 5 厘米以上,最长可达40 厘米,应属较大型农业生产工具。以上农具,从一个侧面反映出当时农业生产已达到一定规模。

关于水稻种植,《逸周书·王会解》载,"东南曰扬州 …… 其谷宜稻"。《逸周书》保留了商周时期的一些文献,福建古属扬州,是水稻种植区之一。福建种植水稻始于新石器时代,青铜时期亦有种植水稻的遗存。如南安丰州狮子山遗址的发掘中,在一些经过火烧的赤黑色草拌泥土块的断面,发现有稻谷壳和稻子的痕迹[1];1956 年在永春九兜山商周印纹陶遗址发现的陶器内壁也清楚地显示出稻秆和谷壳的痕迹。[2] 这一时期出现的许多大型陶容器,显然与贮存粮食有关,如高 51.5 厘米的大瓮及直径 50 厘米的印纹陶尊等。

在福建商周时期的墓葬中也出现大量酒器,或是用作冥器的酒器,其中闽侯黄土仑遗址最为典型。在黄土仑出土的大量仿铜陶器中,宴饮酒具占了很大比重。墓葬器物组合最常见的是豆、杯、罐或豆、杯、壶,其中仿铜觚的觚形杯几乎是每墓必备的随葬品,总数达 55 件,19 座墓中 15 座有随葬,最多一座墓随葬 8 件。这种泥质硬陶杯,一般呈灰褐色、侈口、薄壁、长筒喇叭状身,多数杯身近底出棱,有的在棱部边缘附加卷云状凸饰,一般口径 5.8 ~ 9.8 厘米,通高 8 ~ 10.2 厘米。此类杯酷似后世高足酒杯。酒器的大量出土,是商周时期社会风尚的表现,也从一个侧面反映出当时福建地区农业生产发展、粮食存贮增加的情况。

粮食的剩余,也促进了家庭饲养业的发展。商周时期福建地区先民们饲养和驯化的家畜、家禽有猪、羊、水牛、狗、鸡、鸭等。

在闽侯县石山遗址上层,出土了猪的下颌骨及狗、水牛的遗骨,在武夷山白岩船棺的随葬品中也发现了猪的下颌骨。此时居民除了将家畜作为财富的象征,随死者埋入墓葬中,还在制陶工艺中以各种家禽、家畜的捏塑,即以

---

① 泉州海外交通史博物馆:《福建丰州狮子山新石器遗址》,《考古》1961 年第 2 期。

② 《一九五六年厦门大学考古实习报告》,《厦门大学学报》1956 年第 6 期。

造型艺术的形式加以表现。如闽侯黄土仑遗址 1 号墓出土的一件浅盘豆的底座上用泥条捏塑两只对称的小羊,作跪拜状;在武平岩石门口山遗址,采集到一件泥质橙黄陶制作的周身打印 7 排小孔的小陶鸭[①];在南安民安村发现了鸭形罐;南平樟湖坂宝峰山遗址出土了腹壁附两个对称羊首形堆饰的羊首盂。[②] 凡此种种及各地印纹陶遗址发现的家养动物捏塑(鸡、鸭、狗、羊),都生动地反映了这一时期对家禽、家畜的重视和畜牧业的发展。

综观整个商周时代,福建的农业已开始受到中原农业文化的影响。青铜农具和仿铜农具的出现,反映了中原农业文化的传入,但对福建地区农业经济的发展未产生重大影响。春秋战国是我国传统农业精耕细作技术的发生时期,铁农具的出现和中耕的运用是我国农业史上的划时代事件。但是,这一时期包括闽越在内的百越地区,由于“地旷人稀”特定地理环境的影响,各地农业发展不平衡,耕作方式既有“锄耕”又有“火耕水耨”,不少地区仍保留“以渔猎山伐为业”的采集经济残余。考古材料表明,直到秦汉时代,随着先进的中原农业耕作技术和农具输入福建,福建地区农业才发生质的飞跃。

(三) 手工业

农业的发展,带来的直接后果是社会分工的扩大和手工业的发展。但是,由于各地自然环境与资源的差异,以及交通、自然资源等诸因素的影响,手工业各部门之间的发展存在明显的不平衡。如福建青铜时代的青铜冶铸水平较浙江、江西、广东地区落后,而制陶和竹木加工、纺织业则相对发达。

1. 青铜制造业

福建的青铜制造业明显落后于其他地区,不仅落后于北方中原地区,也落后于相邻的浙江、江西、广东地区。从地理条件看,福建负山面海,偏于祖国东南一隅,境内层峦叠嶂,与中原交通十分不便,素有“东南山国”、“荒芜之地”的别称。由于陆路交通闭塞,兼之远离中原政治、经济中心地带,福建成为商周统治政权势力难以企及的地区,先进的中原科学技术对福建的影响有限。其次,福建丰富的山海资源,决定了福建沿海、沿江居民从原始社会晚期开始就选择了以渔猎山伐经济为主的谋生方式,原始粗放的山地农业仅是经

---

① 福建省文管会:《福建武平新石器时代遗址调查报告》,《考古》1961 年第 4 期。

② 福建省博物馆:《南平樟湖坂宝峰山遗址发掘报告》,《福建文博》1991 年第 1、2 期合刊。

济生活的补充。因此,在生产工具方面,以石、骨、贝为主要质料的渔猎、采集工具始终占主导地位。这一点,直至青铜时代仍未明显改变,这是福建地区青铜文化发展缓慢、青铜铸造业落后于毗邻地区的重要因素。

　　2. 陶瓷制作业

　　青铜时代,囿于自然、地理的因素,福建境内没有产生发达的青铜铸造业,陶器在人们生活中仍占重要地位,陶瓷制作业成为手工业的主要部门,其主要作品有彩陶、印纹硬陶和原始青瓷。

　　(1)彩陶。

　　彩陶的制作是在烧制前的陶器胎体着彩,绘以彩色图案,然后烧制成型。它产生于新石器时代,最著名的是仰韶文化彩陶。福建地域的彩陶也产生于新石器时代,如著名的昙石山文化彩陶。这些彩陶用红色或褐色颜料施绘在器物口沿或腹部,纹饰有卵点纹、宽带纹、竖条纹等,构图简单,色彩单调,容易剥落。

　　福建早期青铜文化彩陶,一般在橙黄陶与灰硬陶上施作。彩绘以黑色为主,偶有红赭或黑赭色。纹样常见的有曲折纹、回形纹、交叉直线、竖条、斜线三角、回纹等几何形图案。这些纹样多施绘在硬陶器物的口沿、肩部、颈部或腹部,一般系烧前绘制,因此颜色不易剥落。着彩部位有通体满彩或仅绘单面的。其中绘成辐射状彩纹的,与屈家岭文化有类似之处。

　　类似昙石山遗址上层的彩陶,在福清东张遗址中层也有较多的发现。这个遗址的彩陶多以黑彩施绘在泥质陶胎上,胎有灰青色和橙黄色两种。灰青陶火候较高,质硬,表面磨光后加彩,彩绘施作尊、簋、盆、钵等器物的内外口沿,纹样多为平行斜线、斜方格等几何纹样;橙黄陶质松,彩陶器类主要有罐、瓮、盆等,一般多在方格纹上加绘平行线、点等构成几何形图案。

　　近年发掘的闽东霞浦黄瓜山遗址,是青铜时代庄边山文化类型的典型遗址。这里出土的施衣陶、彩陶竟占全部出土陶器(片)的一半以上。从彩陶的陶质、陶色和彩陶纹样、彩绘器物部位观察,均与庄边山、东张等大同小异,只是黄瓜山彩绘陶器的几何形图案纹样更丰富,施作陶器面更广。常见的纹样有斜线三角纹、网格纹、梯格纹、方格加点纹、云雷纹、变体雷纹、花草纹、曲折纹、水涡纹等十多种。先民们精心绘制的这些彩陶的纹样,既反映出强烈的青铜时代风格(如仿铜器上的雷纹),也反映出浓厚的渔猎、采集经济的地方特色。

据考古调查材料反映,青铜时代彩陶除了在闽江下游的闽侯怀安有较集中分布外,在南平市樟湖坂宝峰山遗址、闽东地区福安城山和穆阳、寿宁武曲、罗源中房乡、霞浦牙城、周宁城关西门外山及古田、屏南、福鼎等县地遗址,都有数量不等的发现。另在闽南崇武小岞、厦门灌口、闽北的建瓯、建阳及闽西地区亦有零星发现。同时还出现在浙江南部瓯江流域、台湾南部高雄凤鼻头遗址。以上这些发现反映出这一类文化覆盖面之广。

（2）几何印纹陶。

印纹硬陶有两个基本特征,一是胎质比泥陶或砂陶细腻、坚硬,烧成温度也较一般陶器高;二是此类陶器表面一般都拍印几何图案为主的纹饰。因此,印纹硬陶又有“几何印纹硬陶”之称。这类陶器是青铜时代我国闽、浙、赣及两粤地区最富地方特色的文化遗存。迄今为止在福建已发现的2000多处青铜时代文化遗存中,几乎都有印纹硬陶。印纹硬陶制作技术比原始陶器有明显的提高,首先表现在制陶原料的选择和精制上。在远古时代,先民制作陶器一般是就地取料。随着经验的增长,他们开始懂得有目的地选择泥土制作陶器,如仰韶文化、龙山文化中的红陶和黑陶,就不是一般的黄土。商周时代人们对泥土的认识更深一层,他们知道三氧化铝和三氧化铁的含量多寡直接影响陶瓷器质量,从而提高了选择泥土和精制泥土的标准。有关测试数据表明,这一时期印纹硬陶三氧化铁的含量,已较新石器时代陶器中的含量相对减少,此时绝大多数的印纹陶化学组成与一般的黏土不同。因此,有的考古学家甚至认为它们已不属于陶器范畴,其胎质可能用瓷土作原料烧成,或可称为“原始素烧瓷器”。[1] 印纹硬陶的成型是在选择好原料以后,经过拌水、揉制而后即进入成型加工阶段。福建青铜时代印纹陶基本上是在陶车的帮助下,用泥条盘筑、慢轮修整成型法制作的。黄土仑印纹陶器绝大多数采用了熟练的轮制工艺,在大部分器物的口沿、颈部、腹部都留下了明显的轮旋痕迹。由于轮制趋于规范化,所以凸棱和弦纹盛行,凸棱常见于豆柄、罐、壶的口肩或肩腹交接处及杯的底部。黄土仑的印纹陶器,造型奇特而富于变化。以这一陶器群数量最多的杯、豆为例,杯63件,占39%,按形状分为觚形杯、单耳杯、双耳杯、圈足杯四类,其中造型精巧的仿铜器觚形杯以长喇叭状

---

① 安金槐:《对于我国瓷器起源问题的初步探讨》,《考古》1978年第3期。

器身为特征,杯底微内凹,边沿出棱,有的在棱边粘接卷云状凸纽,使整个器身造型显得十分均匀、精美。再如出土的 V 式单把杯,器壁仅厚 0.4 厘米,表现了很高的轮制技术水平。

以工艺上的组装、接合方法来创新器形,是福建青铜时代印纹陶造型的另一典型手法。在黄土仑陶器群,此类典型器有釜式盘豆和杯口壶等。此类器皿有如现代"组合家具",可按不同功能进行拼接,其基本器件则为觚形杯杯身、圆底罐及凸棱实心节状柄。这种成型工艺不落俗套地大胆创新,是商周时代福建地区印纹陶器工艺鲜明的地方特色。

这一时期的印纹陶装饰工艺的最重要特征是:在各类器物的不同部位拍印构图美观的几何形图案。关于拍打装饰的作用,有人认为除了把花纹复印到制品上去以外,还可以使裂缝接合,使坯体的结构更为突出。据说用有花纹印板拍成的制品,比用光面的板拍成的制品更为结实牢固。关于拍印纹样,早期陶器如庄边山上层、东张中层、昙石山上层出土的纹样较为简单,常见的除篮纹、绳纹外,还有方格纹、席纹、叶脉纹、曲折纹、水波纹、条纹、菱形纹等。因拍印技艺尚未成熟,此时器表纹痕浅薄、纹样重叠凌乱现象时有发现。到了黄土仑类型文化时期,拍印纹样除少数方格纹外,一律为精细、繁缛的各种变体雷纹,形状有方形、菱形、勾连雷纹,拍印线条有深浅、凹凸、粗细之分,有的刚劲深刻犹如浮雕。从纹样较少交错重叠的现象观察,此时拍印技艺已相当熟练。刻画花纹线条纤细流畅,一般有单线、双线或三线刻画的勾连回形、三角形、平行斜线、曲尺纹等形状,其中以回形纹居多,其双线间多填锥点纹,锥刺纹常与刻划纹相间而构图。

入窑烧造是印纹陶制作的最后一道工艺。据南方地区一些陶器标本的测试数值表明,大量几何印纹陶的烧成温度多在 1150℃～1250℃之间,与同期原始青瓷的烧造温度基本相近。要烧造如此高温的陶器,对其焙烧窑炉的构造要求必然较高。闽侯县石山中层发现的新石器时代横穴窑为升焰式窑炉,一般烧成温度仅达 1000℃。此时除升焰式窑外,还出现半倒焰式窑。以上窑体中,烟道和烟囱的普遍出现,大大提高了窑炉的烧制温度。

1990～1992 年,武夷山市葫芦山青铜时代文化遗址发掘[①],在第三文化

---

① 杨综等:《葫芦山古陶窑窑址发掘的初步认识》,《福建文博》1993 年第 1、2 期合刊。

层清理出22座商代早期或更早的陶窑。这些窑炉的形状多为横穴式,平面形状为葫芦形,只有极少数呈圆形或长条形。这群陶窑的方向、大小、形状都不尽相同,小者炉径长度仅1米余,大者4~5米,最大的3号窑长达5米多,窑室直径达2.7米。这些窑炉部分结构比较复杂,有设于窑室后的烟囱、弧形火道、直线形火道的设施,反映出其修筑及烧窑技术远较新石器时代昙石山文化窑炉明显进步。葫芦山遗址发现的分布范围广、排列密集的半倒焰式窑群,代表了青铜时代早期福建地方制陶业的水平,也为研究我国南方地区青铜时代窑炉的发展和制陶工艺提供了珍贵的实物资料。

印纹硬陶是青铜时代我国陶瓷制作的一朵奇葩,福建地区商周时代的几何印纹陶器的制作工艺更达到了令人赞叹的水平。对于先民们这一项伟大的发明创造,探讨其工艺制作的全过程,显然对中国陶瓷发展史的研究,有重要的意义。

(3)原始瓷器。

考古发现证实,迄今3500多年前的商代中期,我国劳动人民就创造出原始瓷器。

原始瓷器也称"原始青瓷",它处于瓷器的低级阶段,是陶器向瓷器过渡的阶段产物。与印纹陶相比,原始青瓷有烧成温度高(1200℃左右)和器表有釉的特点。此外,它还具有质地致密、不吸水、白色、高透明度和一定的机械强度等瓷器的共性。化学分析还表明,我国商周时代原始瓷器多施石灰釉,故釉色呈黄绿色或青灰色,它的成型工艺多采用泥条盘筑法。由于江南地区盛产瓷土原料,考古发现表明,我国原始瓷器的主要产区在江南地区。

福建地区的大部分商周时代文化遗址和墓葬中都曾发现釉陶和原始瓷器。如闽南九龙江、漳江流域两百多处商周时代遗址中,出土大量浮滨类型的釉陶器;在闽北、闽西及闽江下游的昙石山文化诸遗址上层,也发现施以青釉的原始瓷,常见的器形有豆、盂、罐、杯,流行的纹饰则有乳丁纹、弦纹、篦点纹、网格纹、席纹等。只是在福建境内至今未发现原始瓷的窑址,但随着福建考古工作的全面开展,原始瓷器窑址的发现只是一个时间问题。

3. 纺织业

考古材料证实,早在距今5000年前的新石器时代,昙石山文化先民就已经掌握了纺纱捻线的技术。到了青铜时代,进一步出现了纺轮技术。在相当于中原夏末商初的福建早期青铜文化遗存,如庄边山上层、昙石山上层、东张等遗址中都发现了数量可观的纺织工具——纺轮。以昙石山遗址第 6 次发掘为例,上层共出土 64 件纺轮,其中完整者 48 件。纺轮是一种纺纱工具,其功能是提高纺纱的搓转和捻合的效率。纺轮的出现,给原始纺纱业带来巨大变革,是我国纺纱技术发展史上的一个重要的里程碑。这些纺轮质地坚硬,主要是泥质橙黄陶和灰陶。除素面外,有的饰划纹、篦纹和彩绘。这种纹饰,不仅是为了美观,而且是为了在旋转加捻时,比较容易判断捻向而起到匀捻的作用,这无疑是一种工艺上的改良。

此外,从不同时期出土的纺轮结构、形态的变化,可以了解当时纺纱技术水平。如新石器时代中晚期的纺轮一般质料松懈,制作简单粗放,此时出土一类以粗砂灰陶片经简单敲击磨制成近乎圆形,周边带有缺口的“穿孔圆陶片”,是各遗址常见的工具。到了青铜时期,纺轮不仅材料改为质量较好的灰硬陶或橙黄陶、釉陶,表面加工也更精细,能纺出更精细的纱线。

青铜时代福建地区纺织手工业的另一项重大考古发现,是在距今约 3000 年的商周时代武夷山白岩崖洞墓的船棺内,发现一批原为死者穿着的纺织品残片,经上海纺织科学研究院鉴定,其质料有大麻、苎麻、丝绢、棉布四类。

麻是我国古代最早采用的纺织材料之一,其中大麻和苎麻更是优良的纺织材料,因其原产地在中国,国际上把大麻通称“汉麻”,把苎麻称“中国草”。麻布也是中国古代劳动者日常服饰的布料之一,宋代诗人陆游诗“薄饭蕨薇端可饱,短衫纻葛亦新裁”,是其写照。武夷山船棺内出土大麻布和苎麻布,经测定,其麻布织物密度达到了 15.5 升,高出同期中原地区商周遗址出土麻布的密度(8 ~ 12 升)。15 升以上的苎麻布又称“緦布”,其精密度犹如丝绸,是制作高级服饰的材料。这说明商周时代福建麻纺织技术已达到相当高的水平。

过去曾有人以为闽北山区没有蚕桑业,后来在武夷山船棺出土了被称为“烟色丝帛”的丝织品残件。经分析,该丝织品系家蚕丝所制,但经纬密度较稀,每平方厘米 32 × 19 根,而与此同时安阳殷墟出土同类织物密度达到每平方厘米 67 × 30 根,很显然,武夷山船棺织品远逊于殷墟品种。但是,这一丝织品的发现,说明古代福建已有了丝织业,只是水平不太高。

武夷山船棺随葬纺织品中最为珍贵的发现是青灰色棉布残片,它为我国棉业纺织史的发展提供了极其重要的实物史料。关于棉花的种植及其纺织的历史,至今仍有许多疑点。一般认为,我国不是世界上最早种植棉花的国家,中国的棉花是从印度传入的,其年代约在宋代。武夷山棉布的发现,突破了这一观念,引起科技史界的震动。我们认为:在我国古代文献中早已有了关于南方植棉及生产棉布的记载,只是用了不同的名称而已。如《尚书·禹贡》中记载"岛夷卉服、厥篚织贝",这里的"卉服"作为东南沿海"岛夷"的一种贡品,可能是指木棉制的棉布衣。这是见于文献的最早记载。以后在《汉书·地理志》中记载"粤地……多犀、象、毒冒、珠玑、银、铜、果、布之凑",此处"布"疑指木棉布。东晋的常璩在《华阳国志·南中志》中记永昌郡产物:"其梧桐木,其花柔如丝,民绩以为布,幅广五尺以还,洁白不受污,俗名曰桐华布。"《后汉书·西南夷列传》"哀牢夷"条记载:"土地沃美,宜五谷、蚕桑。知染采文绣,罽氀帛叠,兰干细布,织成文章如绫锦。有梧桐木华,绩以为布,幅广五尺,絜白不受垢污。"(按:哀牢县为汉明帝永平十二年(69)新置永昌郡属,治今云南盈江县)以上"桐华布"、"帛叠"均是棉布别称。此外,三国吴人方震《南州异物志》记载:"五色斑布丝布,吉贝木所作。"以上史籍反映了我国南方很早就有了木棉布,但由于古代中原地区没有植棉,人们对棉花的知识十分贫乏,当宋末元初棉花在全国推广后,一时以为它是外来产品。实际上,它早就在中国存在。我国发现最早的棉织品实物标本是 1959 年新疆民丰县东汉墓中出土的蓝白花布残片、白粗布裤和黄粗布手帕。[①]

　　武夷山船棺棉布标本的出土,否定了商周时期我国没有棉织品的传统说法。武夷山船棺随葬的青灰色棉布,经测定,其棉纤维的形态结构特征和多年生灌木型木棉的形态结构十分近似,棉布经纬密度每平方厘米达 14×14 根,与浙江兰溪南宋高氏墓出土的棉毯及今天海南岛所产木棉十分相似。这是我国出土的最早棉布实物标本,反映了早在三千多年前,武夷山区一带的闽越族先民已经充分利用当地气候湿热、土多沙质等自然条件种植木棉、纺纱织布。这是青铜时代福建人民一项杰出的发明创造,填补了我国植棉历史和纺织史的空白,具有重要的科学研究价值。

_____

①　《新疆民丰县北大沙漠中古遗址墓葬区东汉墓清理简报》,《文物》1960 年第 6 期。

第二节　台湾青铜时代文化

台湾青铜时代文化相当于中原的商周时代,仅在台湾岛内的新石器时代晚期遗存发现极个别的青铜器遗存,如圆山遗址上层出土手镯类青铜残片、双翼式青铜镞。有的学者认为"两翼式的箭头是殷商和西周式的,台湾的圆山文化遗址里没有铸铜的痕迹,所以其中的青铜器当是与华南殷商文化接触而来的"[①]。看来,青铜器的几乎不存在,成为台湾不存在青铜时代,新石器时代之后直接进入铁器时代的主要依据。"大约从公元纪年前后开始,台湾的史前文化产生了另一次变化,那就是石器逐渐减少,铁器开始出现。……大概要到公元500年前后铁器的制造和使用才开始在台湾的海岸地带流行,真正进入了所谓的铁器时代。"[②] 有的学者把紧接着新石器时代之后的铁器时代称为"金属时代"或"金属器与金石并用时代"。[③]

台湾是否存在青铜时代? 其青铜文化遗存的分布和特征又是如何? 闽台青铜时代文化有哪些联系? 凡此,都是两岸考古学者需要共同关注和深入探讨的问题。

迄今为止台湾地区所获得的考古材料,固然不足以证明台湾青铜时代的存在,但是在相当于中原商周时代及此后的台湾新石器时代晚期文化遗存中,却不难找到受中原和东南区特别是福建青铜时代文化影响的迹象。如在福建、广东沿海史前文化遗址和台湾西海岸新石器时代晚期遗存中出现的几何印纹硬陶、几何纹彩陶、有段石锛、有肩石斧等遗物共存的情况,反映了两地文化的传播和交流。考古材料表明,普遍分布在福建、广东、台西海岸的几何形纹彩陶除了各自的地域特征,还表现出鲜明的文化共性。如构成几何形纹彩陶早期基本图案是卵点纹、宽带纹,晚期则有梯格纹、竖条纹、平行斜线三角纹、曲折纹等;着色的基调,早期为红色,晚期则以黑褐色为主;与

---

　　①　张光直:《中国考古学论文集》,生活、读书、新知三联书店1999年版,第245页。
　　②　臧振华:《台湾考古的发现和研究》,《东南考古研究》第二辑,厦门大学出版社1999年版,第111页。
　　③　刘益昌:《存在的未知——台中地区的考古遗址与史前文化》,台中县立文化中心1999年印行,第91页。

彩陶共存的陶器以圜底器、圈足器为常见。上述晚期彩陶遗存在福建、广东已属青铜文化范畴。在福建，曾经在相当一段时间内，把以橙黄陶、几何印纹硬陶为主兼出彩陶的遗存划归新石器时代（如昙石山遗址上层），直至昙石山遗址第 7 次发掘、20 世纪 80 年代文物大普查及庄边山遗址和黄瓜山遗址的发掘后，对此类青铜时代文化遗存才有了重新的认识。这一类文化遗存，在台湾目前仍然归于新石器晚期文化，随着考古工作的深入开展，应该也会有新的发现和思考。

第三节　福建青铜时代文化对台湾的影响

台湾最早的居民来自祖国大陆，早在旧石器时代就与祖国大陆建立了密切的文化渊源关系。新石器时代，这一种联系得到进一步的加强，从大坌坑到壳丘头，从圆山、凤鼻头到昙石山，随着生产力的发展、社会的进步，海峡两岸史前文化的传播、互动和交流，有日益加强的态势，这是一种任何力量也阻挡不住的历史潮流。在此背景下，在相当于祖国大陆的商周时代，台湾的本土文化难免受祖国大陆的青铜时代文化的影响。台湾的新石器时代晚期遗存中，同样可能存在青铜时代的文化因素。近年来，台湾一些学者的研究文章中已经注意到这一时期外来文化对台湾本土文化的影响。如臧振华在分析台湾新石器时代晚期各地域性文化源头时认为："在台湾的新石器时代晚期，除了有一部分文化是源于地域内在的演化之外，目前不能排除有外来文化在不同时间、从不同地点传入的可能。"[1]

台湾新石器时代晚期文化已发展到以农耕为主兼营渔猎的阶段。随着生产形态的改变，先民们对聚落环境有了更大的选择余地。他们除了选择在沿海、江河沿岸的台地和盆地上的孤山或山麓区外，还涉足海岸、平原等不同地形，反映出先民们对自然环境更大的适应性。此时生活在沿海地区的先民"开始向中海拔山区沿着河流扩张他们的生活版图到不同的生态区位"，迅速适应环境，创造新的生活方式。此时在海岸平原或内陆平原、小丘陵或台地、

---

① 臧振华：《台湾考古的发现和研究》，《东南考古研究》第二辑，厦门大学出版社 1999 年版，第 110 页。

海拔 1500 米以上山地,都可以分别发现以农业生产为主要生存方式且各具地域特色的大、中、小型聚落遗址。如距今 3500～2000 年的台湾中部新石器时代晚期文化——营埔文化,不仅分布广泛,而且出现很多有地方特色的文化类型。[①] 在岛内牛稠子遗址、垦丁遗址、芝山岩都发现了粮食的遗迹（如粟粒、豆类、稻壳、粳米标本等）[②],以及大量以石、骨、贝制作的改进型的农业工具。农业生产的发展,促进了手工业更细致的分工,除制陶、纺织、建筑之外还出现了各类加工业（如粮食加工、石器加工、竹编、木器、玉雕等）。除了干栏式构造的房屋,先民们还修建基、墙、地面均为石构的建筑。这一时期的台湾社会生产力水平已达到与福建不相上下的水平。

另一方面,在民间信仰、礼仪、丧葬等社会习俗方面也有重大的变革。在卑南遗址出现以石板棺为葬具,墓葬总数超过 1000 座的大规模公共墓地,不同死者,葬具大小、随葬品多寡极端悬殊,反映出明显的贫富两极分化。在此一时期的圆山文化遗存中,还发现了形似石质礼器的大型磨光条状石器,还有一些大型磨光的长条形石器,下端磨成圆刃,上端分成两叉,全长可达六七十厘米,也许是仪式用的器物。[③]

种种迹象表明,从旧石器时代开始,台湾就和福建有紧密的文化联系,到了新石器时代,这一联系得到进一步的加强。近来台湾考古学家臧振华指出:"广泛见于台湾各地,但主要分布于西南部地区的细绳纹陶文化,目前已大致肯定是从大坌坑文化的基础上发展起来的。但是考古资料显示,这个文化在其发展过程中,曾有广泛的海上活动,可能与大陆东南沿海互动交易,而产生相互影响。澎湖马公市锁港遗址与福建东山大帽山遗址一海之隔,两者无论在陶器形制、生产形态和年代上,都有高度的相类性,就是一个很值得注意的例子。稻作农业的技术和知识在这个时候传入台湾,更有可能是导因于这一互动的结果。"[④] 青铜时代的闽台文化关系应该是这一传播、互动的延续与加强。

---

① 刘益昌:《存在的未知——台中地区的考古遗址与史前文化》,台中县立文化中心 1999 年印行,第 78 页。

② 张光直:《台湾省原始社会考古概述》,《中国考古学论文集》,生活、读书、新知三联书店1999 年版。

③ 同上。

④ 臧振华:《台湾考古的发现和研究》,《东南考古研究》第二辑,厦门大学出版社 1999 年版,第 109 页。

第五章　闽族与闽方国

本书前面四章从考古学、人类学方面探究了闽台先民文化的同源关系,有力地证明了台湾文化是属于中华文化的重要组成部分这一事实。从本章起,将着重从历史文献资料方面继续进一步探究这个问题。

中国历史进入有文字记载的文明时期后（一般认为是从夏代开始）,仍有相当长的时间对东南沿海地区缺乏文字记述。只是从春秋、战国时期开始,才有关于遥远的南方、东南方地区模糊而又约略的记述。事实上,从上古时代起,中原地区的酋邦或中心王朝对于东南沿海地区的文化乃至政治关系,是在逐步加强的过程中。

第一节　中原政教

我国最早的政治文献典籍《尚书》中,保存有许多珍贵的上古史料,尽管其成书时间可能较晚,但史料所反映的时代甚早,有的内容已被考古材料所证实,因此这些史料弥足珍贵。

《尚书·尧典》中记载,帝尧命令历官羲叔,"宅南交,平秩南讹",即令其居于南方交趾之地,进行历法测定。这说明,当时中央地区的中心王国,教化所及的地区已达于今日华南乃至越南一带,可以推想,东南地区也应在其教化之内。而《尚书·舜典》所载,还有"柔远能迩"、"蛮夷率服"之文,并有"分北三苗"之说。史载,三苗族原在中原地区,后因华夏族之驱逐、压迫,部分南迁,有进入闽、粤之地者。《战国策·魏策》引吴起的话说:"昔者三苗之居,左彭蠡之波,右有洞庭之水,文山在其南,而衡山在其北。"同样的内容,在《韩非子》、《韩诗外传》、《史记》、《说苑》等书中皆有引述,可见苗蛮后裔散布于南国广大区域是有史实根据的。而"文山"有学者考证乃"闽山"(古代"文"、"闽"同音,"闽"、"蛮"同音,可相假借),即今福建的武夷山。苗蛮为最早融入福建土著之中的北来人群。《尚书·益稷》中载,大禹称颂舜帝德政之言曰:"帝光天之下,至于海隅苍生。"这说明中央王国的圣人德政教化及于"海隅"之地。大禹又称,自己努力平治水土,"弼成五服,至于五千,州十有二师,外薄四海,咸建五长"。即言治水之后,按地理远近区分五服,又划分政区十二州,其管辖范围直逼四海之边裔。这也说明,大禹在继位立国之后,夏朝的实际疆域集中于中原地带,其政教和文化影响则达于东南沿海。

值得注意的是,《尚书·禹贡》记述大禹治水之后,划分中华九州地域,记载其山川地理、物产赋税、种族方国及其贡献的方物,十分详明。这是一篇珍贵的历史地理资料。

《尚书·禹贡》记载,"淮海惟扬州"。宋代福建大学者蔡沈在注释中指出:"扬州之域,北至淮,东南至于海。"这说明上古时代扬州区域甚大,包括淮河以南直至东南沿海地带,即安徽、江苏、浙江、江西、福建及台湾等省地。又载,大水去后,"筱荡既敷,厥草惟夭,厥木惟乔",即箭竹与大竹已广布于山野,草卉丛生,乔木曼长,一片翠绿。又载:"厥土惟涂泥,厥田惟下下,厥赋下上错。"即言其田地低下,多水泉,故为沙质壤土、泥淖之地;其田为下下等(九等土质之最下等),其赋属第六等与第七等杂出。又载:"厥贡惟金三品、瑶琨、筱簜、齿革、羽毛、惟木。"即其贡品为三种金属(金、银、铜),还有各种玉石与竹子,以及象齿、皮革、禽兽羽毛与木料。

此段最后称:"岛夷卉服,厥篚织贝,厥包橘柚锡贡。沿于江、海,达于淮、泗。"蔡沈注曰:"岛夷,东南海岛之夷。卉,草也,葛越、木棉之属。织贝,锦名,织为贝文。……今南夷木棉之精好者,亦谓之吉贝。海岛之夷以卉服来贡,而织贝之精者,则入篚焉。"说明古扬州之域包含沿海诸岛的土著居民,自然包括台湾岛上的土著,他们与今福建地区的先民一样,均属闽蛮土著。"岛夷"服饰的特点是,或穿草服以简单蔽体,或织葛、麻之布以为服,其中较为精好者有木棉之服,甚至有织锦加贝饰之服。关于织贝,研究者考察了台湾山地民族的服饰之后提出,实际上是当地土著精心织作的麻织高级织品,是部落酋长之类首领的专有衣饰,一般是在麻织衣上缀以成千上万个细小的贝壳以为装饰。

至于沿海（包括海岛上）的土著——"岛夷"向中央王朝的贡献，一般是按时进行的，其进贡路线，《禹贡》作了明确记载，即"沿于江、海，达于淮、泗"。这说明"岛夷"因"习水便舟"，所以能够沿江出海，经过长途航行，到达中原内陆的淮河、泗水流域之后，再由陆路行进，最终抵达京师（商都殷、周都镐京）。除水路之外，还有陆路的进贡或朝觐路线。《尚书·旅獒》载："唯克商，遂通道于九夷、八蛮。""明王盛德，四夷咸宾，无有远迩，毕献方物。"《国语》记孔子之言曰："昔武王克商，通道于九夷、百蛮，使各以其方贿来贡，使无忘厥职。"由此可知，在周初武王克商之后，即开始修筑通往边疆各地蛮夷地区的道路，以方便王朝政教的敷扬与蛮夷觐贡的畅达。这是水陆兼行的朝贡之路。对于闽台地区而言，早期可能还是水路更为方便些。

《尚书·禹贡》所记载的，表现的是中央王朝对于各个地区（九州）的政治管辖权，这在禹夏时期可能还做不到，但在商周时期应该没有什么问题。我国第一部诗歌总集《诗经》，收集记载了上古时代（包括夏商周时期）的各地文化及政教情况，既是民俗文化记录，也是政治史诗，许多内容值得我们进行深入探讨和研究。如《商颂·长发》篇云"禹敷下土方，外大国是疆，幅员既长"，"相土烈烈，海外有截"，既歌颂大禹平治水土，奠定华夏疆域和广大幅员，又歌颂商先祖相土将领土管辖权扩张到海外。《商颂·玄鸟》篇讴歌商先祖"肇域彼四方"，说明商先祖已开疆辟土于华夏外围四方偏远之地。《大雅·江汉》篇赞美周宣王开辟之功，有云"王命召虎，式辟四方"，"于疆于理，至于南海"，说明周初王朝的统治势力已深入南方海滨之地。《鲁颂·閟宫》篇在颂扬"鲁侯之功"时，亦称："至于海邦，淮夷蛮貊。及彼南夷，莫不率从。"此中所述指明中原王国势力已到达海滨方国（海邦），南夷土著已向风归化，这与《尚书》所记亦相互吻合。《管子·小匡》篇更详细记载春秋首霸齐桓公"九合诸侯，一匡天下"的盛大武功，文称"齐桓公征伐楚"，"南至吴、越、巴、牂牁、𰀀、不庚、雕题、黑齿、荆夷之国"，"九夷始听，海滨诸侯，莫不来服"。所记齐桓公霸业虽不免有夸大之处，但其武力深入南方蛮夷之地，使海滨诸侯服贡于周王朝，应该并非全部向壁虚构的。

著名史学家蒙文通在《越史丛考》中分析，"岛夷卉服"之"卉服"应不是葛绤之类，否则"何必岛夷以卉服见异"？扬州"岛夷"之文化异于大陆，

"知扬州之岛夷卉服,必为较远于大陆之处,或即指台湾等地"。他也认为,先秦典籍《尚书·禹贡》所记述"岛夷"的内容,正好可以与《诗经·雅·江汉》所言"于疆于理,至于南海","其义可以互相发明"。据此可以推论,周室国力已及于卉服岛夷之地。他根据上述史料判断:"自淮域至于东南百越之区,及乎东海外越之地,皆以此徐越、瓯闽之族筚路蓝缕,胥渐开辟,其于我伟大祖国之历史贡献岂小也哉!"

当然,北人南下入闽及于海滨的不仅是三苗种族和商、周、齐、鲁各王朝、诸侯国族的人,还有荆楚的势力。《诗经·商颂·殷武》篇云:"挞彼殷武,奋伐荆楚,深入其阻,裒荆之旅。"反映的是商军伐楚之役,迫使楚人南迁及其文化传入闽中。史载楚共王"抚有南夷,奄征南海",楚国势力曾占领中国南半部广大地区。至楚威王击破越国之后(前334),"今浙、闽之地尽属楚"。楚人入闽,曾到达福州。考古工作者曾在闽侯庄边山发现战国楚墓,从墓葬规格看,应属楚国贵族,由此可以证明楚人和楚文化曾传播入闽。

第二节 闽中地域

福建称"闽",自古已然。最早的,至少可以追溯到周初。我国最早的王朝典章制度总集《周礼》中,第一次有了关于"闽国"和"七闽"的记载。战国时期著作《山海经》中,则明确记述闽的地理范围和地域特征。

《山海经·海内南经》载:"海内东南陬以西者,瓯居海中。闽在海中,其西北有山。一曰:闽中山在海中。"《山海经》据考证是战国中期的作品,其所记载的内容包含了远古信息。如"瓯居海中。闽在海中",无疑记述的是距今12000~6000年前,历史上最后一次海侵所造成的中华古陆东南沿海一带的水土淹没,史称"东瓯"、"闽中"皆为"负海之国"。在海侵中,许多沿海低地皆被海水所没,只有山地、丘陵出露于汪洋之中。有学者认为,"在海中"之山即台湾,或至少应该包括台湾与澎湖列岛。这是因为,在海退之时台湾与福建连作一片,成为东南大陆的延伸部分。

《山海经》的记载,明确了"闽"的地理范围,是在大陆东南大海与西北高山(即武夷山脉)之间。闽"西北有山",应指武夷山脉和"三天子鄣(都)

山"、仙霞岭等,它们绵亘于闽、浙、赣、皖数省之间。特别是武夷山脉,呈东北—西南走向,成为今闽、浙、赣三省的联结点和交界处。有学者考证,武夷山古称"闽山"。《战国策·魏策》载:"昔者三苗之居,左彭蠡之波,右有洞庭之水,文山在其南,而衡山在其北。"古三苗族据传是炎帝族支裔,于中原战败后,一部分被驱逐迁于南方,成为南方蛮族的重要一支。其所播迁之地,范围十分广泛,处于今洞庭湖与鄱阳湖两湖之间,衡山与文山两山脉之中。论者以为,衡山即今安徽霍山,文山即闽山,亦即今武夷山。"三天子鄣(都)山",在今安徽东南部皖、浙交界处,属黔山山脉。晋代学者郭璞注称:"今在新安歙县东,今谓之三王山,浙江出其边也。"《海内南经》云:"浙江出三天子都,在其(蛮)东。在闽西(海)北,入海,余暨南。"说明与古闽地亦有交界。这些记载表明,古闽地北部及于浙、皖交界处。因此,旧志记载,古闽地的北部地域包括浙江台州(临海)、处州(丽水)、温州(瓯江)及江西的铅山、余干等县地,其西部以武夷山脉为界,西南部则包括广东潮州、梅州地区。当然,上古时代闽族人的活动区域或方国领域,非如后世之国界或州郡界那样严格或规范,人口的迁移是经常的。

古地质地理学的研究表明,自晚更新世以来,我国东南沿海受过三次海侵。第三次海侵从距今 15000～12000 年前开始,至距今五六千年前达到高峰。海侵吞没了东南沿海的大片平原,闽台古陆因海侵形成海峡而又一次隔离开来,山地、丘陵成为海岛(如台湾)、半岛(如福州)。福州盆地成为海湾,闽江入海口退至今日之闽侯白沙。海湾内满布岛屿,如前屿、后屿、竹屿、横屿、浮仓山等,这些地名至今还留下当时的标记。直至汉代,福州还是半岛,唐宋以后逐渐海退成陆。故而先秦文献所称"闽"或"闽中",实应包括福建及其毗邻地区、台湾与其周围岛屿。

先秦时期,福建地区称"闽",即源于闽人和闽方国的存在,是作为蛮夷的别称。"闽中"的称呼,盖由于福建地区"限以高山,人迹所绝,车道不通,天地所以隔外内也"。闽地处山、海之间,自古为四塞之国,主要运用舟楫于内陆江河及海峡、海洋中从事交通运输和朝贡、贸易活动。《山海经》称"闽在海中",即指沿海地区居民的自然环境,而对大部分山地、丘陵人民的居所未作详细记述,只大概称"其西北有山"。

晋代学者郭璞在注释闽越"亦在歧海"时指出:"歧海,海之歧流也,犹云稗海。"所谓歧海（支海）、稗海（小海），其实是指台湾海峡及瓯江、闽江、九龙江诸江口与大海汇流处（即海湾）。史学家蒙文通在《越史丛考》中称："歧海当指东南沿海之海湾、海峡、海岛，台湾亦在其中。""是瓯、闽越人于西周之世已居海中也。"

第三节　闽族的产生

"闽"之得名，从字义上讲与蛇有关。蛇的本字即虫，甲骨文中作蝮蛇的象形。古人认为："闽为山地，多虫蛇之类，故门下增虫字，以示其特性。"所以，"闽"实是形声字，"虫"字示形，以明闽地多蛇及闽人崇蛇的特性；"门"字示声。故"闽"与"蛮"、"苗"、"文"为一音之转，于义亦相通。

闽族本是蛮族（南蛮族）的一支。先秦文献常见"八蛮"、"九蛮"、"百蛮"的称呼，可知南蛮种族类别之多。《史记·吴太伯世家》索隐称："蛮者，闽也，南夷之名。""闽"、"蛮"系一音之转，可以互通（互训）。"闽"可能是古闽人自称之语，是古代南蛮胶着语"弥麟"或"冥灵"的连读。据三国吴人沈莹《临海水土志》载：夷洲（今台湾）土著"呼民人为弥麟"。《庄子·逍遥游》称："楚之南有冥灵者，以五百岁为春，五百岁为秋。"这"冥灵说"者以为是大树之名，我们认为应是闽（蛮）人的崇拜物——蛇的代称。

学者认为，蛮是古代三苗族的后裔，是炎帝的族属。5000年前，炎帝族败于黄帝族之后，又连遭尧、舜、禹诸帝族的压迫、驱逐，部分南迁，逐步融入南方土著，因而为蛮人。"苗"、"蛮"亦一音之转，说明南北民族融合，自古已然。《战国策》引吴起之言指明"昔者三苗之居"，可见其分布范围甚广，部分融入闽族是很可能的。

《大戴礼·千乘》曰："南辟之民曰蛮。""蛮"是中原人（或中央王朝）对南方土著居民的统称。当时，北人对南人很不了解，只觉其形象与中原人有别，生活习俗怪异，特别是语言殊不可解，故有"重泽"、"九泽"之说。蛮的本字是"䜌"，意为治丝，即生产蚕丝。有学者认为，蛮人是发明蚕丝的民族；也有的认为，蛮语胶着，如乱丝之难解。后来又加"虫"旁，以示其种族（信仰）的特征。如《说文解字》云："南方蛮、闽，从虫。"此外，蜓、蜀、蚩诸族亦皆如此。

由于南方地理条件复杂,多崇山密林、大壑深谷,交通阻绝,往来不便,故蛮人分布既广,族类亦繁。先秦史籍有"八蛮"、"九蛮"、"百蛮"、"诸蛮"之称。《山海经》记述许多蛮族之名,如"三苗国"、"鹳头国"、"穿胸国"、"交胫国"、"不死民"、"焦侥国"、"雕题国"、"枭阳国"等;《逸周书》的《王会》、《伊尹朝会》篇,分别载有"黑齿"、"白民"、"东越"、"瓯人"、"且区"、"共人"、"海阳"、"伊虑"、"沤深"、"十蛮"、"越瓯"、"瓯"、"邓"、"百濮"等国名;《管子·小匡》叙齐桓公首霸诸侯时的疆域,"南至吴、越、巴、牂牁、岐、不庚、雕题、黑齿、荆夷之国"。这里所记,不过"百蛮"之一小部分,由此可见古代南蛮族属之繁多与奇特。这些名称,或是当时方国(或酋邦)之名,或是中原人据其体貌、习俗、居地而命名。汉代学者郑玄在注解《周礼》中之"七闽"时,引述《国语·郑语》的史伯话说:"闽,芈蛮矣。"他还认为,"闽,蛮之别也";"八闽、七闽"之数字,皆指"周之所服国数也"。可见,即使在同一方国、支族之内,也还有众多的分支部族在。唐代司马贞在索隐《史记·吴世家》所记"太伯、仲雍奔荆蛮"时指出:"荆者,楚之旧号;蛮者,闽也,南夷之名,蛮亦称越。"这也说明了闽与楚的关系。

闽族脱胎于距今四五千年前新石器时代晚期昙石山文化的氏族社会。昙石山文化的先民们经过长期繁衍生息、发展进步,跨越父系氏族时代,在中原炎黄文化和夏商文明的辐射与影响下,逐步创造、发展起自己的物质文明和精神文明。著名的黄土仑文化,就是闽族人融合商周物质文明而创造的独具地方特色的优秀文化。它是闽族文化的代表,广泛分布于福建各地,持续发展了相当长的时间,直至越人入闽,特别是中原士民南下之后,才融合于其中。

闽族人的存在不仅有考古学的有力证据,而且有文献的明确记载。《周礼·夏官司马》载:"职方氏:掌天下之图,以掌天下之地。辨其邦国、都鄙、四夷、八蛮、七闽、九貉、五戎、六狄之人民。"这里首称"七闽"人民,而且作为周王朝四边六大种族之一,可见其族属之盛、文化影响之大。唐代学者贾公彦在注疏"七闽"时指出:"祝融之裔,避难于濮。其后子孙入闽,分处其地,而为七,故曰七闽。"他注意到闽人中有楚人、濮人的渊源,但称闽人全为楚、濮之后,则不合历史逻辑和历史事实。闽族实乃南方蛮人之一大支系。东汉经学家郑玄认为:"闽,蛮之别也。"说明闽族是南蛮的别种和分支。闽族在长期的历史发展过程中,逐步融进苗蛮、楚蛮与濮蛮,也是很自然的。

《礼记·王制》篇载:"中国五方戎夷之民,皆有性也,不可推移。""中国、夷、蛮、戎、狄,皆有安居、和味、宜服、利用、备器。""五方之民,言语不通,嗜欲不同。"这里称五方之民言语和生活习性各不相同,是十分正确的;四裔之民中没有了闽、貉两大族种,说明他们已分别并入蛮、狄之中。《王制》篇又称:"南方曰蛮,雕题、交趾,有不火食者矣。"说明上古时代(特别到周代)也可以笼统地称南方土著民族曰"蛮"或"南蛮"。依此简单记述,可知南蛮至少有文身(雕题)、赤足(交趾)、生食的习俗。所以,《逸周书·王会》篇曰:"东越海蛤,瓯(瓯)人蝉蛇。""且瓯文蜃,共人玄贝。"孔晁注云:"东越则海际。"实则东越与瓯皆指闽中地域,为闽人。滨海闽族之人生食水产及虫蛇,实令中原人惊诧莫名。

第四节　闽方国的建立

闽族滥觞于距今四五千年前新石器时代晚期昙石山文化的氏族社会,繁盛于距今三千多年前的黄土仑文化时期,在中原炎黄文化和夏商文明的辐射与影响下,逐步创造、发展起自己独具特色的物质文明与精神文明。这种文明是闽族赖以自立于华夏民族之林的基础和条件,也是闽方国赖以建立的基础和条件。

闽方国是以闽族首领为君长的部族集团,下有若干分支,上有权威领导,实际是酋邦王国。闽方国存在的时间,约当中原地区的夏商周时期。闽方国建立的具体情况现在已无法了解,但它的存在却是历史事实。

《周礼·夏官司马》云:"职方氏:掌天下之图,以掌天下之地。辨其邦国、都鄙、四夷、八蛮、七闽、九貉、五戎、六狄之人民,与其财用、九谷、六畜之数要,周知其利害。"《周礼》书虽晚成,而其所记乃采自周王朝的文献资料或有关著作。古人盛称周公"制礼作乐",《周礼》应是采集周代王朝机构、典章制度、礼仪规范而成的经典,因而具有相当的历史价值。书中记述职方氏的职掌表明,"七闽"与华夏周边民族一样,同归周王朝管辖;主权所在,周朝廷掌握着周边各方国(酋邦)的地理图籍、土地人民、财政收支、粮谷收获及畜产概况,而且全面熟悉他们的利弊所在。这里关于"七闽"人民的记载,是有史以来的第一次。后世史书和方志称福建"周属七闽",即出于此。

最能说明"闽方国"存在的,还有《周礼·秋官》的记载:"象胥:掌蛮、夷、闽、貉、戎、狄之国使,掌传王之言而谕说焉,以和亲之。若以时入宾,则协其礼,与其辞,言传之。"可见,象胥掌管的是王朝对周边民族的事务,负责传达王命,接待各方国来使的觐见和朝贡,送往迎来,和亲抚慰。闽方国赫然列于其周边方国中,故其存在是毋庸置疑的。

闽方国不仅要向周王朝按时觐见、不时朝贡,恭敬地执奉臣服之礼,而且还要执役。《周礼·秋官》载:"闽隶:掌役畜养鸟而阜蕃教扰之,掌子财取隶焉。"闽国向王朝所贡闽隶也有一定数额,同书载:"闽隶:百有二十人。"闽隶与蛮隶、貉隶一样,都受司隶的统辖。同书又载:"司隶掌五录之法……掌帅四翟之隶,使之皆服其邦之服,执其邦之兵,守王宫与野舍之厉禁。"说明服役的闽隶是由闽方国供给服饰与兵器,无偿地为朝廷执行守卫任务,这也反映周王朝作为发达的奴隶制王朝对周边民族所施加的影响。可以想象,闽方国在周王朝政教与文化的影响下,也应迈入奴隶制社会的门槛。

事实上,在我国古代典籍中,早已有夏商周王朝与周围民族(方国)特别是与南方蛮族关系的记述。传说大禹平治水土后,大会天下方国诸侯,"执玉帛者万国"。《尚书·禹贡》篇载,大禹建国时,其领土"东渐于海,西被流沙,朔、南暨,声教讫于四海";大禹治水"告厥成功"之后,还划分九州,实现了对华夏大地的统辖,而且"协和万邦"。其中必有闽方国在。从夏朝开始,"声教讫于四海",自然也包括地处东南沿海的闽方国和闽族,还包括大陆滨海的"岛夷"。《诗经》中多有记载:商王朝势力已是"海外有截";周王朝势力"至于南海","至于海邦"。《尚书》、《国语》都称,周武王克商之后,"通道"于"九夷"、"百蛮",并"使各以其方贿来贡,使无忘厥职"。这些都印证了《周礼》记载的闽方国对中原王朝所应尽的义务和职责。

闽方国隶属于周王朝,承担朝贡、觐见、供隶、执役的义务。这不仅反映闽方国和民族的存在,而且反映中原王朝对边裔地区行使政治管辖的权力。尽管上古时代边疆各族地旷人稀,各方国林立于蛮荒之中,但王朝与方国仍然关系密切,往来有时。只是由于史书记载缺略,因而往往被人们忽视或低估。事实上,各方国文化发展的程度,往往超出人们的想象。例如四川广汉三星堆古蜀国的遗址、江西新干县大洋洲干越文化遗址、浙江绍兴兰亭印山于越国先君允常大墓,其所出土文物均产生巨大的影响,令人们惊叹数千年前南方各民族高度发达的物质文明。福建虽无如以上的重大发现,但也有一些重要的文物出土。如光泽县崇仁乡青铜时代大墓,距今三千多年,约当中原商代晚期。两座大型墓葬,分别随葬八九十件器物,品种丰富,造型美观,工艺精致,别具风格。论者以为,如此规格的大墓,其墓主当为方国的权贵人物。看来,比较恰当的解释应当是"七闽"部族中某个支族的首领。此外,最近在漳州市郊朝阳镇樟山发现的商周时期墓葬群,一些墓穴出土大量陪葬品,如磨制石器、玉玦和精美的印纹陶器等,说明葬者也应是地区部族的首领(或酋长)。商周时期的文化遗址,在福建各地均有发现,其工艺技术和文化特征都表明,在中原文化的影响下,闽方国也存在发达的物质文明,闽文化的分布范围也相当广泛。

上古时代中原文化对闽方国文化的影响,缺乏史籍记载,我们主要从考古遗物中看到这方面的表征。诚然,中央王朝的军队和官员没有直接进入闽地,但其"声教"(文化)的影响却完全可以超越遥远的空间障碍和漫长的时间距离。

第五节　闽族文化

闽族的发生和发展经历了相当长的时日。此中他们创造了灿烂且具特色的土著文化——包括物质生产的和精神生活的文化。昙石山等地贝丘遗址的考古发现证明,闽人确以蛤、蚬、螺、蚌、蟹、蛎、蛇、蛙、鱼等水产为食。在我国东南沿海(包括台湾)普遍发现的"凹石",就是滨海蛮人("岛夷")取食贝壳类时所用以敲砸的器具。台湾地区使用"凹石"时间最长,直至距今一千多年前。当然,除渔猎、捕捞外,闽人还采集可食用的植物果、实、根、茎、叶等。闽族形成期也已有农耕和水稻栽培,只是内陆与海滨谋生方式的重点有所不同罢了。

从服饰上看,闽人(含"岛夷")一般还是卉服,即草服,或织葛、麻、木棉以为服。一般是"椎髻"、"顶髻徒跣",即赤脚和梳髻。漳州市郊所出土远古石刻人像,即是作束发或戴冠状,这应是土著"蛮獠"的传统发式。《史记·赵世家》称:"翦发文身,错臂左衽,瓯越之民也。"指的是海滨越人或"岛夷"的服饰特征。考古发掘所见闽族先民(如昙石山人)确有拔牙习俗,这也与史书记载的蛮人"凿齿",与台湾高山族人沿袭至近代的拔牙习俗相一致,反映其在种族渊源上的一致性。

闽族人的住宿方式,应是从远古时代利用现成洞穴居住(如三明万寿岩、清流狐狸洞、台湾八仙洞等),到昙石山文化时期的半地穴式建筑,再到商周以后的干栏式建筑,逐渐随时代而进步,且又独具特色。直到闽越国时期,仍可见宫殿式建筑采用干栏式做法的,可见这是为了适应南方地区湿热气候和多虫蛇野兽环境的需要。可能也因此我们较难找到上古时代闽族人的居住建筑遗迹。而在山林地带的闽人,可能还有"巢居"(即在大树上"构木为巢")的。古籍中记载的"山都"、"木客"及"小黑人"等,可能都是在树上巢居的土著闽人。因为久处山林,不为外人所了解,所以被视为异类。他们与历史上台湾的"矮黑人"相似,应都是闽人的一个族种。

闽人的生产和生活离不开舟船。滨海闽人和越人一样,"山行而水处","以舟为车,以楫为马"。从距今3000多年前的武夷山船棺到距今2000多年前的连江独木舟,说明无论是山区还是沿海,也无论是生活还是死葬,闽人都离不开舟楫之用。武夷船棺及其随葬品的制作表明,当时闽人已有较为先进的金属加工工具,其工艺技术亦十分高明。大至船棺制作,小至龟形木盘、竹席和棉麻纺织品的制作,都很精巧细致。

闽族人的精神生活也十分丰富。早在昙石山文化时代,已有在死者头前随葬灯具(油灯)的做法,说明他们已有灵魂不灭和阴间照明的想象。悬棺葬俗反映他们生死如一、事死如生的观念。以龟形木盘(木鳌)随葬、祭礼用鱼鸟的习俗,反映闽人有生死轮回、蜕化飞升的思想。《玉篇》引传曰:"有神灵之鳌,背负蓬莱之山,在海中。"说明闽人相信,鳌是托起三岛、九州的神物,自然也可以负载死者(闽族君长)的魂灵飞升,到达理想境界。台湾山地先住民也有类似的悬棺葬和崖葬习俗,说明他们在种族渊源和信仰观念上的一致性。在沿海平原和丘陵地带,闽人还是以土坑葬为主要葬式。

闽族的著名信仰是对蛇虫的崇拜。这其实是南蛮各种族共有的信仰之一。汉代学者许慎在《说文解字》中指出:"闽,东南越,蛇种。""蛮,南蛮,蛇种。"于"虫"则释为"一名蝮",即蝮蛇的象形。可知在上古时代,南方土著都自奉蛇虫为神灵或先祖。《山海经》作为历史(神话)地理书,记载上古时代华夏古陆及海外四面八方、千奇百怪的神人,其中不少即与蛇有关(特别是南方蛮族地区的),如握蛇、珥蛇、践蛇的神怪等。这既是对原始时代自然环境的写照,也是对原始人(未开化土著人)生活习俗、宗教信仰的反映。在上古蛮荒世界,山林深阻,溪壑纵横,沮泽遍布,古人"暴露水居,蝮蛇蠢生",环境十分险恶。《楚辞·招魂》篇极力渲染"南方不可以止些","蝮蛇蓁蓁,封狐千里些。雄虺九首,往来倏忽"。可见,被中原人目为"荆蛮"的楚人,尚且视其"南方"之地为蛇虺肆虐的畏途,更遑论在楚人以南偏远之地的闽蛮人。闽人对蛇虺的畏惧和崇敬自不为怪。不仅如此,《逸周书·王会解》记载南方土著民族的贡品时称:"东越海蛤,瓯人蝉蛇。"晋人孔晁注曰:"东越,瓯人也,蛇特多,以为上珍。"近代启蒙思想家严复在翻译《社会通诠》的序中指出:"古称闽为蛇种,以宗法之意,推为图腾。"他第一个以图腾解释闽人的信仰,十分精辟,也是一个发明。

闽族地区崇蛇习俗自远古以来相沿不替,且至今仍有其孑遗。早在商周时期的黄土仑类型文化遗址中,出土许多印纹硬陶器,大都具有浓郁的地方色彩和强烈的仿铜作风。有些器物的造型和纹饰明显系模仿中原青铜器。不少具有地方色彩的陶器,常有蛇形堆塑、贴耳装饰、蟠虺纹饰及花样繁缛的蛇皮纹样。有学者认为,人们通常所称印纹硬陶器上的几何形纹饰,其实就是蛇皮花纹的变体纹样。此外,还有保存至今的漳州、华安、诏安等地的蛇形石刻,这应是闽族人用以祭祀先祖神灵或表达其信仰的载体。

福州冶山闽越国遗址中出土的西汉板瓦和武夷山汉城遗址中出土的封泥上,都有独特的蛇形标记(徽记)。分布于八闽各地的蛇王宫庙,南平樟湖坂每年定期的赛蛇祀典,以及流传于闽、台两地关于蛇卵生人、蛇郎君的传说与高山族人的崇蛇习俗,都可以佐证上古时代闽族人确曾有过对蛇的崇拜与信仰。这就是闽地历史悠久、影响深刻的"蛇文化"。

闽文化中最具深刻含义和神秘色彩的要数华安县的仙字潭岩刻。所谓"仙字",专家们多数认为是商周时期或新石器时代晚期土著闽人的石刻。这些石刻,一般认为是岩画或图画文字。对其内容的释说,则歧见纷纭,大体上可以分为两种:一种认为是表现闽族人祭祀神灵或先祖的场面,旨在祈求保佑或降福,故刻有祭拜天神、祖先神的场面,以及舞蹈娱神的画面;一种认为是闽族在与异族人战争胜利后欢庆胜利、献俘杀牲、祭祀神灵、歌舞庆祝的场面。由于岩刻线条简单,内容神秘,难以准确释读、破解。与其时间相近或画面内容相似的,还有漳州、龙岩部分地区以及台湾岛的同类石刻,如人面像、圆涡纹、小圆穴和简单的线条等。通过比较可知,它们有许多相似之点或共同的意蕴。由此可知,闽族在历史上有过对日月、星辰、天神或祖先神的崇拜,同时也有关于人畜多产(生殖)、人类手脚印记、兽类蹄印的岩画,生动而形象地表现了他们的信仰与祈求。

第六节 神话与史实

闽族和闽方国存在的具体情况虽然史籍没有什么记载,但在世代相传的神话和传说中却留下了影子。神话是历史的折光反射,是现实世界的非理性诠释。解读神话,可以追寻上古历史发展的重要线索。保留在闽、台两地的上古神话内容不多,甚至比考古发现的文化遗址还要少,但它所能补充说明的历史事实却很丰富,我们应当珍视。

一、太姥传说

福建最早的神话应数关于太姥的传说。太姥又叫"大母"或"太武夫人"。

清代董天工《武夷山志》载:"皇太姥,秦时人,传为神星之精。母子二人,来居武夷,采黄精以饵。能呼风唤雨,乘云而行。秦人呼为圣母,众仙称为皇太姥。"关于这位皇太姥的传说,显然是道教神仙家言,与古老的先民传说的真意已相去甚远。宋代王象之《舆地纪胜》载:"太姥山三十六峰,在长溪县。王烈《蟠桃记》:'尧时有老母,以蓝染为业,后得九转丹砂法,乘九色龙而仙去,因呼为太母山,凡有三十六奇。'"《八闽通志·地理山川》所记"太姥山"引王烈《蟠桃记》,内容大致相同:"尧时有老母,家路旁,练蓝为业。后获九转丹砂法,乘九色龙而仙去,因呼为太母山。"并称:"汉武帝命东方朔授天下名山文,乃改母为姥。"清嘉庆《福鼎县志》"蓝溪"载:"源出太姥山,每岁八月,水变蓝色。相传太姥染衣处。居民候其时,取水沤蓝、染帛最佳。"

上述所引值得注意的是，太母的职业为"蓝染"或"练蓝"，说明闽中地区（主要是闽北和闽东山区）在上古时代，土著闽人擅长种菁，炼制靛蓝。太姥传说的时代距今四千多年，闽中土著先民曾经经历过母系氏族时代的社会生活。以"太姥（母）"名山，在闽中不止这两处，据史书和方志记载，还有多处。《八闽通志》记"大武山"引《漳州图经》载："山有大武夫人坛。记云：'大武夫人者，闽中未有生人时，其神始拓土以居民。'旧亦名大母山。"这里清楚地说明太母（亦称"太姥"、"大母"、"大武"）的传说十分古老，她是原始居民（部落）的首领，拓土定居，并繁衍后代。

此外，闽南龙海市有太武山（古亦称"太姥山"），又称"南太武山"；金门岛上则有北太武山，与南太武山隔海相望。更远的，隔海的台湾岛南部也有太武山存在。浦城县东北也有太姥山。浙江剡县有天姥山，张勃《地理志》云："'剡县有天姥山，传云：登者闻天姥歌谣之音。'"唐代李白曾留下《梦游天姥吟留别》的名篇。安徽巢湖边有太姥庙，祭祀主波涛之神的太姥。

这些传说和记载告诉我们，上古时代，在我国东南沿海山林地带，曾经有过母系氏族社会的长期存在，太姥（母）是这一部落的著名领袖，或是他们酋领的通名。太姥率民开辟荆榛，拓土定居，为闽中地区的开发做出了贡献，因而被尊奉为神祇。另外，晋江人蔡永兼撰《西山杂志》，记述华安仙字潭摩崖石刻画面内容称："庆功时，太母夫人称贺。太母者，太姥也。摩崖石刻古文如舞女，即蓝太武族翩翩起舞也。"他还认为，蓝太武即"七闽"部族之一支。

二、"七闽"部族传说

关于"七闽"部族的传说，蔡永兼《西山杂志》有所记载，称："泉郡之畲家，三山之蜑户，剑川之高山，邵武之武夷，漳岩之龙门潭，漳郡之蓝太武，汀赣之客家。"此中所记，显然不是上古时代"七闽"部族的名称和居地，只是大体地划分出闽中各地居民的分布。如福州（古称"三山"）地区，闽江口和沿海一带确有蜑（疍）民（水上居民）生活着；畲族在唐宋以前主要居住在闽南、闽西（漳、汀二州）山区，明清时期才逐渐迁移，分布于泉州和闽东，现代主要分布在闽东山区；客家人主要分布在汀州、赣州（还有梅州）是没错的；"剑川"可能指南剑州（延平府）闽江中游地区；但高山族（人）不知何所指,因为台湾的高山族是指山地土著居民;"邵武军"(府)的武夷族人,历史上其实并不存在,只有彭祖二子彭武、彭夷率族人开拓武夷山区的传说;"漳岩"实指龙岩州地区,龙门潭居民专做一族群,尚未见历史记载;"漳郡之蓝太武",已如上述,其根据也是上古传说,而非后世之人群种族分别。

这些记述与唐代学者贾公彦注疏"七闽"时指出的"祝融之裔,避免于濮。其后子孙入闽,分处其地,而为七,故曰七闽",其时间和内容均相去甚远。贾疏所指"七闽",系上古时代同一部族的七个分支,而且是楚蛮的分支、楚先祖祝融氏的后裔。据《史记·楚世家》载,公元前9世纪末,楚君熊霜去世后,因三弟争立,二哥"叔堪亡,避难于濮"。《国语·郑语》亦曰,"叔熊逃难于濮而蛮"。贾公彦于注疏中指出:"叔熊避难于濮,随其俗为蛮人也,故曰蛮。"又云:"叔熊居濮如蛮,后子从分为七种,故谓七闽也。""闽虽与蛮七、八别数,本其是一,俱属南方也。"贾公彦在这里记述了楚国一支族裔的历史,涉及"七闽"种族的渊源问题,值得我们重视,但又不可太拘泥了。这是因为,唐代人并无考古研究,只是根据文献资料推测和解释历史。从历史角度讲,这种解释只能说明一部分问题,即叔熊(叔堪)离开楚都,为避难而逃往楚国西南方的濮蛮之地,定居下来,入境随俗,接受了濮人文化,融合于蛮人之中。其子孙后裔繁衍发展,有南迁进入闽地者,遂融于闽蛮之中,成为闽族的一个支系,但不能认为"七闽"族人全由叔熊后裔衍化而成。况且,闽、濮皆属南蛮部族,而且早有种族和文化方面的交流。秦汉之时,在西南方濮蛮之地,就有关于"闽濮"和"闽越濮"的记载。现代,福建考古工作者在福州闽侯庄边山也发现有战国楚贵族墓葬。这些都可以证明闽、楚族人的历史交往。

贾公彦的"闽为楚后"说,还有他的历史根据,就是前引《国语》史伯的话:"闽,芈蛮矣。"史伯直接断定闽族为楚国芈姓之后裔。这些都说明,闽和楚的关系十分密切,春秋战国之世,楚势力向南方沿海各地发展,及于闽方国地域。对于这段历史,我们还须深入研究才好。

三、彭祖父子传说

关于彭祖父子开发武夷山的传说,影响甚巨,有深入研究的必要。清代董天工《武夷山志》载:"彭祖姓篯名铿,相传古陆终氏第三子也,亦谓之中黄君。传称其尝进羹于尧,尧封之彭城,故称彭祖。隐藏居是山,善养生术,寿七百七十七岁。子二:曰武,曰夷,同居于此。"另记:"所谓老彭,隐居是山。"这个传说,说明武夷山得名来由,其早先的记载出自宋代白玉蟾撰文所引"古秦人《列仙传》"。

从历史的观点看,这个传说向我们透露了这样的信息:彭祖族属古苗蛮集团,是祝融氏后裔巫彭氏的一支,故与楚蛮关系密切;彭武、彭夷是开发武夷山地区的两个兄弟部族;说彭祖长寿达 777 岁云云,只是表明彭祖部族历史悠久,存在时间很长;彭武、彭夷开发武夷山时代已是进入父系氏族时代,武夷君代表的是一方部族酋长。彭祖族活动范围从北而南,通过江西而进入闽北移民开发,是很有可能的。其开辟首领被神化为开山祖神是很自然的。上古时代,武夷山悬崖峭壁洞穴间的众多悬棺和崖墓,应该是他们留下的遗物。

理学大师朱熹最早试图破解武夷山神话。他在《武夷山图序》中称:"武夷君之名,著自汉世。祀以干鱼,不知果何神也。今崇安有山名武夷,相传即神所宅。峰峦岩壑,秀拔奇伟,清溪九曲,流出其间。两崖绝壁,人迹所不到处,往往有枯楂插石罅间,以庋舟船、棺柩之属。柩中遗骸,外列陶器,尚皆未坏。颇疑前世,道阻未通、川壅未决时,夷落所居。而汉祀者,即其君长,盖亦避世之士,为众所臣服,没而传以为仙也。今山之群峰,最高且正者,犹以大王为号,半顶有小丘焉,岂即君之居邪?"这段释说十分精彩,所以我们予以全文引述。朱熹解释的重要价值,在于指出了武夷山神话历史和现实的内涵,其所谓"神仙"实乃当地土著蛮夷君长,他们生受崇敬,死被神化;其棺柩、遗骸与随葬器物,证明了"神仙"的"君长"身份。

四、武夷君传说

如前所述,彭祖实是苗蛮人的先祖,彭祖族是楚蛮的一支,也是"七闽"部族的一部分。而武夷君则是后来迁入武夷山区的于越族人所兼奉的神灵或始祖。于越人入闽可能较早,但大批入闽还是在楚威王破越之后,越族离散奔走,分别迁徙于闽、粤、赣及西南各地、沿海岛屿(包括台湾),还有的进入东南亚地区、南太平洋各岛。

越人入闽,以其先进的文化技术与军事组织,主宰了闽中社会,融合闽族而成闽越族,后来建立了闽越国。彭武、彭夷兄弟由开拓武夷山区的神话人物,演变为当地人祀奉的"武夷君",体现了闽族与于越族的融合。武夷君是闽、越族融合的产物,是闽越人供奉的祖神。

《史记·孝武本纪》记载:有人上书言,"古者天子常以春秋解祠",其中提到"祠武夷君,用乾鱼"。这是正史中最早对武夷君的记载。南朝梁萧子开《建安地记》称:武夷山,"顾野王谓之地仙之宅。半岩悬棺数千。传云:昔有武夷君居此,故得名"。看来,武夷山内众多的悬棺葬都被视为武夷君及其族人之葬所,武夷君被尊为地仙。唐代陆羽作《武夷山记》云:"武夷君,地官也。""相传,每于八月十五日,在武夷山置幔亭,大会乡人。"宋人祝穆在《幔亭招宴》中载:"武夷君于秦始皇二年(前245),置幔亭,会乡人。""与魏王等十三仙,俱为秦时人。"这些记载,把武夷君的活动时间推到秦始皇时,有一定道理:一是秦始皇发兵征讨南方百越,兼并天下,把闽地的闽越王无诸和摇等闽越族首领,"皆废为君长",武夷君之称盖与此有关;二是武夷君置酒"大会乡人",且都在每年八月十五中秋团圆节之夜,正说明他是当地族人所敬奉的祖神。

有学者认为,武夷君是越人对其君长的称呼,或即越人酋长的名字。越人或在战国中期为楚所破后流亡入闽,或在战国末避秦之乱而入武夷山区,或在汉武帝派军平定闽越国叛乱、"徙民虚地"之后逃亡进入武夷山区。此外,也可能如朱熹所说,是古代"避世之士,为众所服,没而传以为仙也"。这正像周初之太伯、仲雍为让位于季历,"二人乃奔于荆蛮,文身断发,示不可用",因而"荆蛮义之,从而归之千余家,立为吴太伯"。只是在福建历史上,对武夷君的记载只有神话(其实是"仙话")中的那些内容,远不如吴太伯兄弟的详细,因此显得神秘与虚幻,难当信史看待。

汉武帝听信方士们的说法,"以春秋解祠",即为"解殃咎,求福祥"而祠祭天神地祇之类,其中,他特地派祠官祭武夷君,而且按规矩,用干鱼祠祭。看来这是汉武帝用武力消灭闽越人的叛乱之后,再进行精神安抚的一种统治手法。这也足见武夷君在当地土著人心目中的地位。

第六章　闽越国族

在中国历史上,氏族、部落以及民族的迁徙和融合是每个时代都经常发生的。中国作为统一的多民族国家,就是在这种世代进行的融合与同化中逐步形成并不断发展壮大的。在福建历史上,曾经发生过的于越族的迁入与闽、越两族的融合,是一个大事件。于越族在春秋战国时期逐步发展强盛,建立越国,并攻灭吴国,称霸东南地区。进入闽中之后,带来先进的生产技术和强大的军事与政权组织,在融合闽族文化之后,号称"劲越",建立起强盛一时的闽越国,在中国历史上留下令人瞩目的事迹。

第一节　于越人南下

历史上于越人以浙江中部绍兴为中心,活跃于陆海之间,其南部与闽中毗邻(今浙南温州地区曾是闽中一部分),因此与闽中有着天然的联系。闽、越两族间的往来,应是古已有之。

促成越人大量南下入闽的原因,主要是战国中晚期的诸侯争霸战。《史记·越王勾践世家》载:"楚威王兴兵而伐之,大败越,杀王无彊,尽取故吴地至浙江,北破齐于徐州。而越以此散,诸族子争立,或为王,或为君,滨于江南海上,服朝于楚。""后七世,至闽君摇,佐诸侯平秦。汉高帝复以摇为越王,以奉越后。东越、闽君,皆其后也。"《越绝书·外传记地传》记载同样的事情:"无彊,时霸,伐楚,威王灭无彊。无彊子之侯,窃自立为君长。之侯子尊,时君长。尊子亲,失众;楚伐之,走南山。"这里叙述的越国败亡历史表明:越国破灭后,其宗族子弟散而居于江南各地,特别是迁入沿海各地,包括沿海各个岛屿,自然包括台湾岛在内;因系宗族分散迁徙,故其统治结构没有破坏,到各地后依然很有力量,可以凌驾土著之上,称王为君;这些越族君长皆臣服于楚,故楚势力迅速向南方各地扩张,既至浙江,必有至于闽中者;于越族人进入南方各地,成为南蛮各种族、方国的实际统治势力,因此有了"瓯越"、"东越"、"南越"、"雒越"、"滇越"等族称或国称,也因此有了臣瓒所说的"自交趾至会稽,七八千里,百越杂处,各有种姓"。百越的出现即在这一时期。

据上所载,无彊败亡,是在周显王三十五年(前334),其后于越人大批进入闽中地。《越绝书》称,无彊之孙尊因失众而遭楚伐,败走南山。这"南山"应即我国东南最大的名山武夷山。宋代学者熊禾称:"武夷山,闽之镇也。"越国宗族进入闽浙交界处之武夷山区、瓯江流域,闽中地区由此先后出现了"东海王(东瓯王)"、"闽越王"、"东越王"、"越繇王"、"南海王"及"闽君"、"繇君"等王国和君号。而且,《史记》明确指出,闽君摇是无彊的七世孙,闽越王无诸也应如之。他们距于越君长尊败走南山已有四代之隔。《越绝书》还称:"无彊以上,霸,称王。之侯以下微弱,称君长。"所以,于越族人迁徙各地,是大分散、小聚居,各自的力量已很弱小,但仍统率各地土著蛮人,而为君长。闽越王无诸和闽君摇就是在这样的基础上崛起并发展壮大的。

由此可知,先秦之世,闽中各山(包括武夷山)尚无名,只有"闽中山"或"南山"之类笼统的称呼。到汉世,国家统一且版图稳固之后,武夷山才由传说而进入历史,得到汉王朝的承认,武帝慕其名而派官祠祭。

有鉴于此,史学家蒙文通推断:"台湾、澎湖早在春秋末世或已为大陆建国之吴、越所统属。"[1] 台湾学者凌纯声也说:"夷洲民的居处饮食、衣服、被饰皆与越人相似。不仅越人早已移殖夷洲,也许为越王统治之地,因其有越王的遗迹。"[2]《越绝书》还载,勾践伐吴、霸关东时,曾在新都琅琊大起观台,"台周七里,以望东海。死士八千人,戈船三百艘"。可见其对海外的警惕,航海能力之强大。从浙江于越国都到琅琊比从浙江到台湾要远一倍,故以此实力,越人到台湾或统属台湾都是极有可能的。

---

① 蒙文通:《越史丛考》,第108页。
② 凌纯声:《古代闽越人与台湾土著族》,《台湾文化论集》,1954年。

第二节　闽中诸王国

战国末年,秦始皇逐步统一六国,派兵 50 万进军岭南,惟有对自称"闽越王"的无诸无可奈何,没有实际派兵平定、派官治理,只是在名义上削去"闽越王"王号,降为君长,并设闽中郡,实则"弃弗属"。闽越国的统治实力得以完整保留。

如果说闽方国还是部族联盟性质的原始酋邦王国的话,那么进入闽中地域的越人所建立的宗族政权和随后被汉王朝认可的王国,就是封建的政权机构,只是仍然保留着宗族统治的传统和组织特点,其封建化进程应从刘邦复立无诸为闽越王、汉惠帝封摇为东海王以后开始。

汉王朝事实上在闽中地域分封了三个王国,还有并立的两个"王廷"。据《史记·东越列传》载,汉高祖五年（前 202）,刘邦下诏:"复立无诸为闽越王,王闽中故地,都东冶。"这表明,汉高祖一为奖赏无诸为佐汉灭秦、破楚所建立的功勋;二为安抚闽越地百姓,承认无诸自秦末以来对闽中地区的统治。后来还为此实行了册封大典,其地点就在今之福州南台大庙山。同时,也由此明确了今日福州在当时作为王都的地位,其后福州历代成为闽中首府、八闽都会。此时,闽越国的势力范围还是以今福州为中心,以闽北为重点。

《汉书·高帝纪》载,汉高祖十二年（前 195）,刘邦又下诏,因"南武侯织亦越之世也,立以为南海王"。织也是于越贵族而受封。南海国的统治范围大体在江西东南部与南越、闽越之间,大约包括福建的汀州、漳州,赣南的赣州,粤东的潮州和梅州地区。国号南海,其地域自应在闽、粤间滨海之地,只是其王都所在地不明。南海王立国仅十几年,到汉文帝时,因叛汉而遭到淮南王刘长的征讨。"以其军降,处上淦",即在南海王投降后,举国北迁,被安置于江西上淦（今清江县一带,当时庐江郡之南境）,其旧地遂为闽越国所占领。也有学者对南海王国的存在表示怀疑。

汉惠帝三年（前 192）,考虑到闽君摇在汉高帝时立有不少功勋,而其所统帅的民众又很拥护他,"乃立摇为东海王,都东瓯",俗称他"东瓯王"。其所领辖的地域即在浙南今温州地区（瓯江流域）。数世之后,至汉景帝三年（前

154），吴王刘濞造反，想拉拢闽越王，闽越不肯，只有东瓯王追随。到吴王失败后，东瓯才接受汉廷的指令，杀吴王以赎罪。而吴王之子子驹逃往闽越国，因恨东瓯王有杀父之仇，常劝闽越王袭击东瓯。终于在汉武帝建元三年（前138），闽越王（可能已是无诸的后代）发兵围东瓯。"东瓯食尽，困，且降"，于是派人向汉天子告急。汉廷遂从会稽郡"发兵，浮海救东瓯"。闽越王闻讯即退兵。东瓯王惧怕闽越再袭，便向朝廷请求，"举国徙中国。乃悉举众来处江淮之间"。《集解》载："徐广曰：东瓯王、广武侯望率其众四万余人来降，家庐江郡。"东瓯国存在了55年，国人北迁之后，其地可能即为闽越王所吞并。

由上可见，汉王朝在建立之初，为巩固统治，安抚边疆地区土著民族，实行破格分王（封异姓王），采取分而治之的办法，在闽中地区分封三国，以限制闽越王独擅大权而坐大。实际上，闽越国在无诸统治时期与汉廷保持着良好的臣属关系。无诸死后，他的继任者郢和余善都是野心勃勃、桀骜不驯之人，逐步露出反叛的真面目，终至公开拒汉，与王朝分庭抗礼。

汉武帝建元六年（前135），闽越王郢擅自派兵攻击南越。汉廷闻讯，发兵回击，郢即"发兵距险"，以抵抗汉师。其弟余善与宗族等相谋，杀郢而后向汉廷谢罪。汉武帝立无诸之孙繇君丑为越繇王。但余善掌握实力，且已"威行于国，民多属"，又企图自立为王，而繇王又无力控制局面。汉廷迫不得已，"因立余善为东越王，与繇王并处"。这种两王并立、互相钳制的局面，维持了二十多年。到武帝元鼎六年（前111），余善再也按捺不住，"乃遂反，发兵距汉道"，"刻武帝玺自立"。汉武帝分兵四路，入闽中讨余善。次年冬，余善兵败众叛，繇王居股等人计杀余善而降于汉军。武帝认为，"闽越悍，数反复"，下令"皆将其民，徙处江淮间。东越地遂虚"。汉王朝所封闽中三个王国，最终都弄到国除民迁的地步。这是汉朝强迫边疆土著同化的一项措施，也是扫除割据势力，推行封建（郡县）制度的必要步骤。

闽越国经过无诸王的长期经营，崛起于东南，国力强盛，一度甚至超过了疆域更为辽阔的南越王国。闽越国的势力可能及于台湾。《史记·东越列传》记述余善与其宗族诸人计议如何退步时曾说：杀郢以向天子谢罪，"天子听，罢兵，固一国完。不听，乃力战；不胜，即亡入海"。由此可以看出，闽越人与海中诸岛（包括台湾）早有联系，或是闽越国势力已经到达诸岛，或是闽越人早有到诸岛定居谋生者。正如前引《史记》文所述，越人"滨于江南海上,服朝于楚"。此时海上越人服朝于闽越,应属情理中之事。

第三节　东海外越

"东海外越"应包括台湾,如同"岛夷"一样,都是台湾未定名前的称呼。《越绝书》对于越有明确划分,其《记地传》云:"无余初封大越,都秦余望(山)南,千有余岁而至勾践。勾践徙治山北,引属东海内、外越,别封削焉。"指出于越族先君无余受封之时所都之地(即核心地带山阴)称"大越",此后勾践扩大势力范围,及于江浙沿海大陆之地,以至东海(外)上之众多岛屿,于是又有"内越"和"外越"的分别。同书《记吴地传》言:"娄门外力士者,阖庐所造,备外越。""娄北武城,阖庐所以候外越也。""秦始皇并楚,百越叛去,更名大越曰山阴也。"说明于越为楚所破而离散之后,又经历秦军并楚之乱,于是更加叛离分化,此时大约踵继前时之奔趋,离开大越、内越,而更多地走向东海外越,即大量移居沿海诸岛与海外各地。一般认为,"外越"是指在今舟山群岛等近海岛屿上的越人。史学家蒙文通认为,"外越"是指在台湾、澎湖群岛上的越人,早在春秋时期,即已在吴、越的统治之下。历史地理学家陈桥驿指出,"外越"不仅包括今台湾、澎湖群岛上的越人和印度支那的越人,而且还有迁至日本列岛的越人移民。他还认为,这些移民是在距今 10000～7000 年前今舟山群岛及其东陆地沦入海域的过程中迁往日本等地的。

《越绝书》还载,秦始皇三十七年(前 210),南巡至会稽。为隔绝当地越人与海外越人的联系,他下令移越人于内地,迁罪人于海滨。《越绝书》称:"是时,徙大越民置余杭、伊攻、□故鄣。因徙天下有罪谪吏民,置海内故大越处,以备东海外越,乃更名大越曰山阴。"秦始皇深知越人在"故大越"处会妨害他的统一措施,又恐大越、内越之越人与"东海外越"的越人沟通联合,会威胁他的统治,于是大量迁徙"于越之人"、"大越之民"于余杭(今余杭市)、乌程(今湖州市)、故鄣(今安吉市)、石城(今安徽当涂县)、无湖(今芜湖市)、鄮县(今同)、歙县(今同)等地。越人大多被迁入山区,而中原移民则居于平原。秦始皇预料"大越"故地人民逃散以后,将会与"东海外越"

人民联合反秦,故以交换迁民的办法,企图杜绝后患。过后不数年,闽越王无诸即率闽中越旅参加反秦战争,可见秦始皇所料不虚,但尚未见有海外岛屿上的越人参与反秦。只是东越王余善抗汉时,曾与宗族议及逃往海岛以避兵锋的事,可见大陆越人与海上越人长期间是保持联系的。汉武帝相继移徙东瓯、南海、东越国越人于内地,只不过是沿袭秦始皇“徙大越民”的故伎而已。

　　有学者认为,“内越”与“外越”的分别是在末次冰期的海侵现象达到高峰时,即距今 7000 年前。由于海水上涨,沿海的越人向内地退却,故称“内越”;趁海水驾舟筏移居到东海中许多岛屿上的,称“外越”。“外越”、“东海外越”应包括台湾、澎湖、琉球、日本列岛等。如日本的福井、富山、新潟,过去分别称“越前”、“越后”、“越中”,标志越人曾经到过。

　　秦始皇遣方士徐福入海求仙药的著名故事,《三国志·吴书·吴主传》也有记载:“亶洲在海中,长老传言:秦始皇帝遣方士徐福将童男童女数千人入海,求蓬莱神山及仙药,止此洲不还。世相承有数万家,其上人民,时有至会稽货布(市)。”据当代学者孙机考证,徐福等所止之处实为“夷洲”,而非“亶洲”。因为亶洲“所在绝远,卒不可得至”。徐福畏诛,所率童男女只能留止夷洲(即台湾)。又因夷洲与会稽郡(当时福建属会稽郡)相距甚近,所以人民往来贸易(“货市”)比较方便。如此说不误,则闽台两地人民的贸易往来,最早有具体记载的应始于此时。徐福受命出访地在江苏,其所止之洲也有说是在今日本的,皆可备一说。

　　秦汉整整 100 年间,多次在福建、浙江地区实行“徙民”、“虚地”政策,对孤悬海外的台湾、澎湖诸岛的经济、社会发展产生很大的消极影响,造成台湾社会长期与世隔绝,社会发展长期停滞不前的严重后果。这一政策后来又为明清时期的统治者所效仿,一度继续执行“禁海”、“迁界”政策,其所造成的后果同样严重,但在这时对祖国大陆方面的消极影响似乎更大一些。

第四节　战国时代与台湾的关系

　　台湾自末次冰期海侵以后,为海峡所阻隔,成为孤悬海外的大岛。它进入华夏史册记载的时间还有所争议。《尚书·禹贡》所述“岛夷卉服,厥篚织贝,厥包橘柚锡贡",一般以为,此中"岛夷"应包括台湾岛上的先住民。这些先住民,既有远古时代涉足岛上的闽族人及其先民,也有战国秦汉时入岛的于越人和闽越人。如一些学者所说,还有来自马来半岛或菲律宾等地属南岛语系的土著居民,而他们的先祖,据考也是更早以前自中国大陆华南迁往海外的古越人。正如史学家翦伯赞在《台湾番族考》中所指出的:"台湾的番族是百越族的支裔,这种番族之占领台湾,不在宋元之际,而是在遥远的太古时代。"

"卉服"、"织贝"云云,据考证,台湾先住民也有这种服饰制品。汉代学者孔颖达注疏"卉服"认为,"南海岛夷,草服葛越",葛越即"南方布名,用葛为之"。汉代学者郑玄则认为,"此州下湿,故衣草服"。这些释说,都包括台湾的实际状况。织贝,据考证是用贝壳精心制作的织物——贝珠衣。这是台湾先住民特有的服饰,制作艰难,是极为珍贵的盛装之服。日本学者尾崎秀真在所著《台湾古代史纲》中指出,卉服与织贝皆台湾"番族"之物,"番族之衣,皆属麻质,卉服或即指此"。他还指出:"今考番族自古即以贝壳织成粒扁圆珠,以为货币,并缝缀于麻质之衣服上,以为盛装之服。"从武夷山船棺中出土的距今三千多年前的大麻、苎麻织品及灰色棉布(木棉)残片,可以证明当年岛夷制作"卉服"与"织贝"是完全可能的。

战国中晚期,越人败于楚,因此散亡,迁居沿海诸岛者有之,即所谓"滨于江南海上"。连横《台湾通史》称:"或曰楚灭越,越之子孙迁于闽,流落海上,或居澎湖。"可见越人其时必有进入台湾者。

秦始皇于二十五年(前222)已灭于越国(大越),置会稽郡,然而其兵威始终未能南及闽中与东海外越,就是由于若用兵闽中、外越,皆必倚靠舟师,而这正是秦军之所短。秦在福建置闽中郡,应是他在南方征讨越人、降越君的继续。秦王朝没有驻军、设官,闽中仍保持越人自治的局面。

第五节　闽越人入台

越人和闽越人进入台湾,在历史上应是必有的事实,但在历史典籍中却没有明确、直接的记述,我们只能从分析、推理和旁证中寻求答案。

早在公元前 334 年,楚军击败越军,越国从此破灭,越人败散逃亡,流播于各地,其中有一部分人"滨于江南海上",此中必有人于台湾、澎湖诸岛者。由于越人还是以宗族(家族)为主体的集群,"或为王,或为君",其入台湾者,也必是整个宗族(家族)人员的迁徙,入台后仍然保持着原有的群体组织。这在后来的某些记述中,可以找到线索和证据。

《史记·东越列传》记载:闽越王郢无端袭击南越,汉廷震怒而发兵征讨,大军临境时,"闽越王郢发兵距险"。在此危急情况下,郢弟余善便与国相和宗族代表合谋,说道:郢王擅自发兵击南越,自取其祸,"今汉兵众强,今即幸胜之,后来益多,终灭国而止。今杀王以谢天子。天子听,罢兵,固一国完;不听,乃力战;不胜,即亡入海"。他们所称"亡入海",就是准备逃往台湾和澎湖列岛。这说明,此前越人(闽越人)必有已到过台湾和澎湖列岛地区的,并且与闽越国仍有来往关系;或是台湾、澎湖列岛本来就在闽越国统治之下,在急难之中,他们便想到了这一条退路。

宋代刘叔敬《异苑》称:"晋安平有越王余筭菜,长尺许,白者似骨,黑者如角。古云:越王行海,曾于舟中作筭筹,有余者弃之于水生焉。"明代李时珍《本草纲目》也有类似记载。这一传说表明,闽越王曾有率军"行海"者,故到台湾和澎湖列岛应是可能的。可以证明闽越族人甚至是闽越王本人到过台湾的,便是沈莹的《临海水土志》,书载岛上"四面是山,众山夷所居。山顶有越王射的,正白,乃是石也"。而《太平寰宇记》的引文则作:"夷洲四面是溪,顶有越王钓石在焉。"嘉定《赤城志》卷三九引《临海志》曰:"夷洲在郡东三千里,众夷所居……山顶有越王射的白石。"三文所记都说台湾岛上确有越王或闽越王的遗址存在,证明岛上先住民之一应包括越人(或闽越人)。由于这种遗传,其后高山族先民中的一部分具有与祖国大陆沿海居民相同或相似的习俗、文化是不足为怪的。

台湾岛上发现的一些汉代遗址或遗物,也可以做佐证。如台湾考古工作者在台东长滨乡进行的考古发掘中发现,在长滨文化(15000 年前)的上层,分别叠压有新石器时代文化和汉代文化层。另外,在台北八里乡大坌坑文化遗址西边的淡水河口南岸,十三行遗址中出土的文物就有一枚汉代的五铢钱。这些都可以说明,汉代大陆人(应是闽越人)曾经来过(或定居)台湾,或者说,这些地方的台湾人已经与大陆人(汉人、闽越人)有了接触和来往。

　　因此,我们没有理由因为现有史籍对台湾古代与祖国大陆的交往情况缺乏记载,或记载不够详细、确凿,而怀疑祖国大陆与台湾之间自远古以来存在的联系与交往。

第七章　征伐台湾

汉代有关台湾地区的记载还不明确。如《汉书·地理志》载："会稽海外有东鳀人,分为二十余国,以岁时来献见云。"《后汉书·东夷传》也有类似记载:"会稽海外有东鳀人,分为二十余国。又有夷洲及澶洲。传言秦始皇遣方士徐福将童男女数千人入海,求蓬莱神仙不得,徐福畏诛不敢还,遂止此洲,世世相承,有数万家。人民时至会稽市。会稽东冶县人有入海行遭风,流移至澶洲者。所在绝远,不可往来。"《史记·秦始皇本纪》"正义"引《括地志》云:"亶洲在东海中,秦始皇使徐福将童男女入海求仙人,止在此洲,共数万家。至今洲上人有至会稽市易者。吴人《外国图》云:亶洲去琅琊万里。"据所记,"夷洲"、"亶(澶)洲"所指虽不明,但从方位推测,后人以为是指台湾,不无道理。而"夷洲"、"东鳀"为两地,或系指台湾、澎湖。晚清文人周长庚《台湾竹枝词》称:"一年天气晴和过,四序名花次第开。遥把酒杯酹徐福,如今我亦到蓬莱。"即以徐福故事喻咏台湾。

蒙文通在《越史丛考》中指出:"勾践之外越、汉之东鳀、吴之夷洲,即今之台湾、澎湖。"从史籍所载内容的简略、含混观之,当时官方与台湾来往甚少(或者竟没有),只有民间的来往。《前汉书·地理志》记载,武帝元封元年(前110),汉兵略地至今海南岛,"以为儋耳、珠崖郡","自初为郡县,吏卒、中国人多侵凌之,故率数岁一反"。可见,当时王朝军队、官吏已入于海南岛,但未入台湾岛。因为汉廷平定闽越之乱后,即迁民虚地,尚未顾及台、澎地区。根据史籍资料,宋代以前祖国大陆文人极少到达台湾、澎湖,他们所记,多耳食之言,故语焉不详,有的甚至互相抵牾,而且所记也仅止于台湾西海岸的平原地带。至于山岳地带或东海岸地区,则被称为"山后"之地,而未加披露。

第一节　吴军访求夷洲

三国时期，孙吴政权为了扩充军力，称霸江南，积极开拓疆土。从196～257年，先后五次用兵闽中。在东汉以前闽中只有一个冶县（福州）的基础上，陆续增设了七个县。其中吴兴、建平、建安均位于自浙江越仙霞岭，沿建溪入闽的交通线上；昭武、将乐位于自江西越武夷山，沿富屯溪入闽的交通线上；南平则处于这两条交通线交会的闽江畔；东安县在晋江下游今南安县，处福建最早开发的冶县——福州之南。这反映东吴进军和北人入闽，都是逐步自北向南推进的。与此同时，孙权为"求取国家的利益，开疆拓土"，"觅取海外之发展，谋求贸易之利"①，不顾臣下劝阻，派兵远航，出外探险。《三国志·吴书·吴主传》载：孙权为"远规夷洲，以定大事"，旨在"普天一统"。黄龙二年（230），他"遣将军卫温、诸葛直将甲士万人，浮海求夷洲及亶洲"。结果，因亶洲"所在绝远，卒不可得至，但得夷洲数千人还"。学者一般认为，亶洲可能是指今琉球群岛（一说菲律宾群岛），夷洲即指今台湾岛。但对吴军一下子掳得台湾数千人则有疑义，或认为应是"数十人"之误。《吴书》还载，孙权"欲遣偏师取夷洲及朱崖（按今海南岛）"，事前先咨询大将陆逊。陆逊认为，"万里袭取，风波难测，民易水土，必致疾疫"；而且认为，"珠崖绝险，民犹禽兽，得其民不足济事，无其兵不足亏众"。所以他认定，"经涉不毛，欲益更损"。同时，孙权也询问将军全琮，全琮也以为："殊方异域，隔绝障海，水土气毒，自古有之。""往者惧不能返，所获何可多致？"孙权不听，结果"军行经岁，士众疾疫死者十有八九，权深悔之"。由此可知，孙权出兵海外的目的在于"得其民"，即掠夺兵力与民力。他因急于从海外掠民，故所行多在近陆诸岛——今台湾与海南岛。他急于求成，所以不听陆逊、全琮的劝告，"遂征夷洲，得不补失"。尽管他们到过夷洲、珠崖而没有留下关于当地情况的记载，但从陆、全二人的劝说中，可以了解到两处海岛皆是待开发地域，其气候与环境祖国大陆人皆难以适应。东吴远征之举在军事上、经济上无足

---

① 《台湾丛谈》。

称道,但在对台关系上却从此打破了海峡两岸隔膜的障壁,揭开了祖国大陆政权直接介入台湾的序幕。"夷洲数千人"到祖国大陆定居,这是见于记载的最早到达祖国大陆的台湾岛移民,也是闽台人口交流的第一次。

真正对夷洲(台湾)作出具体记述的是三国时人沈莹。他在吴主孙皓时代(264~280)曾任东吴丹阳太守,此前可能曾任临海郡守。他主持编修的《临海水土志》中记载:"夷洲在临海东南,去郡(按指会稽郡)二千里,土地无雪霜,草木不死。四面是山,众山夷所居。山顶有越王射的,正白,乃是石也。"(《太平寰宇记》作:"夷洲四面是溪,顶有越王钓石在焉。")此夷各号为王,分画土地、人民,各自别异。人皆髡头、穿耳,女人不穿耳。作室居,种荆为蕃障。土地饶沃,既生五谷,又多鱼肉。""能作细布,亦作斑文布,刻画其内,有文章,以为饰好也。其地亦出铜、铁,唯用鹿觡矛以战斗耳。磨砺青石,以作矢镞、刃斧、环贯、珠珰。""饮食不洁","以粟为酒","呼民人为弥麟"。"甲家有女,乙家有男,仍委父母往就之居,与作夫妻,同牢而食。女已嫁,皆缺去前上一齿。""战得头,著首还……以彰示其功。"同时,沈莹还把"山夷"与由祖国大陆迁往台湾的"安家之民"(按即古闽族人后裔)做了比较性的记述:"安家之民,悉依深山,架立屋舍于栈格上,似楼状。居处、饮食、衣服、被饰与夷洲民相似。父母死亡,杀犬祭之,作四方函以盛尸,饮酒歌舞毕,乃悬著高山岩石之间,不埋土中作冢椁也。男女皆无履。"

从以上记述我们可以看出当时在台湾岛上两类居民的全部生活情形。由此可知:夷洲民与古越人、古闽越人的渊源关系,越王遗迹不管是实在的还是象征(纪念)性的,都足以证明其种族渊源;安家之民的迁台,说明祖国大陆(闽中)与台湾岛之间的人员交往甚早;其生活习性相似,证明双方居民已融合相处;其习俗、信仰不同,说明两者在文化上还有某些差异。值得注意的是,安家之民的殓葬习俗,反映了古闽族人的传统悬棺葬俗在台湾得到沿袭,及其与后世畲族具有某些相同点。

从以上记述的台湾古代人民的生活情状可知:其生产力发展水平还很低下,处于原始社会新石器时代;社会组织为氏族部落形式;经济以农耕为主,兼事渔猎;实行从妻居婚姻;住干栏式房子;有剪发、文身、拔牙、跣足和悬棺葬习俗;等等。

沈莹根据调查了解所得材料,写成此文,这是祖国大陆人对台湾人最初的详尽了解和第一次认真记述,因而具有特别重要的意义。对于"夷洲"是否确指台湾,学术界一部分人持有异议,但大多数人认为夷洲即今台湾。史学家林惠祥在《中国古书所载台湾及其番族之沿革略考》中说明:"书中所记夷洲之方向、地势、气候、风俗与台湾极其相似,舍台湾外无可指。且近时日本人曾在台北发现指掌型之古砖,其时代即属于三国,故夷洲之为台湾,绝无疑义。"史学家凌纯声《古代闽越人与台湾土著族》对此更有详细的考证和阐述,认为夷洲即为今日之台湾当属可信。

第二节　隋军征伐流求

闽人自古"习水便舟",内河、沿海和海外航运交通十分发达。《后汉书·郑弘传》载:"旧交趾七郡,贡献转运,皆从东冶,泛海而至。"说明至迟在东汉,今福州已成为重要的海上通商贸易口岸和货物集散地。三国东吴开始在东冶(今福州)置典船校尉,令谪徙之人造船。长乐吴航镇的兴起盖自此始。同时,在温麻县(今霞浦)设温麻船屯。朱维幹《福建史稿》称:"孙氏立国东南,国防和海运,有密切关系,闽中因此有典船校尉和温麻船屯的设立。"晋代文学家左思在《吴都赋》中称:"篙工楫师,选自闽禺。习御长风,狎玩灵胥。"盛赞闽中水手和航海家逐波踏浪、御风远航的技术。

尽管闽中海外贸易早在汉代已达于东南亚(越南)地区,但对邻近的台湾岛却没有经常的贸易往来。如《三国志·吴书·吴主传》所载,亶洲"其上人民时有至会稽货布(市)。会稽东冶县人海行,亦有遭风流移至亶洲者"。表明远在亶洲(有学者以为在今菲律宾吕宋岛)的人民时常有至福建贸易的,而福建人出海("海行")贸易者也偶有"流移"到亶洲的,但却没有福建与夷洲交往、贸易的记述,说明当时台湾经济不发达,处在原始社会阶段,因此闽台间交往很少。即使在晋末"永嘉之乱",中原士民南迁,大批人入闽的情况下,也没有跨海进入台湾岛的记载。

隋代,台湾被称为"流求",《隋书·东夷传·流求国》载:"流求国,居海岛之中,当建安郡(指今福建)东,水行五日而至。"其所载地理位置正确,无疑是指台湾。又载:"土多山洞。其王姓欢斯氏,名渴剌兜,不知其由来,有国代数也。""国有四五帅,统诸洞,洞有小王。往往有村,村有鸟了帅,并以善战者为之,自相树立,理一村之事。""有刀稍、弓箭、剑铍之属。其处少铁,刀皆薄小,多以骨角辅助之。""无赋敛,有事则均税。""俗无文字,望月亏盈以纪时节,候草药枯以为年岁。""人深目长鼻,颇类于胡。""妇人以墨黥手,为虫蛇之文。"死者"浴其尸,以布帛缠之,裹以苇草,亲土而殡"。"南境风俗少异,人有死者,邑里共食之。""尤多猪、鸡,无牛、羊、驴、马。""厥田良沃,先以火烧而引水灌之。持一插,以石为刃,长尺余,阔数寸,而垦之。土宜稻、粱、床、黍、麻、豆、赤豆、胡豆、黑豆等。""风土气候与岭南相类。俗事山海之神,祭以酒肴,斗战杀人,便将所杀人祭其神。"

根据摘录的上述记载,流求国的社会经济还不发达,但已进入农耕社会,所种粮食种类较多,无畜牧业;社会组织简单,还是氏族社会的军事酋长制度;铁石并用,刀耕火种;有民间信仰,有文身习俗。值得注意的是,其人各特征似与闽蛮土著不类,但以虫蛇之文为饰则与闽人同。隋炀帝好大喜功,听从福建航海家("海帅")何蛮之言,于大业三年(607)"令羽骑尉朱宽入海求访异俗","因到流求国,言不相通,掠一人而返"。"明年,帝复令宽慰抚之,流求不从,宽取其布甲而还。"大业六年(610),隋炀帝又"遣武贲郎将陈稜、朝请大夫张镇州率兵自义安(今广东潮安)浮海击之",因为"南方诸国人从军,有昆仑人颇解其语,遣人慰谕之,流求不从,拒逆官军。稜击走之,进至其都,频战皆败,焚其宫室,虏其男女数千人,载军实而还。自尔遂绝"。陈稜率军入流求,本意在"求访"、"慰谕",终至大动干戈,虏数千人、载军用物资而还,与三国东吴军队入夷洲之所为相仿。值得注意的是:文中称陈稜军从南方所招昆仑人通晓流求人语,似乎表明昆仑人(小矮人)与台湾土著(有矮黑人)有种族上的渊源关系;这次从台湾岛除虏得数千人外,还获取相当数量的军实,与吴军之所得大相径庭,表明此时台湾经济已有一定发展。

另外,《隋书·陈稜传》载,陈稜等奉命"发东阳兵万余人,自义安泛海,击流求国","流求人初见船舰,以为商旅,往往诣军中贸易"。这些记载很有意义,一可说明台湾人此前与大陆商船曾有不少贸易,才有如此之误;二可说明台湾人已有较多物资可供交换,故已形成贸易习惯。陈稜率舟师入台是有史以来规模最大的一次,也是影响最大的一次,虽是慰谕与征战并举,但后世台湾民众十分敬仰他,奉他为台湾的"开山祖",郑成功在台湾还为他修"开山宫"以为纪念。

另据记载，大业七年（611）十二月，"朱宽征留仇（即流求）国还，获男女口千余人，并杂物产，与中国多不同。缉木皮为布，甚细白，幅阔三尺二十寸。亦有细斑布，幅阔一尺许"。从台湾考古中发现的"树皮布打棒"可知，台湾人"缉木皮为布"，的确历史悠久。隋炀帝出于臣服远夷的政治目的，五年内四次出征台湾，其时虽距东吴出兵台湾已隔三百多年，但在经济上对台湾同样没有什么作为。从《隋书》对流求国的记载表明，台湾先住民的经济和社会发展，比以往有了一定的进步：已经有了从国王到村一级的各层次的管理组织，有了宫室建筑；人口较多，物产较丰富，懂得贸易。据《闽书·方域志》载，陈稜从台湾掳回的数千人口，就近安置于福清县福庐山。书曰："福清福庐山之化南、化北二里，隋时掠琉球五千户（按另有载为五十户）居此。"这是有记载的台湾人定居大陆（福建）沿海的第一次。

第三节　唐人偶涉流求

唐代，闽中地区经济在两晋南朝以来北方士民大量入闽开发定居的基础上，有了长足的进步，福州、泉州的海上贸易大大发展；惟有台湾，依靠土著人民的自然发展，社会进步确实很慢，与闽中的交往和贸易仍少。据唐宪宗元和八年（813）福建观察推官冯审所作《球场山亭记》碑残文，记载福州城市贸易及对外交往的情况云：福州城"海夷日窟，风俗时不恒"，"迩时廛闬阛阓，货贸实繁"。仅这寥寥数语，生动地描述了福州市场繁荣、百货殷盛、人物熙攘的景象。城内聚居的海外夷人日渐增多，社会风俗因之而起变化，难持常态；市井繁华喧闹，货物交易兴盛。这种景象在晚唐诗人包何的诗句中，更有生动的表现。其《送李使君赴泉州》诗云："云山百越路，市井十洲人。执玉来朝远，还珠入贡频。"此诗之"泉州"应指福州，因为诗的开头称："傍海皆荒服，分符重汉臣。"作为封疆大吏和分符重臣，只能是驻节福州的福建观察处置使。"李使君"分掌重兵、执掌海外朝贡者的接待，其任所自是在福州，这"泉州"正是隋代和唐初的福州旧名。福州市井有"十洲"夷人，正应前原碑文所称"海夷日窟"；来朝者多远人，入贡者频繁往来，恰好证明海外贸易、交通往来之隆盛。正因为海外贸易旺盛，故在大和八年（834）唐文宗下诏，指令岭南和福建节度使，对"蕃舶"和"蕃客"要"常加存问"，并规定"除舶脚、收市、进奉外，听其往来通流，不得重加率税"。可见朝廷对南方福建等地外贸的关心，以及方伯重臣如节度使、观察处置所掌握的外事贸易权。海外贸易如此兴盛，相比之下，台湾与大陆的贸易往来实在微不足道，以致史无明文。这间接反映此时台湾地区经济仍然很不发达，商业贸易活动很少，一般只有以物易物的交换活动。史籍记录的台湾情况实如凤毛麟角，难得其详。

　　唐代，关于闽中与海外（包括台湾）关系的记载甚少。唐代文学家柳宗元在《岭南节度飨军堂记》中载：岭南五府十州，"其大小之戎，号令之用，则听于节度使焉。其外大海多蛮夷，由流求、诃陵，西抵大夏、康居，环水而国以百数，则统于押蕃舶使焉。内之幅员万里，外之羁属数万里"，"合二使之重，以治于广州"。[①] 由此可知，当时岭南节度使兼押蕃舶使，合"二使"之权而为一，统管陆上五府十州及海外数以百计的水国。此时的流求（台湾）亦为唐王朝"羁属"之国。

　　《台湾省通志稿》载："唐宪宗元和元年（806），进士施肩吾移家居澎湖。"《全唐诗》有施肩吾作《岛夷行》（明代黄仲昭《八闽通志》中改作《题澎湖屿》）诗一首，曰："腥臊海边多鬼市，岛夷居处无乡里。黑皮少年学采珠，手把生犀照咸水。"连横在《台湾通史》中称："及唐中叶，施肩吾始率其族，迁居澎湖。""其题澎湖一诗，鬼市、咸水，足写当时景象。"有的论者认为，施肩吾并未到过澎湖，更未率族迁居。但从该诗描写"岛夷"入海采珠、海边贸易、无乡里和黑皮肤来看，却仍可看出作者对台湾、澎湖一带岛民的生活情况比较了解。诗中透露，台、澎一带居民仍是土著岛夷（小黑人），社会组织落后（氏族或部落），有采贝（珠）经济生活，有简单的集市贸易（鬼市）。考古调查表明，采贝生活的工具之一——"凹石"，海峡两岸均从上古时代开始出现，但惟有台湾地区沿袭到1000多年前。诗中少年"采珠"可见一斑。如果说仅凭一首诗难以断定祖国大陆人到过台湾（更遑论定居）的话，那么20世纪90年代初台湾学者在台北县的考古发掘收获，可算是确切无误的结

---

① 柳宗元：《柳河东集》卷二六。

论。那次发掘，发现了大量的唐代金器和钱币等古物，经考证证明，唐代肯定有祖国大陆人渡台定居。清人黄逢昶的《台湾竹枝词》有曰："谁将解赠助英雄，海上犹存太古风。鸡黍不时缘客具，教儿切莫问穷通。"他还自注云："唐时，进士资才名，游遍天涯，见人情冷落，世态炎凉，遂入山，结社番为邻。子孙百余人，守家训，有勤俭风。异客停留，具鸡黍，助行囊。示儿曾与客言，莫问功名得失、遇合穷通，惟以礼相接。居近后山，名曰'古唐社番'，台北府属。"据此说，唐时文人入台岛隐居，传衍后代，保存古风，且延续千数百年，亦大奇事，可备一说。因有出土唐代文物，可为一证。

唐人刘恂写的《岭表录异》（卷上）中有一节记述：宣宗年间（847～859），陵州刺史周遇，"自青社之海归闽，遭恶风，漂五日夜，不知行几千里也，凡历六国"。其中有其经历流虬国（台湾）的记述："其国人幺幺，一概皆服麻布而有礼，竟将食物求钉铁。新罗客亦半译其语，遣客速过，言此国遇华人漂泛至者，虑有灾祸。"从中可见，流虬土著人个子矮小（按台湾旧时有矮黑人，后灭绝），仍服麻布，喜求钉铁；大陆人也有因风漂泛到该处的，但似乎没有经常性的贸易往来。

由上可知，唐代以前，尽管福建经济已开始较大规模的发展，福州的对外交往和贸易已十分繁盛，但台湾经济尚未开发，仍处于比较原始的状态。如果我们把《隋书·东夷传·流求国》与《临海水土志》相比较，可知在三百多年间台湾社会经济发展之缓慢，这就难怪台湾与祖国大陆、闽中之间的人员交往、经济联系，长期停滞不前。因此，台湾地区未能引起中央王朝的重视，他们对台湾的管辖还是实行羁縻政策。从孙权到隋炀帝，中央王朝对台湾的行动都还停留在访求、慰谕与征伐上。唐代，福建人移居台湾者虽然有记载的很少，但与之做生意或移居台湾者必大有人在，以至福建被台湾人称为"唐山"地。清乾隆时，朱景英《海东札记》载："台湾人称内地曰唐山，内地人曰唐人，犹西北塞外称中土人曰汉人；盖塞外通于虏，海外通于唐，名称相沿，其来久矣。"中国大陆在海外的影响，肇始于盛唐，当与福州、泉州之对外贸易繁盛、移民增多有关。

到唐末五代，中原地区因藩镇割据而造成国家分裂，群雄竞逐，干戈扰攘，民不聊生。王潮、王审知兄弟主闽数十年间，实行"保境安民"的方针，推行发展生产、奖励工商、轻徭薄赋、扩大外贸、重教兴学的政策，为福建经济的全面发展奠定了基础。当时,王审知置榷货务,专管贸易,"招徕海上蛮夷",以扩大贸易,"尽去繁苛,纵其交易",以活跃海外贸易。在此背景下,福建海舶北上渤海、新罗等国,南下东亚诸国,可是仍未见有对台湾交往与贸易的记载。唐五代,闽、台两地相安无事,没有政府的行动,只有民间的简单经济交往,因此为史书所不载。

从中原魏晋到隋唐时代,在考古学上大致相当于台湾史前文化的晚期阶段,即台湾铁器时代的前期,有台湾北部的十三行考古文化、中部的番仔园文化以及南部的蔦松文化,三者延续时间较长（自公元前后至13世纪）。三个文化都有共同特点,即贝丘遗址的文化内涵、几何印纹陶、铁器和骨角器并用等。这在史书记载中也有反映。台湾学者认为,这些史前文化的主人乃是后称平埔族的凯达格兰族与噶玛兰族先人的文化。而在这时期介入台湾的汉文化遗存尚属罕见。

第八章　宋元管辖澎台

宋代是中国封建经济发展的又一个高峰。福建社会经济也在唐五代奠定的发展基础上,以后来居上之势,取得全面而又巨大的进步。福建的海上交通和对外经济贸易获得空前发展,位居全国乃至世界的前列,由此开辟了具有世界性影响的"海上丝绸之路"。以发达的经济作后盾,祖国大陆对台湾的了解和交往,福建对台湾的联系,也都前进了一大步。

第一节　流求国居民

我国历史上通常把不直接由中央政权派官管治的地方政权,尤其是海外土著居民(蛮夷)自行管辖治理的政权或组织机构称之为"国",中央王朝或对之实行羁縻政策,或令其执行朝贡、觐见的义务,如流求国、交趾国、占城国、新罗国、渤海国等。

从宋代开始,一些史籍还记述了台湾岛上的毗舍耶人的活动。周必大为乾道七年(1171)任泉州知府的汪大猷所作《汪大猷神道碑》称:"海中大洲号严湖,邦人就植粟、麦、麻。""有毗舒耶蛮,扬帆奄至,肌体漆黑,语言不通 …… 于是春、夏遣戍,秋暮始归,劳费不资。公即其地,造屋二百区,留屯水军,蛮不复来。"楼钥作《汪大猷行状》[①] 载:"郡实濒海,中有沙洲数万亩,号平湖。忽为岛夷号毗舍耶者奄至,尽刈所种。他日,又登海岸杀略。禽

---

① 楼钥:《攻媿集》卷八八。

四百余人,歼其渠魁,余分配诸郡。"文中所称"平湖"即澎湖岛,毗舍耶人
常登泉州沿海陆地骚扰,其地多在晋江、石狮一带;一次擒获四百人,足见其
来寇者之众,入住台湾岛之人肯定数以千计。由文中亦可见,当时祖国大陆
沿海汉人移居澎湖从事垦殖或渔捞者已经不少。该"行状"又载:"初则每
遇南风,遣戍为备,更迭劳扰。公即其地,造屋二百间,遗将分屯,军民皆以为
便,不敢犯境。"于此亦可见汪大猷曾于澎湖岛遣军屯戍,以防寇掠。所称黑
肌蛮人,应即迁移入岛的矮黑人(或说是从菲律宾迁来的)。

　　宋宗室赵汝适于南宋理宗宝庆元年(1225),以朝散大夫提举福建路市舶
兼权泉州市舶。期间,曾据市舶之口传著《诸蕃志》两卷,"记诸蕃国及物货
所出",故有重要的史料价值。其"毗舍耶"文曰:"毗舍耶,语言不通,商贩
不及,祖裸盰睢,殆畜类也。"因澎湖岛"与其国密迩,烟火相望。时至寇掠,
其来不测,多罹生啖之害,居民苦之"。说明其人非华夏人及台湾土著,故语
言不通;又由于尚处于未开化阶段,所以"商贩不及",专事劫掠,生吃活人,
十分野蛮。他们在宋代经常骚扰泉州(晋江)之水澳、围头等村。这一批人
的来源,学者研究是原居菲律宾群岛中之米沙鄢人。他们往来海上,到处漂
泊,行踪无定,专事劫掠,广泛活动于菲律宾、台湾及福建泉、漳各郡沿海,人
民深受其害。实际上,这只是台湾岛上与祖国大陆人民有接触的那部分从菲
律宾群岛迁来的居民,其他未与祖国大陆人接触的台湾土著(先住民),或在
此前、此后从南太平洋地区岛国迁入台湾的居民,肯定还有不少,因无接触而
未有记载。

　　《宋史·外国七·流求国》载:"流求国在泉州之东,有海岛曰彭湖,烟火
相望。"又载,"旁有毗舍邪国,语言不通"。这里所记,明确了台湾与福建泉
州、澎湖的地理位置关系;"烟火相望",表明台、澎之间定居者增多,人烟较为
稠密,迥非隋代以前的蛮荒景象。赵汝适在1225年成书的《诸蕃志》中,同
时记载了居住在台湾岛上的两类人:台湾土著与菲律宾群岛侵入者。两者的
生活方式和习性很不相同,反映了那个时代的民风。其"流求国"文曰:"流
求国,当泉州之东,舟行约五六日程。王姓欢斯,土人呼为'可老'……植棘
为藩,殿宇多雕刻禽兽。……无赋敛,有事则均税。不知节朔,视月盈亏以纪
时。……曝海水为盐,酿米曲为酒。……肉有熊、罴、豺、狼,尤多猪、鸡,无牛、
羊、驴、马。厥土沃壤,先用火烧,然后引水灌注,持锸仅数寸而垦之。无他奇

货,尤好剽掠,故商贾不通。土人间以所产黄蜡、土金、牦尾、豹脯,往售于三屿。旁有毗舍耶、谈马颜等国。"这里所记流求国情况,大体同于《隋书·东夷传·流求国》,只是少了习俗、信仰,多了经济生活。"三屿",《岛夷志略》作"三岛",今在菲律宾马尼拉湾附近。据台湾西部平原凤山县附近贝普(平埔)族一支玛卡塔部落口头流传说:"自古以来,族人即以独木舟远航至吕宋,与当地的土著从事贸易,所得的物品(装饰品)更与台湾山地的查琳仙族作为交换之物。"值得注意的是,作者还指明台湾土著商业不发达的原因,在于他们的农耕、畜牧不发达,还有狩猎活动,可交换的商品(物品)不多,而又性好"剽掠",故人们多不敢与他们做生意,且他们对做生意的兴趣也不大。这就是福建与台湾之间,以及台湾与大陆、岛外其他地区的交往、贸易较少的主要原因。

《诸蕃志》在记述附着于台湾岛西南部的由菲律宾群岛米沙鄢人聚集而成的毗舍耶国时,有文曰:"泉有海岛曰彭湖,隶晋江县,与其国密迩,烟火相望。时至寇掠,其来不测,多罹生啖之害,居民苦之。淳熙间(1178～1189),国之酋豪常率数百辈猝至泉之水澳、围头等村,恣行凶暴,戕人无数,淫其妇女,已而杀之。"该文尤为重要的是记述了澎湖列岛隶属晋江县的事实,这是史书记载的台、澎地区行政上隶属福建的第一次,而且本文也是第一次记述居住在台湾岛上的土著民(尽管是来自菲律宾的)对福建沿海地区居民的侵害。这些都标志着闽台之间的关系进入新的时期,即实行行政管辖和台人入闽的新时期。从文载毗舍耶人"不驾舟楫,惟以竹筏从事"可知,这部分专以劫掠为事的土著人尽管生产力水平很低,但航海技能却比较高;而且他们的生产方式和生活习性与流求国人大不相同,这批岛上侵入者,尚未接受和融入台湾土著文化。宋代著名学者真德秀曾任泉州知府,他于嘉定十一年(1218)上《早枢密院措置沿海事宜状》称:"永宁寨(地名水澳,在今石狮市)去法石七十里。初,乾道间,毗舍耶国入寇,危害居民,遂置寨于此。其地阚临大海,直望东洋,一日一夜可至澎湖。澎湖之人遇夜不敢举烟,以为流求国望见,必来作过,以此言之置寨,诚得其地。"

第二节　汉人入澎台

自汉晋至五代时期，中原人口多次南迁，大量迁入福建，福建土地大量开发，社会经济迅速发展。唐天宝年间，福建人口才 8.35 万户、53.74 万人；北宋太平兴国年间户数增至 47.77 万户，元丰年间达 104.43 万户，南宋绍兴三十二年（1162）为 139 万户、282.8 万人。泉州从唐天宝到宋淳祐间，户数增加 10 倍，人口增加 2 倍多。因地狭人稠、人民生活艰难，故除勤俭力耕外，有一部分人即设法海外拓殖谋生，有的从事海上贸易，有的东渡台湾海峡，迁移到澎湖岛甚至台湾岛上去开发。宋末的社会动乱也迫使一部分南宋遗民、义士遁逃进入台湾、澎湖地区。宋代王象之《舆地纪胜》卷一三〇云："自泉晋江东出海间，舟行三日，抵澎湖屿，在巨浸中，环岛三十六。"他还引陆藻的《修泉州城记》曰："泉距京五十有四驿，连海外之国，三十有六岛。城内画坊八十，生齿无虑数十万。"所以，明人称"澎湖在宋时，编户甚蕃"，是有根据的，确非虚语。有确切文字记载的闽人渡台的历史也可追溯到宋代。绍兴三十年（1160），德化苏氏七世孙苏钦为《德化使星坊南市族谱》所写之序称：苏氏一族"分于仙游南门、兴化涵头、泉州、晋江、同安、南安塔口、永春、尤溪、台湾，散居各处"。这时，祖国大陆人移殖台湾应当是零星的，或是小规模的，所以史志记载极少。《古今图书集成》载："台湾之北（按应作'西'），曰澎湖，二岛相连，互为唇齿。在宋时，编户甚蕃。"福建移民应是首先进入澎湖地区，或捕鱼，或耕牧，而后渐入台湾岛垦辟定居。这些都是分散进行的。北宋元祐二年（1087），于泉州设立市舶司，专管海外贸易。澎湖成为泉州与海外（南洋）贸易的中转站，以及闽、台两岸互市的枢纽。据记载：澎湖"城外贸易，岁数十艘，为泉之外府"，"讼者取决于晋江县"。[①] 表明澎湖地区在经济、政治上隶属于福建。更重要的是，宋人周必大为其友泉州知府汪大猷所书神道碑称："海中大洲号平湖（即澎湖），邦人就植粟、麦、麻"，为防御毗舍耶人的袭扰，泉州府定期"遣戍"，后又"即其地造屋二百区，留屯水军，蛮

---

① 陈懋仁：《泉南杂志》卷上。

不复来"。《宋史·汪大猷传》亦记此事。由此可知,宋时闽人已入澎湖开发,且已派军屯戍,造屋居民。这种移民与前述来自菲律宾群岛毗舍耶人的移民不同,是由于经济发展与社会文化进步程度的差异造成的,后者是尚处于原始阶段的野蛮人的迁徙,而非开发拓殖性质的移民。闽人入澎是入台的前站和先声。因此循此而往,进入台湾就方便得多,而且有了开发的基础和经验。

澎湖群岛共有大小岛屿 64 个,分布于台湾岛以西及西北浅海地带。它位于祖国大陆到台湾的中途,拥有几十个大小不等的港湾。福建沿海的渔民及从事海外贸易的商人,最早发现了它们,并加以利用,由捕鱼、避风、短期停留,而寄居、定居,进行耕垦放牧,终于成为闽人聚落殷盛之地。不但农渔得其宜,而且"工商兴贩,以乐其利",成为海外贸易的港口和转运站。近几十年来,台湾学者在澎湖群岛所发现的大量宋元陶瓷,"为台澎 [①] 开拓史和中华民族海外发展史提供了突破性的研究资料"。根据考古发掘所见,宋元陶瓷分布于澎湖 18 座岛屿,以陶瓶(酒器)为最大宗,其次是青瓷、日用陶器皿、黑釉瓷、白瓷、青白瓷等,其产地大多出于福建,如晋江、同安、莆田、连江、安溪、福清、德化、闽清、建阳等地。其中大量的陶瓶即产于晋江磁灶,外销往南洋群岛的菲律宾、爪哇、苏门答腊、马来西亚一带,其他瓷器亦大量销往彼处。此外,考古研究者认为,还有往北的航运线,是销往日本与朝鲜。而其中转站则都在澎湖群岛,因此岛上才有大面积且大数量的陶瓷标本发现。在台湾,汉文化介入的重要证据也是大量宋元陶瓷器及许多宋代钱币的发现。如台北县十三乡大型文化遗址出土许多通过对外交易所获得的唐宋铜钱、宋元高温陶瓷,如同安窑青瓷及福建沿海所烧黑釉器;台南县麻豆乡西寮遗址,属铁器时代茑松文化类型,就出土南宋至元代福建所烧造同安窑系青瓷器,只是数量较澎湖为少。

到南宋末年,元兵南下,中原和福建人民为躲避兵锋,寻求安定的生活处所,纷纷逃亡海外,有一部分迁入澎湖和台湾地区,开始对当地进行垦辟,或借以从事渔业生产。关于宋末抗元义军败亡后进入台湾、澎湖和金门地区的,方志和族谱中多有记载。清代柯培元《噶玛兰厅志》说:"琅峤后,为全台适中之地,番踞之,统内外社。或云,宋零丁洋之败,有航海者至此,或云为

---

　　① 　陈信雄:《澎湖宋元陶瓷》,澎湖县文化中心 1985 年印行。

云南梁王之支庶。"周玺《彰化县志》引邓传安《番社纪略》云：卑南一带，"今其大土官宝珠盛饰，如中华贵家，治事有法，或奉官长文书，遵行唯谨。闻其先人本逃难汉人，踞地为长，能以汉法变番俗，子孙并禀祖训，不杀人，不抗官"。这些逃难汉人很可能就是南宋遗民。《台湾省开辟资料汇编》载，台湾诸多族谱中均有记述，如闽南之赵姓、黄姓等。连横《台湾通史》（卷一）称："历更五代，终及两宋，中原板荡，战争未息，漳、泉边民，渐来台湾，而以北港为互市之口，故台湾旧志有'台湾亦名北港'之语。"他还指出："蒙古崛起，侵灭女真，金人泛海避乱，漂入台湾。宋末零丁洋之败，残兵、义士亦有至者，故各为部落，自耕自赡，同族相扶，以资捍卫。"表明逃亡的祖国大陆兵士进入台、澎地区后，有组织地进行开垦定居，揭开台湾开发的新篇章。而郁永河的《裨海纪游》也有类似记载："自南宋时，元人灭金，金人有浮海避元者，为飓风飘至，各择所居，耕凿自赡，远者或不相往来，数世之后，忘其所自，而语则未尝改。"这是祖国大陆移民的又一批，是来自华北的金人，是当时的边疆少数民族。他们对台湾地区的开发虽早在宋末散兵之前，但组织方式和生产、生活状况相似。他们都是成批进入台湾地区进行有一定规模的开发活动，应是有记载的祖国大陆人开发台湾地区的先驱者。沈文开在所著《杂记》中也有记述："土番种类各异，有土产者，有自海舶飘来。及宋时零丁洋之败，遁亡至此者，聚众以居，男女分配，故番语处处不同。"[①] 郝玉麟《福建通志》引明人杂记云：南宋末，张世杰、陆秀夫等人在海上抗元失败后，有部分人员逃到台湾。这些记载文字虽简略，却对台湾岛上居民成分作了具体说明，指出其地既有土著，也有海上遇难逃生者，更有祖国大陆败军亡命的战士，成分不同，分别聚居，故语言、文化（风俗）也各不相同。这是对台湾各类定居者的很好概括，表明作者对台湾有了具体的调查了解。

正是由于宋代以后，大陆人进入台湾地区的人口大量增加，由此开始了对台湾地区大规模的开发，海峡两岸的交通和商业贸易活动开始有了显著的发展。朱景英《海东札记》（卷四）曰："台地多用宋钱，如太平、元祐、天禧、至道等年号钱，钱质小薄，千钱贯之，长不盈尺，重不逾二斤。相传初辟时，土中有掘出古钱千百瓮者，或云来自东粤海舶。余往北路，家僮于笨港口海

---

① 周钟瑄：《诸罗县志》卷一二。

泥中得钱数百,肉好深翠,古色好玩。乃知从前互市,未必不取道此间。"康熙陈梦林纂《诸罗县志》载:"郑氏时,目加溜弯开井,得瓦瓶,识者云,是唐、宋以前古窑。"目加溜湾即今台南县安定乡一带,靠近大员港。近年,台湾学者到澎湖进行考古发掘,也发现大量宋代瓷片和铜钱。这些记载证明,至少在北宋,就有祖国大陆人进入台湾和澎湖做生意,既然有来自东粤的海舶,也应有来自闽中的商船。有研究者认为,台湾的北港(今云林县西)、鸡笼(今基隆市)已成为祖国大陆汉人与台湾的汉人移民及土著高山族互市的重要口岸。台湾先住民输出的是兽皮(鹿、麂、豹皮)、硫黄、黄蜡、粮食等,输入的是铁、瓷器与贵重装饰品等。台湾先住民也接受以铜钱为货币,只是台湾土著人的经济贸易活动仍不很发达。

第三节　元设巡检司

元代,史书所记"流求",又作"琉求",音略同,仍指台湾;而今之澎湖则作"彭湖"。如《元史·外夷三·琉求》曰:"琉求,在南海之东。漳、泉、兴、福四州界内彭湖诸岛,与琉求相对,亦素不通。天气清明时,望之隐约若烟若雾,其远不知几千里也。"据此传文记载,琉求分明是指台湾无疑。传还载:"凡西岸渔舟到彭湖已下,遇飓风发作,漂流落漈,回者百一。"说明此时常有渔舟到达澎湖诸岛打鱼或避风。并称:"琉求,在外夷最小而险者也。汉唐以来,史所不载,近代诸蕃市舶不闻至其国。"说明直至元代,还是将台湾岛视为"外夷",祖国大陆人对台湾知之甚少。我们认为,其实由汉至唐,史书并非全无记载,而是所载都不太准确翔实。至于当时海外诸蕃的市舶未尝去台湾专门从事贸易倒有可能,但不能排除祖国大陆人去台湾贸易者。因为,古代朝廷官员对台湾情况多不了解,一直把台湾视为外夷;而闽、台之间,祖国大陆与台湾之间的人员来往、贸易往来,也不为朝廷所知,故正史不作记载。台湾之事不闻于朝廷,也表明台湾地区尚处于封闭之中,其影响力还很有限。

事实上,经过祖国大陆汉人(主要是闽人)的长年开发之后,台、澎地区的经济和社会面貌得以改观。元顺帝时,江西南昌人汪大渊附搭海船,从泉州出发,游历南洋各国。回国后,他根据耳闻目睹的情况,写成《岛夷志略》

一书,比较全面、真实地记载了澎湖和台湾的情况。其"彭湖"条云:"岛分三十有六,巨细相间,坡陇相望,乃有七澳居其间,各得其名。自泉州顺风二昼夜可至。有草无木,土瘠不宜禾稻。泉人结茅为屋居之。气候常暖,风俗朴野,人多眉寿。男女穿长布衫,系以土布。煮海为盐,酿秫为酒。采鱼、虾、螺、蛤以佐食,蓺牛粪以爨,鱼膏为油。地产胡麻、绿豆。山羊之孳生,数万为群,家以烙毛、刻角为记,昼夜不收,各遂其生育。工商兴贩,以乐其利。地隶泉州晋江县。至元年间立巡检司,以周岁额办盐课,中统钱钞一十锭二十五两,别无科差。"此书所记澎湖情况十分详尽,说明"泉人"(福建人民)在澎湖开发、定居已有多时,主要从事渔业、捕捞、畜牧和耕作。也有工商业和贸易活动。重要的是,他记载了元初设立澎湖巡检司之事。巡检职位低,只有九品,专管巡逻、查缉罪犯。在澎湖可能还兼办盐课。该司隶属于晋江县。这是中央政权对澎湖、台湾地区直接实施行政(军事)管辖权的最早且确切的记载,因而是弥足珍贵的资料。

《岛夷志略》记载的台湾情况,内容也更加具体而详细。如记载台湾的地理情况称:"地势盘弯,林木合抱。山曰翠麓,曰重曼,曰斧头,曰大峙。其峙山极高峻,自彭湖望之甚近。"这些记述说明他亲历其地作了观察,又向祖国大陆移民作了调查,才有这些具体内容。多山有了名字,说明汉人入居已有相当时日。其记物产、民风也更为详细、生动。文曰:"土润田沃,宜稼穑。气候渐暖,俗与彭湖差异。水无舟楫,以筏济之。男子、妇人拳发,以花布为衫。煮海水为盐,酿蔗浆为酒。知番主、酋长之尊,有父子、骨肉之义。他国之人倘有所犯,则生割其肉以啖之,取其头悬木竿。地产沙金,黄豆,黍子,琉黄,黄蜡,鹿、豹、麂皮。贸易之货,用土珠、玛瑙、金珠、粗碗、处州磁器之属。"汪大渊声称,"余登此山则观泛海潮之消长",可知他曾亲历台湾当地进行考察,因此所记比较可信。史称汪大渊"少负奇气,为司马子长之游,足迹几半天下",在他弱冠之年(按:20岁),"尝两附舶东、西洋","非其亲见不书",在海外游历"数年然后归"。他两次浮海皆在元顺帝年间(约1330~1339),而《岛夷志略》撰于1349年,故其所记可以信。

从他的记载中可知,台湾的经济较前已有所进步。从男女都卷发看,所记还是土著居民,可能是所谓南岛语系的菲律宾、马来亚人种,故其风俗异于澎湖之泉州人。他们已习惯于用土物进行贸易活动,社会组织也较前进步,但猎头之陋俗仍存。这些记载还表明,澎湖诸岛已由福建泉州人开发,社会显见进步。循此继进,在祖国大陆汉人开发澎湖之后,进而入居台湾进行开垦定居,如宋代人那样,也是很自然的。只是汪大渊所记,未及汉人。他所记在台湾岛屿上生活的仍是土著人。他们的经济和社会状况虽有进步,但发展缓慢。而在台湾地区,经济、社会尚未完全开化,仍处在蒙昧或野蛮阶段,国家政权对他们无法实行正常的辖治。

《元史·外夷三·琉求》特别记载:"世祖至元二十八年(1291)九月,海船副万户杨祥请以六千军往降之,不听命则遂伐之,朝廷从其请。继有书生吴志斗者上言生长福建,熟知海道利病,以为若欲收附,且就彭湖发船往谕,相水势地利,然后兴兵未晚也。"当年冬十月,元朝廷命杨祥、吴志斗和阮鉴,分别发给金符、银符,"往使琉求",并且下诏称:"海外诸蕃罔不臣属。惟琉求迩闽境,未曾归附。""命杨祥、阮鉴往谕汝国。果能慕义来朝,存尔国祀,保尔黎庶;若不效顺,自恃险阻,舟师奄及,恐贻后悔。尔其慎择之。"遂于次年(1292)三月二十九日发船,"自汀路尾澳舟行,至是日巳时,海洋中正东望见有山长而低者,约去五十里。祥称是琉求国,鉴称不知的否"。结果派两百多人上岛对话,因语言不通,被杀死三人,遂还。估计所上之岛还不是台湾岛或澎湖岛,结果为土著人所害。四月二日至澎湖,因杨祥与吴志斗有矛盾,后志斗失踪,因此形成官司,而对这次军行琉求的结果,本传却语焉不详,看来也还是不得要领,无果而终。至元成宗"大德元年(1297),立福建平海行中书省,徙治泉州,图琉求也"。随即,福建省平章政事高兴言:"今立省泉州,距琉求为近,可伺其消息,或宜招宜伐,不必它调兵力,兴请就近试之。九月,高兴遣省都镇抚张浩、福州新军万户张进赴琉求国,禽生口一百三十余人。"福建地方政权两次对台湾采取行动,希望通过诏谕方式解决对台湾岛的管治,结果对方没有积极的响应。这时时间已过了1000年,仍然如三国东吴旧事,只是从台湾掠得百余口人,而对台湾的通商贸易与政治管辖,并没有起什么积极作用。可见,历代王朝政权对台湾还只是以外夷异国视之,或招谕,或征伐,只有民间的往来贸易才是经常进行的。同书《三屿传》载:"三屿国近琉求。世祖至元三十年(1293),命选人招诱之,平章政事伯颜等言:'臣等与识者议,此国之民不及二百户,时有至泉州为商贾者。去年,入琉求军船,过其国,国人饷以粮食,馆我将校,无它志也,乞不遣使。'帝从之。"由此可见,人口甚少的三屿国,尚且与福建(泉州)有生意往来,琉求人与福建的贸易往来应当更多,不会像《元史》所载那样,只有土著野蛮人;否则,此时反较宋代更加后退了。唯一的解释只能是:元政权所征伐、掠夺的对象只是台湾的土著,而不是在台定居、垦殖的祖国大陆移民。

连横的《台湾通史》指出:"当时,澎湖居民日多,已有一千六百余人。"不知何所据而云然。有学者认为,澎湖岛实际人口远不止此,当在五六千人左右。由于元朝廷已设澎湖巡检司,隶属于泉州路晋江县,闽台关系进一步密切,不仅移民澎湖的人数大增,进入台湾的闽人也应增多。据《永春岵山陈氏族谱》和《南安丰州陈氏族谱》记载,在元代,陈氏族人就已有迁入台湾者。

第九章　明代台湾初辟

明代是闽台关系发展的主要时期。在朝廷海禁政策下,大陆沿海人民对台湾的移民和开发,始终是在违背统治阶级意愿的情况下进行的:先是以颜思齐、郑芝龙为首的海上武装(走私)贸易集团结伙占据台湾岛,进行海盗式贸易服务的岛内开发、定居;继而在明清易代之际,郑成功为建立海上抗清根据地,率部收复台湾,实行全面的经济开发和社会改革,揭开台湾开发的新篇章,书写闽台关系史的新一页。

第一节　明代台湾

明代,作为台湾外岛的澎湖,居民已有相当数量,而且由于它隶属泉州管辖,故《泉州府志》称:"东出海门,舟行二日程,曰澎湖屿,在巨浸中,环岛三十六,如排衙然。昔人多侨寓其上,苫茅为庐,推年大者为长,不蓄妻女。耕渔为业,牧牛羊,散食山谷间。"[①] 如文所记,此时澎湖岛仍由泉州人开发、定居,作为农业、畜牧与渔捞的生产基地,且为家庭聚居、族长管理,大部分属侨寓性质,故不带妻女眷属。

元末明初,在政治鼎革之时,沿海的军阀残部如张士诚、方国珍部属,因被朱元璋部击败,纷纷逃亡海上。明王朝为防范这些残余势力及倭寇的袭扰,曾下令东南沿海实行迁界移民,澎湖也在其列。史载:"以滨海多与寇通,难驭以法,故国朝移其民于郡城南关外,而墟其地。"[②] 这样的改革自然

---

① 陈懋仁:《泉南杂志》。
② 沈有容:《闽海赠言》卷三。

造成泉州人在澎湖上只能是侨寓,而不像以前那样数以千计人的定居生活。

对此,顾炎武在《天下郡国利病书》中做了记载:"澎湖一岛,在漳、泉远洋之外,邻具东番,顺风乘潮,自料罗开船,二昼夜始至。山形平衍,东南约十五里,南北约二十里,周围小屿颇多。先年原有民居,隶以六巡司。国初,徙其民而墟其地。"洪武二十一年(1388),朱元璋认为澎湖孤悬海外,难于防守,下令撤除澎湖巡检司,所有居民(包括汉人与台湾先住民)移至漳州、泉州一带安置。顾祖禹则称:"尽徙屿民,废巡司而墟其地。继而,不逞者潜聚其中。"[1]表明朝廷虽然撤掉澎湖巡检司并实行移民,但沿海人民仍有继入者,只是少了管理,难免鱼龙混杂,良莠不齐,更成社会隐患。

明时称台湾为"琉球"或"小琉球",而称今之冲绳岛为"大琉球"。"台湾"之称,始于明朝中叶(万历年间)。《新元史·流求传》云:"流求,今之台湾。今之琉求,至明始与中国通。"

进入明代以后,随着海上交通的发展和入台人员的增多,对台湾地理、社会状况的了解和认识也达到更深的程度。

陈第《东番记》对台湾的记载最为可靠而详细。因他在万历三十一年(1603)初曾随明将沈有容赴台湾,击败倭寇并逼退荷兰殖民者,实地考察台湾后写成该书。这是继《临海水土志》后又一篇关于台湾情况的更加翔实的报道。书中记载:"东番夷人,不知所自始,居彭湖外海洋岛中。起魍港、加老湾,历大员、尧港、打狗屿、小淡水。"这些地方,皆在今台湾西海岸台南、高雄一带。又载:"种类甚蕃。别为社,社或千人,或五六百。""族又共屋,一区稍大,曰公廨,少壮未娶者,曹居之。议事必于公廨,调发易也。"(按:今阿美、卑南等族仍行此法)"无历日、文字"。"交易结绳以识。""娶则视女子可室者,遣人遗玛瑙珠双,女子不受,则已;受,夜造其家,不呼门,弹口琴挑之。""女闻纳宿,未明径去,不见女父母。""迨产子女,妇始往婿家迎婿,如亲迎。""无水田,治畬种禾。""女子健作,女常劳,男常逸。""所斩首,剔肉存骨,悬之门。"漳、泉之民,"往往译其语,与贸易",他们出售鹿皮、鹿角、鹿脯等,而买进铁器、瓷器、布、盐与饰品。这些内容反映了台湾先住民历经数千百年,其生产、生活和习俗没有多大变化,只是台湾西海岸地带的居住人群更加密集些,聚居点

---

① 顾祖禹:《读史方舆纪要》。

也增多了。

明代著名抗倭将领沈有容,在其所编《闽海赠言》中除收录陈第《东番记》外,还收屠隆《平东番记》,有云:"东番者,彭湖外洋海岛中也。横亘千里,种类甚繁。仰食渔猎,所需鹿麕,亦颇似击鲜,惟性畏航海,故不与诸夷来往,自雄岛中。华人商、渔者,时往与之贸易。"何乔远《东番捕倭序》称:"内地不逞之民,勾引倭夷。""其在闽海上,则以东番为窟穴。"从文中所记可知,台湾人常与大陆汉人贸易,而内地犯法者亦多下海逃亡岛上,以为"窟穴"。张燮系福建漳州人,与陈第生当同时,所著《东西洋考》中"鸡笼、淡水"条的内容,大多与陈第《东番记》雷同,但也补充一些新材料,如:"鸡笼山、淡水洋,在彭湖屿之东北,故名北港,又名东番云。深山大泽,聚落星散,凡十五社。无君长、徭赋。以子女多者为雄,听其号令。""手足则刺纹为华美,众社毕贺,费亦不赀。贫者不任受贺,则不敢更言刺纹。"而《明史》所载鸡笼则又多抄自张燮《东西洋考》。

《明史·外国四·鸡笼》载:"鸡笼山在彭湖屿东北,故名北港,又名东番,去泉州甚迩。地多深山大泽,聚落星散。无君长,有十五社,社多者千人,少或五六百人。无徭赋,以子女多者为雄,听其号令。虽居海中,酷畏海,不善操舟,老死不与邻国往来。"由此可知,台湾的名称又增多了,并取具体地名以为岛名,表明人们对台湾了解得更深入了。土著分社之说,这是最早的记载,此前多叫"国"。不善操舟令人感到意外,但可能不是土著的全部;他们不与邻国往来,这可能就是祖国大陆不见台湾来人,以及此前闽、台之间交往很少记载的缘故。当然,这也只是反映台湾土著社会发展很慢,还处在较原始的阶段。《明史》对于台湾土著人的生活和社会状况也有详细描述:"男女椎结,裸逐无所避。女或结草裙蔽体 …… 男子穿耳。女子年十五,断唇旁齿以为饰,手足皆刺文 …… 四序,以草青为岁首。土宜五谷,而不善水田。…… 村落相仇,刻期而后战 …… 以竹构屋,覆之以茅,广且长,聚族而居。无历日、文字,有大事集众议之。善用镖枪,竹柄铁镞 …… 性既畏海,捕鱼则于溪涧。…… 独不食鸡雉,但取其毛以为饰。……"由此可见其生产和生活习俗:狩猎、农耕并存,椎结、卉服、凿齿、文身,无历日、文字,血亲复仇,聚族而居,集体议事,信仰鸡雉。这些习俗特征,与祖国古代大陆蛮人(闽族人的先民)相同或相近,这进一步证明他们在种族渊源上的一致性。

第二节 郑和过台

明成祖朱棣继位之后,改变明初闭关迁界的政策,积极发展对外关系。他曾多次派郑和下西洋,访问和联络海外。据记载,郑和船队在下西洋途中,曾经到过台湾与澎湖,因此留下遗迹和传说。如高拱乾《台湾府志》云:"台湾古荒高地也,前之废兴、因革、莫可考矣。所得故老之传闻者,近自明始。宣德间,太监王三宝舟下西洋,因风过此。"因此,台湾民间有"大井取水"之说:大井,开凿莫知年代。相传明宣德间,太监王三宝到台,曾于此井取水。还有"植姜冈山"之说:三宝姜,凤山县地方有之。相传明太监王三宝植姜冈山上。至今尚有产者。有意求觅,终不可得。龚柴《台湾小志》记载较详:"明成祖永乐末年,遣太监王三宝至西洋,遍历诸邦,采风问俗。宣德五年(1430),三宝回行,近闽海,为大风所吹,飘台湾,是为华人入台之始。越数旬,三宝取药草数种,扬帆返国,后无问津者。"由上可见,明初期应有祖国大陆船队到过台湾,但郑和是否到过,史家之说不一。由记载亦可知,其作者对闽台或陆台之间的交往关系,皆不甚了了,故都认为台湾无人问津或未有人去过。

郑和手下费信著《星搓胜览》,叙述他随郑和下西洋的经历。中载琉球国(台湾)情况称:"田沃,谷盛,气候常暖。男女以花印布大袖衫连裤穿之。其酋长尊礼,不拜民下,人皆效法。酿甘蔗为酒,煮海为盐。能习中国书,好古画、铜器。作诗效唐体。产砂金、流黄、蜡。货用珍珠、玛瑙、瓷碗之属。"这里所写台湾居民的生活习俗与文化意识,说明这些人应是祖国大陆(福建)的移民或其后裔。如费信诗云:"土民崇诗礼,化处若能传。"说明这些"土民"也崇学诗书、礼仪,其教化程度堪与祖国大陆汉民比肩。这更加证明他们的先人来自祖国大陆,否则,作为世居"土著",短期教化是难以达到这种文化水准的。另外,费信的诗文也证明,郑和手下人(船队)的确曾到过台湾岛,因此才能有这样的目验实录和风情感受。费信所记台民的生活习俗似乎反较数百年后《明史》所记的更进步许多。存在这种令人难以置信的矛盾现象,只能说明他们所记对象有世居土著与汉人移民的根本区别。

　　明代,朝廷为巩固海防,保障祖国大陆安全,一开始便实行海禁政策,反复重申"禁濒海民私通海外诸国"。洪武二十年（1387）,明廷下令,撤销元代设立的澎湖巡检司,"尽徙屿民,废巡司而墟其地"。后见倭寇乘虚入据,西方殖民者亦逐步侵占台、澎,方知其地为海防所不可或缺。遂于嘉靖四十二年（1563）恢复澎湖巡检司机构。万历间,又把澎湖诸岛从"红毛"手中"夺而守之",后又"搁置设游兵,春、秋汛守"。为对付倭寇,又下"长戍之令,兼增冲锋游兵,以厚其势"。"天启中,筑城于澎湖,设游击一,把总二,统兵三千,筑炮台以守。"[①]1624 年和 1626 年,荷兰与西班牙殖民者先后占领台湾的台南和基隆。1642 年,荷兰战胜西班牙殖民者,独占台湾,直至 1662 年郑成功收复台湾为止。

　　据日本学者伊能嘉矩的《台湾志》载:在台湾,"荷兰人的移民,号称有官民六百、守军二千二百人,汉人的数目则在二万四千户至三万户之间","尚有为数不多的日本人"。日本人之所以进入台湾,日本学者宫本延人在其所著《台湾的原住民族》中指出:德川幕府时,奖励与外国贸易,日本的商人,"便积极地与中国和南洋各国通商往来,位于当时通商门户的台湾,日本人的寄航、移民,也就不足为奇了"。

　　荷兰人和西班牙人侵入台湾,通过建立教堂和培养传教士来传播基督教,以实现其对台湾各地蕃社居民的精神统治和政治统治。台湾蕃社的户口,据荷兰殖民者当局 1647 年 5 月 24 日统计,其分布情况如下表 9-1。

表 9-1　1647 年 5 月 24 日台湾蕃社户口统计表

集会区	村落数	户　数	人　口
北部地方集会区（台南以北）	56	3463	17420
南部地方集会区（台南以南）	72	4160	19814
卑南地方集会区（台东）	27	908	4086（推定）
淡水地方集会区	77	3805	16259
合　　计	232	12336	57579

---

① 《明史·兵志》。

表9-1摘自宫本延人《台湾的原住民族》中所引日本人中村孝志的论文。作者还指出,这个蕃社户口表,可能是荷兰在台当局每年4月底召集台湾原住民部落首长,让他们报告地方状况时所收集的户口普查资料。这些资料仅是荷兰人经由接触往来而被记录下来的部落户口数,仍有为数众多的部落未被收入,这些部落多是居住在高山上的"生蕃";而与荷兰人、西班牙人有过接触的,主要局限于台湾西海岸的平地部落(西海岸南端、北部平原)、东海岸北部平原、台东附近卑南地方。

在官方对台湾、澎湖的关系被阻绝的时候,福建的对外交通与商业贸易深受限制,福建与台湾之间惟有民间的私相往来和贸易仍很密切,但只是在海禁的夹缝中生长。由于福建自古以来有着海上交通的优势和自宋代以来经济发展的优越条件,所以明初朝廷组织的大规模海上活动(即郑和七次下西洋),大多数依靠福建的支持。郑和船队多次在福州地区港内停泊,以补充淡水和食物,招添水手和舟师,打造船只,筹办货物,等候季风而开洋等。此外,朝廷规定的仅有福州与琉球(今日本冲绳地)之间的官方贸易,盛极一时,延续了五百多年。民间对外贸易在沿海各地实则时时有之,禁而不绝,以致到明代晚期有开放漳州月港之举。明隆庆元年(1567)开放月港后,福建的对外贸易更加兴盛。明代中叶以后,福建海商执南海贸易之牛耳,其中以瓷器、茶叶、生丝贸易为大宗。

第三节　颜郑据台

明代不恰当的"海禁"政策形成了不健康的海外贸易。"海禁"实则禁而不止,民间贸易规模不断扩大,活动范围不断拓广。明代中期以后,私人海商有组织活动,形成武装集团,他们集海商、海寇于一身,以澎湖、台湾为根据地。如明万历二年(1574),林凤从澎湖率战舰62艘、男丁3000人及工匠、妇女等,进攻西班牙侵占台湾后所建的马尼喇城。天启初,林辛光聚集上万人之众,进入台湾土著民族分布之地,进行垦辟。明嘉靖时,林道乾在诏安一带从事海盗活动,被打败后逃往台湾。《凤山县志》载:"林道乾遁附倭,舟舣打鼓山下,始通中国。"他在台湾领导人民从事开垦活动并经营贸易。该志又载："万历间,广东潮州海盗林凤也由澎湖而奔台湾魍港(今蚊港)。"万历末,漳州海澄人颜思齐"啸聚海上",进行武装走私贸易,"以所剽掠市红毛,遂入居台湾"。《台湾县志》称:"颜思齐所部属,多中土人。中土人之入台湾,自思齐始。"他在台湾招募福建沿海居民,从事海上贸易及劫掠活动后又从事垦荒,聚落成村,发展到近千户人家。颜思齐在日本时即与郑芝龙相识,逃台时带郑芝龙兄弟偕往。史载:"万历间,海贼颜思齐踞有其地,始称台湾。"① 又有记载:"台湾向有大肚、礼嘉二种番人,郑芝龙始开其地。"② 以上说明,开发台湾最早且最著名者,当推林道乾、颜思齐和郑芝龙。他们先后以澎湖、台湾为据点,依靠武装力量从事海上贸易,并与查禁"走私"贸易活动的明军相对抗。

颜思齐死后,郑芝龙接管其全部人马,"树旗招兵,旬月之间,从者数千人"。又招其兄弟并晋江、南安沿海居民3000多人,徙往台湾。他组织贫民开发台湾,或捕鱼、耕种,或经营村社贸易。其根据地中心在台湾西岸之台江。《台湾通史》称:颜、郑入据台湾后,"于是漳、泉人于者日多,憬土田,建部落,以镇抚土番"。他们还在台湾建立行政机构,进行管理。颜思齐在台湾设十寨,"寨各有主";郑芝龙接任首领后,在台设佐谋、督造、主饷、监守、先锋等官职。崇祯元年(1628),郑芝龙归附明朝,进一步从祖国大陆迁移大批劳动力到台湾。时值大旱,郑芝龙建议,请福建巡抚以海舶运载数万饥民渡台,每人给银三两,每三人给牛一头,令民筑舍,"使垦岛荒,渐成邑聚"。据记载,此期入台者共有3万人之众。受其影响,福建沿海居民自行迁移入台者更多,"漳、泉之人,赴之如归市"。所以,颜、郑率众据台,实是祖国大陆人民大规模开发台湾的先声。从此极大地推动了台湾的土地开发和农业、渔业生产。福建与台湾交往激增,祖国大陆对台湾的了解加深,两岸人民群众之间的联系更加密切。尽管有荷兰人的占领,但祖国大陆人民迁台的积极性仍然不减。沈光文说:"台湾本岛自明万历、天启间,由闽、粤移来垦殖者渐众。"③ 可见,明代中期以后,正是福建沿海人民迁台掀起高潮的时期。据记载,到明后期,以各种方式迁居台湾的祖国大陆汉人有两三万人,多数人以打鱼、农耕

① 季麟光:《蓉洲文稿》。
② 刘献廷:《广阳杂记》。
③ 沈光文:《东吟社序》。

为生,也有一些男人与台湾土著女子成婚,或被他们招赘入社。

福建人民向台湾的迁移,一是为追求新的生产、生活的空间,一是为博取更大的利润和资财。正如清朝官员所说的:"濒海之民以海为业,其采捕于澎湖、北港之间,岁无虑数十百艘。"这是仅就民众采捕生产而言,若从海上贸易来看,则更为可观。崇祯十二年(1639),傅元初上《请开洋禁疏》称:"海滨之民,惟利是视,走死地如鹜,往往至岛外……曰台湾者,与红毛番为市,红毛业据之以为窟穴。自台湾两日夜可至漳、泉内港。而吕宋、佛郎机之夷,见我禁海,亦时时私至鸡笼、淡水之地,与奸民阑出者市货,其地一日可至台湾。官府即知之而不能禁,禁之而不能绝,徒使沿海将领、奸民坐享洋利。"由此可见,在荷兰殖民者的推动下,台湾地区对福建沿海地区和南洋诸岛的贸易已很兴盛,海禁政策失效,闭关自守只能使朝廷坐失洋利。可见,祖国大陆对台贸易已具有很大的吸引力。

第四节　明末拓殖

敢于冲破海禁的首先是祖国大陆渔民。常在海峡捕鱼者有一部分即侨居澎湖,日子久了也有相当部分成为定居者。从祖国大陆(主要是泉州、漳州之民)来此垦殖的还有农民与牧民。如澎湖有族谱记载:"明万历年,金门水头乡九世孙陈振遥开茎沙港,其后族人陆续来澎。"岐头陈氏"开澎始祖东雅,自漳州府岛屿桥围仔头乡徙来。雅生于明万历十二年(1584),卒天启三年(1623)"。此外,荷兰人在天启二年(1622)日记中也记载:有汉人看守小堂,岛北面还有许多渔夫居住,而且饲养山羊、猪和牛。有渔人对台岛很熟悉,愿带他们去大员湾观察。他们到台窝湾(安平)港附近,见到许多祖国大陆移民与土著居民住在一起。村里男子所住家中,有中国人一至三人或五六人同居。北部基隆在西班牙人初据该港时(1626),"港岸已有汉族移民部落"。台东卑南地区同样也有汉族移民。可见当时汉人已遍布台湾各地了。所以日本学者也肯定:中国之知有台湾,已是很早的事情,在荷兰人到台湾时,已有相当多数的中国人定居于台南附近。他还指出,荷兰舰队队员在1623年即从一个中国官员处听到台湾有许多中国人和当地的妇女结婚,安平港又有通中国话的土人。

天启二年（1622），荷兰东印度公司派遣舰队入侵澎湖，筑城据守，遭到明政府强烈反对，于天启四年（1624）被迫退据台湾，在大员湾筑热兰遮城，从此统治台湾整整 38 年。在荷据时期，祖国大陆移民不仅未停顿，且出现更大规模的移民运动。其原因盖由于明、清易代之际，祖国大陆各地战火连绵，沿海失地破产农民及溃散兵士纷纷渡台谋生。崇祯十三年（1640），王家彦（吏部都给事中）称："闽省海堧，地如巾帨，民耕无所；且砂砾相薄，耕亦弗收。加以荒年赋争急，穷民走海如鹜，长子孙于唐市，指窟穴于台湾。"[①] 还有的记载也指出：许多祖国大陆人被战争逐出，移住台湾；在台湾设立殖民区（移民社会），人数有二万五千之多（妇孺除外），从事商业与农业，大量种植水稻、甘蔗，多余则售往印度等国。

荷兰人在台湾建立据点后，积极诱引和奖励中国大陆（闽、粤两省）汉人迁台定居，生产粮食与蔗糖，以供出口。他们准许中国大陆人迁居淡水、鸡笼（基隆），从事农业、贸易，因此出现集团性大量移民。还有些汉人是从南洋群岛迁往的。这些在各地的族谱中都有记载。

郑成功挥师东渡，进入台湾，受到台湾先住民族的热忱欢迎。其部将杨英所撰《先王实录》载：永历十五年（1661）四月初六日，"各近社土番头目，俱来迎附，如新善、开感等里。藩令厚宴，并赐正、副土官袍、帽、靴、带。由是，南、北路土社闻风归附者接踵而至，各照例宴赐之。土社悉平怀服"。1662年，郑成功从荷兰侵略者手中收复台湾后，越来越多的祖国大陆汉人冲破禁令相率进入台湾，闽、台之间的往来更加密切。清廷于康熙二十二年（1683）收复台湾，次年即在台湾设府，直接隶辖于福建省。福建对于台湾的行政管辖与军事戍守，更加密切了福建与台湾的关系，福建人更加大量地进入台湾。据学者研究和资料统计，从康熙元年（1662）至二十三年（1684），台湾的祖国大陆移民有 20 万 ~ 25 万人。其后，历年更有大量福建人陆续进入台湾。以福建、广东为主的祖国大陆汉人迁居台湾，年长日久，成为定居台湾的"本地人"，他们与台湾高山族先住民一起，共同开发和建设台湾。这是中华民族发展史上极为壮观的一幕，也是我国边疆开发史上极为辉煌的一页。

---

① 孙承泽：《春明梦余录》卷四二。

　　明清时期,越来越多的祖国大陆沿海居民进入台湾并与先住民融合而共同开发台湾。龚柴《台湾小志》载:闽、粤二省移民,"与土人互婚交友,已不啻水乳交融矣"。《安平县杂记》称:"迨后年久月深,有闽人到社,为番妇赘婿者,亦有番民娶闽、粤各女为妻者,彼此婚配,不分气类。"黄叔璥《台海使槎录》云:"南社、猫儿干二社番,其祖兴化人,渡海遭飓风,舶破漂流到台,娶番妇为妻。今其子孙婚配,皆由父母主婚,不与别番同。"同书并载:"近日番妇女多与汉人牵手。"可见汉人与先住民的交流融合是历史发展的必然。

　　据记载,清代台湾先住民的生产、生活和文化习俗,仍沿袭先前。例如,"台番以针刺肤,渍以墨汁,使肤完皮合,遍体青纹"[1];"种粳稻、黍、糯、白豆、菜豆、番薯","每岁种植只供一年自食,不交易"[2];"番以薯、芋为常餐","小鱼熟食,大则腌食"[3];"性最嗜酒","饮时或用木瓢,或椰碗,群坐地上,互汲递酌","淡水地潮湿,番人作室,结草构成,为梯以入,铺木板于地"[4];"社有大小,户口有众寡,皆推一二为土官,其居室、饮食、力作皆与众等"[5];"婚姻无媒妁,女已长,父母使居别室中,少年求偶者皆来,吹鼻箫,弹口琴","女告其父母,召挽手少年至,凿上颚门牙旁二齿授女,女亦凿二齿付男,期某日,就妇室婚"[6];"偶有不合,不论有无生育,辄出其夫";《凤山县志》。"番俗以承家,凡家务悉以女主之,故女作男随焉","死不棺敛,众番帮同掘葬"[7]。

———————————

①　佚名:《番社采风图考》。
②　黄叔璥:《台湾使槎录》之《番俗六考》。
③　同上。
④　丁绍仪:《东瀛识略》。
⑤　郁永河:《裨海纪游》。
⑥　同上。
⑦　陈淑均:《噶玛兰厅志》。

第十章　台湾及其先民名称

台湾自古以来就是中国的领土,其名称随历史而变迁,渐由泛指而实称,由不定称而定名。这些都记载在中国自古以来的官私典籍之中,斑斑可考,绝无疑义。

台湾的先住民尽管来源不一,但其历史发展却是脉络清晰,分别有历史载籍与出土文物可资证明。从严格意义上说,台湾习称土著族(也称"山地族")人为"原住民"并不确切,因为这些山地族人大多数人并非"土著"、"原住",而是数千年间陆续从祖国大陆、南太平洋诸岛(印尼、菲律宾和马来亚等)以及少量从日本(琉球)迁来的原始居民或古代先民,他们较之数万年以前入岛的远古人类,其"资历"更要浅近得多。因此,台湾的名称虽不古老,但台湾岛上的先住民则包含了古老而又先后有序的历史成分。

第一节　台湾名称

对台湾的称呼和定名,最清楚不过地证明了台湾与祖国大陆的血缘依归和行政隶属关系。

如前所述,最早入居台湾的是祖国大陆的远古人类;最早迁入并开发台湾的是我国东南沿海的闽人和古越人;最早在历史典籍中记载台湾的是王朝史官,其著作有《尚书》、《诗经》以及从《史记》、《汉书》到《明史》、《清史》;最早考察并详细记述台湾地理、人文与风情的是中国地方官员的著作东吴太守沈莹的《临海水土志》和明代陈第的《东番记》,还有众多的私人笔记和游记等。

在众多的古代典籍中,我们可以看到中国人对台湾称呼的历史变化和其中的历史文化内涵,由此我们也可以了解到古人对台湾的认识逐步具体且深化的过程。

一、上古泛称

《尚书·禹贡》泛称我国东部、东南部和南部沿海(包括近海岛屿)的居民为"岛夷",并称:"导黑水,至于三危,入于南海。"表明中原王朝的史家(史官)对祖国大陆沿海情况的认识还处在朦胧阶段,其信息来源可能主要根据口耳相传或多重翻译所得知的间接情况。如《山海经》所载"闽在海中"即为典型。同时,《山海经·海内东经》云:"郁水出象郡,而西南注南海。"清代郝懿行在笺注中称:"案即《地理志》至四会入海也。"可知是指今日之南海。说明先秦时,人们已知我国南方有大海。

《诗经》中诗人驰骋形象思维,使用文学语言来表达他们对大陆沿海一带情况的理解。当然,其基础还是史官们所了解或民间所传闻的资料。"相土烈烈,海外有截","于疆于理,至于南海","普天之下,莫非王土;率土之滨,莫非王臣"等即如此。古人于此已认识到南海之地,滨海之区,甚至是海外岛屿都是属于王朝的统治范围,都要向中央王朝称臣纳贡。

《列子·汤问篇》载:"渤海之东,不知几亿万里,有大壑焉,实维无底之谷,其下无底,名曰归墟。""其中有五山焉:一曰岱舆,二曰员峤,三曰方壶,四曰瀛洲,五曰蓬莱。"这五山传说由十五只巨鳌轮番"举首戴之",故不漂移。后因龙伯国巨人一连钓走了六鳌,致使岱舆、员峤二山漂没于北极。有人认为,二山合称"岱员"即为台湾,"方壶"即澎湖,"瀛洲"、"蓬莱"应指日本、琉球等地。这些说法因掺杂了过多的神话传说内容,又包含了许多夸诞成分,所以令人难以置信,但多少也反映了古人对历史地理的理解和对现实地理的推测。

秦代,对于春秋、战国以来因战争而迁移到"海上"、"海外"的越人统称"外越",表明"百越"人成批迁入包括台湾、澎湖群岛在内的海外诸岛的历史事实,以及称它们为"外越"的时代特征。

汉代,称台湾为"东鳀",不知何所据而云然(是指岛形如鳀鱼,抑或渔民多在此处捕捞鳀鱼?),因此历来有所疑义。《后汉书·东夷传》和《三国志·吴志》都有关于"夷洲"的记载,胡渭《禹贡锥指》所附地图,以"夷洲"

一名置于台湾之地,而未作说明,但人们多数认为这所指是对的。这称呼仍是承袭古人称南方土著居民为"南夷"、"蛮夷",称沿海土著居民为"岛夷"的传统叫法。

二、流求

自隋唐至明初,台湾长期称"流求",尽管各个朝代、不同著作对这一名称的读音和写法有不同,但其基本称呼如一。

隋代,台湾被称为"流求",最早见于《隋书·东夷传·流求》。唐代,韩愈《送郑尚书序》、柳宗元《岭南节度使飨军堂记》、杜佑《通典》等诗文中亦作"流求";张𬸦《朝野佥载》作"留仇",刘恂《岭表录异》作"流虬"。《宋史》、《诸蕃志》称"流求",也称"毗舍邪(耶、那)"。元代称"琉求",见《元史》,汪大渊《岛夷志略》作"琉球"。学者以为,在明初以前,"流求"(包括各种异写、异称)均指台湾,其名称或来自人们认为的台湾岛如水中流动的圆球,或如游动的虬龙。还有的认为,因为台湾岛南部有地名曰"嫏娇(琅峤)",故而得名,这一说法似乎较为合理,因为以后称"台湾",也是由局部而扩及全体。

明代,对台湾的叫法甚多,除"琉球"、"小琉球"之外,还有"台员"、"大员"、"大惠"、"大园"、"埋冤"、"大湾"等;有些史书还以"东番"、"北港"、"东港"、"鸡笼山"、"淡水"等代指台湾名。这一来是因为从明初起,今日之冲绳岛作为隶属中国的藩国,定期向王朝进行朝贡和贸易,当时专称之为"琉球国(大琉球国)",故称台湾为"小琉球",以示区别。二来是明代有学者、官员、将领进入台湾岛,开始对台湾有了具体的了解,故用其对外贸易的主要港口北港、东港借指台湾;以台湾为隶属中国的东部蕃国,故称"东蕃";还因台湾北部有鸡笼山、鸡笼港较为著名,故史书也以鸡笼山借指台湾。《东西洋考·附东番考》称"大圆尧港",周婴《远游篇·东番记》称"台员",学者以为皆为台中沿海一鲲身峤的对音。《明史·外国四·鸡笼》载:"鸡笼山在彭湖屿东北,故名北港,又名东番,去泉州甚迩。"鸡笼即今基隆。

三、台湾

明万历末年(约1612),中国官方文书正式使用"台湾"一词,初指台南安平一带。明天启二年（1622），沈铁向福建巡抚南居益上书，中有"红夷（按：指荷兰人）潜退大湾，蓄意叵测"之语，仍指大湾为某一地名。明崇祯以后，用以通称台湾全岛。《明史·外国四·鸡笼》还载："至万历末，红毛番泊舟于此，因事耕凿，设阛阓，称台湾焉。"又载："崇祯八年（1635），给事中何楷陈靖海之策言：'……今欲靖寇氛，非墟其窟不可。其窟维何？台湾是也。台湾在彭湖岛外，距漳、泉止两日夜程，地广而腴。……'"有人认为，系因"红毛（指荷兰人）于弯环处皆筑炮台"而称名，这恐非确论。《清一统志·福建台湾府》"山川类"载："大圆港，在台湾县西南海港。""后红毛城如台，因谓港为台湾。"这说明，荷兰人在岛上所建赤嵌城如同台子，其下临近海湾，故称"台湾"。亦有人认为，荷兰人筑赤嵌城时，已有"台湾"名称，其来源在于台湾岛东海岸的大安庄附近，居住着被称为"台湾"的蕃人（土著居民），故有认为"台湾"之称，系由台湾蕃社之名而来。

事实上，"台湾"名称应该是由迁入台湾的大批闽南人使用方言称"台湾"，与"台员"、"大员"、"大圆"或"大湾"等读音一样，因此而有"台湾"之名。康熙二十三年（1684），清廷在台湾设台湾府，雍正五年（1727），清政府定"台湾"为官方统一名称。此外，台湾还有"东瀛"的别称，那是文人骚客所常采用的雅名。

四、外国人称

此外，台湾的名称在历史上还因有外国人入侵而带有殖民主义的印记。如明嘉靖二十三年（1544），葡萄牙人窃据我国澳门之后，北上日本，路经台湾，眼见岛上景色秀丽，即发出赞叹："伊哈，福尔摩沙！"（意为美丽之岛）由此，西方人习惯称台湾为"福尔摩沙"。1622 年 7 月 21 日，侵台荷军司令高文律在《航海日志》中载："有曾在福摩萨（Fomosa）捕鱼两年的一个中国渔民来到我的船上，自称熟悉福摩萨岛的情形。他说在 Teizoan（大员）湾中有很好的停泊处。"这里是以"福摩萨"称全岛，以"大员"指今台南市某地。荷兰驻台最后一任长官揆一在其所著书中称："公司选定了福摩萨西岸有一个周围约有一里的名为 Toyouan（台员）的小沙洲为根据地，并决定在这块沙洲上建筑一座石城。"他们在台员洲上所筑之石城就是热兰遮城，郑成功收复台湾之后，在那里建安平镇，作为台湾政治中心。荷兰人占领台湾３８年

（1624～1661），西班牙人占领台湾 16 年（1626～1642），日本人占领台湾 50 年（1895～1945）。

16 世纪中叶（明嘉靖年间），倭寇袭扰我国东南沿海，流窜于台湾海峡地区。他们看见台湾西南海岸一带，满目青松白沙，其景色很像日本播州海滨的高砂，便把台湾也称为"高砂"，且把当地土著居民称为"高砂族"，甚至还有称台湾岛为"高砂国"的，这隐含侵略者吞并台湾的企图，包藏了殖民者的祸心。

台湾名称既是地理概念，又有其丰富而深刻的历史、文化内涵。因此，带有殖民主义色彩的名称对台湾完全不足取。

第二节　台湾先民名称

一、台湾先民的来源

台湾地区有人类居住的历史十分久远，如前所述至少有三四万年。上古及其以前民族尚未形成，只有原始人群或氏族的存在，随后之古代社会，也未有科学的民族概念。因此，前人对台湾岛上土著人民（先住民、原住民）的称呼，历来是笼统的、含混的，如称"夷人"、"夷洲人"、"番族"、"土蕃"等。他们的来源，毫无疑问，应是从中国大陆南部迁去的远古人类，由他们形成了台湾先住民的群体或主体。此外，还有一部分来自南洋群岛或东洋琉球群岛的古代居民，他们较中国大陆渡台的先住民，要晚许多时间。台湾的原住民与先住民是有区别的。"原住民"应指数万年前最初入的古代原始人，"先住民"包括了其后从海外各处陆续迁徙来的其他古代居民。他们共同构成当今所谓的台湾土著或先住民。

台湾先住民的来源问题比较复杂，有一些不同的看法。一部分学者认为，台湾早期住民有属于尼格利陀种的矮黑人，也有属于琉球人种的琅峤人，但大部分属于南亚蒙古人。从总体上看，台湾土著居民的来源，虽有多元的说法，但其主体部分或从根源上说应是"西来说"，即从中国大陆迁入的。大约从旧石器时代晚期至新石器时代中、晚期，乃至中原商周时期，中国大陆南方的蛮夷越濮人分几路陆续进入台湾。其主体是来自中国大陆东南沿海的古越人（按：如前所述，其先应为闽族人及其先民，战国晚期至秦汉为闽越人）。他们中的一部分与先住岛上的矮黑人融合，成为台湾北部泰雅、赛夏、布农、邹等族的祖先，这部分人或称之为"直达族"（即从中国大陆直达台湾）。一些学者认为，有一部分古代越人，经过中印半岛到达南洋群岛即菲律宾、婆罗洲及密克罗尼西亚群岛（有学者称之为"南岛语系居民"），他们分别与古印度奈西安种人相融合，成为原马来人。其中大部分与当地原住民尼格利陀种人结合，另一些则未同尼格利陀人结合，而又经由菲律宾岛进入台湾，分布在台湾岛的南部和东部，成为现在鲁凯、排湾、雅美、阿美和卑南族人的祖先，这部分人或称之为"南回族"。而台东兰屿的雅美人则是由吕宋岛东北巴布延群岛迁来的。现在的最新研究结果表明，"南回说"或"南来说"也并不确切，而应是"南下说"，即迁往南洋各地的越人（及其先民），应是从台湾南下的台湾先住民。考古学家认为，南岛语族及其文化，实源于中国大陆沿海的先民。因此，不少中外学者注意到，台湾先住民的史前文化，从根本上说，是以中国内地的远古、上古文化为基础的。至于他们迁徙的原因则有不同说法。有的部族传说，自己的祖先出海捕鱼时，因遇到台风而漂流至台湾；有的传说，自己的祖先从自天而降的。而凯塔兰部族（平埔族人）的传说则称：其祖先在远古时代原住在赛赛，后因该地出了妖怪，人们因惊恐而决定迁徙，于是砍伐竹木，编成筏舟，举族漂洋过海，经过若干时日，才到达台湾岛，建村聚居，世代传衍。后因人口众多，地狭难容，便抽签分居，得长签者在平埔之地，得短签者则迁往偏远山地。

　　中国大陆人迁居海外、侨居海外各地的历史十分悠久。1970年台湾学者凌纯声在《论夷越民族》中指出：从非洲东岸到南美洲西海岸，包括印度洋、太平洋大片海域的岛屿上，许多土著文化中都还保留着中国古代夷越文化（即百越文化）的因素。1991年，美国学者杨江也在其研究文章中指出：从6000年前开始，百越先民逐步从中国的福建和台湾出发，进行长途迁移。他们向南行进，穿越菲律宾和印度尼西亚，而后分别向东、向西迁往夏威夷、伊斯特岛和马达加斯加。新西兰学者张伯斯指出：澳洲的毛利族及其他波里尼西亚人均源自中国大陆。澳洲国立大学历史教授安德森也指出：历史证据明白显示，大洋洲的人民（指最早的移民）来自中国华南地区的某处（指百越地区），源自黄种人。他还使用维多利亚大学分子系统分类学研究所研究人员搜集的脱氧核糖核酸数据,指出:这些民族的迁移过程留有精确的活生生记录,被保存在仍住在其迁移路线的现代后裔的 DNA 中。他们的研究结论表明,中国大陆南方的古代先民,先到台湾,后再从台湾出发,逐岛南移,逐渐分布到太平洋中各岛,最后到达了澳洲新西兰。另有库克岛籍的波里尼西亚学者 Maryorie 报告称:波里尼西亚人与台湾先住民为同族,古越人于 5000 年前从台湾到达菲律宾,大约在 3500 年前抵达太平洋群岛地区,大约在 1000 年前到达库克群岛和新西兰。他认为,波里尼西亚人的文化中仍保留台湾先住民(古越人)的某些元素和特点。学者们还从比较研究中认为:台湾先住民、库克群岛人、新西兰毛利人以及太平洋诸岛上说波里尼西亚语的人,都是百越先民的后裔,他们语言的底层有互通之处。这也证明了,台湾先住民中的"南回族",实亦古越人遗裔。

据记载,今苏门答腊岛帕塞马区域发现的古代石刻,其风格有与陕西兴平县西汉大将霍去病墓诸石刻相类者;科林芝古墓所出陶器铭文,有题"初元四年"(前 45)者,这是海南所见有年代可考的最早遗物。中国向海外移民甚早,也与海外交通、贸易发达甚早有关。《汉书·地理志》载,汉武帝、新莽时,均曾遣使泛海,远访黄支(可能在今印度马德拉斯附近)等国。公元前、后 100 多百年,我国海舶南航,多经马来半岛,今其岛南端各地皆有汉代陶片发现,可为当时航船寄舶或移民定居之佐证。

因此,翦伯赞 1947 年著《台湾番族考》称:"台湾的番族,是百越族的支裔。这种番族之占领台湾,不在宋元之际,而在遥远的太古时代。"《台湾丛谈》也说:"中国行政正式经略台湾始于东吴,而汉夷民间往还更早于此。至于越人的移殖台湾则在远古。"说明南方闽越人是在远古时期从祖国大陆分期迁入台湾。他们与祖国大陆蛮夷(或称"古越族")先民,具有密切的血缘关系。研究者们根据台湾东部海岸各遗址中的出土文物,如遗址中所出红陶器、金制品、某种玻璃制手镯、阿美人与毕玛人的倒钩矛,兰屿出土的石斧(厚型石斧、椭圆圆筒石斧、扁平圆筒石斧、扁平偏锋石斧、屋顶型石斧)、有角块状石环、瓮棺等,现在雅美人所制造的罐形陶器、圈足浅钵等,证明这部分少数民族的先民应是来自菲律宾等南太平洋诸岛地区的。阿美族人每年都要举行大型海祭,以纪念其祖先于远古时代驾独木舟来到台湾的里漏社海岸登陆定居。日本学者鸟居龙藏还发现,花莲阿美族人住屋前所种两棵面包树,据族人称,是祖先从海外带来的,因为台湾岛内其他地方很难见到此种树。

台湾少数民族分布在台湾本岛的山区和东部沿海纵谷平原及兰屿岛上。学者们一般认为:台湾南部和东部的鲁凯人、排湾人、雅美人、阿美人、卑南人的体质、语言、风俗等,都与南洋群岛的马来人有许多相同之处,属马来文化系统。从体质人类学看,也有许多相同的特征,如头发直、眉较低、目较深、鼻较平、唇较厚、颧骨突起,相似于广东人,应属于蒙古利亚南方人种。这马来人种与古越族人有着血缘上的联系。如雅美人的体质与菲律宾土人极为相近,身长、头长、头幅长、眼睛圆而大;言语的声调与菲律宾(马来语)相同,民族语言与菲律宾巴丹群岛的非常接近,彼此间甚至还可以沟通。有学者以为,其分化年代大约只在数百年前。鸟居龙藏说过,雅美族是红头屿的居民,依照他们祖先所传的口碑,他们是在古时候从菲律宾的巴丹群岛,驾独木舟越过巴士海峡而来的。他们的语言、风俗习惯,的确与菲律宾北部的原住民非常相似。他还进一步指出,彪马(卑南)族的风俗习惯与排湾族、泽利先(鲁凯)族、雅美族相类似。因此,人们有理由推测:台湾的卑南、排湾、鲁凯、雅美等少数民族,可能在比较晚近的时期从马来地区迁来,他们的先祖也是由祖国大陆经台湾迁往南洋的;他们及其他几族实则与古代闽族、闽越族都有血缘上的渊源关系。所以,追根溯源,台湾岛与南太平洋广大水域诸岛的古代先民大多数都是中国大陆南方地区蛮夷濮越人的裔胤。

二、古代名称

历史上,祖国大陆人(包括王朝的史官与地方官员)对台湾岛民的了解经历了十分漫长的过程。由于台湾孤悬海外,经济和社会发展比较缓慢,与祖国大陆的联系只有到明清时期才逐渐紧密而且猛然发展起来。

如前所述,祖国大陆古人类在史前时期进入台湾,不可能有文字记载。在商周时期,人们对台湾的认识尚十分模糊,只是笼统地与沿海地区"蛮夷"之人一起,被称做"南蛮"、"南夷"、"岛夷"。秦汉时期,史书所载,称之为"夷洲民"、"东鳀人",也无具体记述,依然是雾里看花。沈莹的《临海水土志》,较详细地记述了"山夷"、"夷洲民"、"夷洲人",似乎对他们已作过直接或间接的了解,所以显得具体而生动。南朝孙诜的《临海记》则称之为"夷民",其他载籍称之为"山夷"、"夷洲人"。往后官方史书的记载,增加了一些社会内容,但仍失之粗疏,有的还是雷同。自隋至元,因人们改称台湾为"流(琉)求",故称岛上居民为"流(琉)求人"或"土人"。宋代,岛上还有毗舍耶人的活动。

明代,人们对岛上人称呼渐多,有"东番夷"、"淡水夷"、"土番"、"土民"之称。郑成功收复台湾后,称高山族为"土番"、"土民"。清代则主要称"番",如"番族"、"番人",称其所居地曰"番社"。又按其居地、生产、习性不同,而分别称名。如依是否汉化分为"熟番"、"生番";或依汉化程度,分为"土番"、"野番";或依其所居地理位置,分为"平埔番"、"高山番"。外国殖民者对他们的称呼也有差别,西方人称之为"福摩萨人";日本占领者称为"高砂族"(以为此地与日本播州海滨之地高砂相似故)、"蕃族",在报刊与文体中常有"山蕃"("高山蕃")与"平埔蕃"("平地蕃")之分别。国民党政府时期,称之为"山地同胞"、"山胞"、"高山族"、"原住民"、"先住民"等等。

从总体上说,清代对台湾土著(或统称"土蕃")的称呼,主要有"生蕃"、"熟蕃"两种。"生蕃"一般指住在深山,不曾经过教化,未曾纳入编户齐民、交租赋、服摇役的先住民,即高山族人;"熟蕃"指杂居于平原地带,并奉行王法(即接受王朝统治)的先住民,即平埔人。"生蕃"、"熟蕃"的称谓,实乃沿用明清王朝对祖国大陆西南少数民族的称呼,即以归顺于朝廷及当地政府者为"熟蕃",未归顺、不服教化者为"生蕃"。"土蕃"所指则比较含糊些,一般是指土著先住民。有学者认为,实际上还包括那些早期进入台岛的汉人后裔,或长期居于岛上之汉人。此外,另有一种"野蕃",形若猿猴,身高三四尺,语音与外社不通,居于深山老林之中,"巢居穴处,血饮毛茹"[1],以狩猎为生,见生人即飞速攀回树上。还有叫"鸡距番"的,食、宿、息皆在树上,只在种植和逐兽时下地。他们在体质和生活上都处于原始状态。这种"野番",实和古代闽、赣山区曾经存在过的"山都木客"十分相似。

三、平埔族

"平埔",闽南语(即台湾土语)意谓大片平地。故"平埔族",顾名思义,是台湾岛上居住在平地的部族。"平埔族"并非正式的族名,其所指也并非单一的种族,而是语言、习俗和文化相异的多个种族的总称。他们移居台湾

---

[1] 郁永河:《裨海纪游》。

的时间,早的在2000多年以前,晚的距今约500年前。他们以居住在台湾岛
西部平原与台北平原为主,因为靠近祖国大陆一侧,故而自古以来就与祖国
大陆迁渡来的闽人、越人、汉人世代相处、文化相融,从而逐渐丧失其固有的
民族与文化特征,近代以后,已很难与汉人分别开来。他们是岛上最早汉化
的土著民族,因而现今区别于台湾其他高山族人。今日所谓汉化的先住民,
就是昔日熟蕃的后裔。

　　平埔人内部原来也是有许多部族分别的,如分布在台湾北部的凯达格兰
族、噶玛兰族,分布在台湾西部平原地带的有道卡斯族、柏瀑拉族、巴宰海族、
巴布萨族、邵族、安雅族及西拉雅族等。他们被称为"平原之人",过着女耕男
猎的母系氏族社会生活。到17、18世纪以后,祖国大陆汉人大量迁入台湾,
并与平埔人混杂居住,共同生产、开发与生活,所以难以明确划分其聚居区,
只能大致指出其分布区。平埔人在汉人先进生产技术与文化的影响下,逐步
融入汉人社会,逐渐消融了汉、番的民族界限。所以,平埔人至今一般不再被
认为是少数民族。

表 10-1 平埔族十族名表

族　名	译　音	别　名	分布地区
凯达加兰	Kadagalan	凯达格兰	淡水、台北、基隆一带
雷　朗	Luilang	路易朗	台北县中和一带及桃源县台地
噶玛兰	Kavalan	卡瓦兰	宜兰平原,移住花莲及东海岸之丰滨、台东县长滨乡等地
道卡斯	Taokas		桃园、新竹、苗栗一带
巴布拉	Papora	拍布拉、拍瀑拉、拔埔拉	台中县大甲一带
猫雾拣	Bapuza	巴布萨	彰化县一带
巴则海	Pazeh	巴宰、拍宰海、巴宰海	台中县丰原、神岗一带
洪　雅	Hounya	洪安雅	彰化、南投、嘉义一带
西拉雅	Siraya		台南至屏东,花莲富里乡,台东关山、池上等地
邵	Shao		南投县(日月潭附近)

　　对台湾平埔族人口的统计,不同时期数字变化很大。据 1647 年荷兰人的统计推定,平埔族人口为 9167 户、42678 人;1650 年荷兰人又统计归他们统治的台湾土著人口(包括少数高山族人)共 7 万多人。到日据时期,1905 年人口为 46432 人,1940 年为 6 万多人,1943 年 6.2 万人。这些统计都不准确,因为不断有平埔人或迁往新地开垦定居,或汉化而归入汉族人口统计。台湾北部宜兰县原平埔族噶玛兰人,也是来自南方,相传是从绿岛迁来,最初在台湾北部(淡水)登陆,沿海东进,抵达“蛤仔难”。当时,其地已有山番(盖指泰雅),故居于海岸荒地,后经过战争占领并聚居于宜兰平原。这只是几百年前的事。在清初,据荷兰人统计,有 45 个村,几近 1 万人口。有清一代,习称“噶玛兰人”的有 36 社(村庄),分布在浊水溪(今称“兰阳溪”)南、北两岸,溪北有 20 社,溪南有 16 社。台湾先住民常以社为地名通名。《周礼》云,“五家为一社”。人们以“社”为台湾先住民居住地的专名,表明祖国大陆人对待他们在历史和文化上的认同。

　　四、山地族

　　从 20 世纪 50 年代开始,我国将台湾岛上世居的少数民族(土著)统一识别为“高山族”。高山族名称,原是针对日据时期,日本侵略者对岛上居民的诬蔑性称呼——“高砂族”而作的修正;同时,也是对明清以来数百年间统称台湾土著为“蕃人”、“蕃族”的正名。因此,从历史的眼光看,对台湾土著人的称谓,清楚地表现了时代和文化的内涵。事实上,祖国大陆称“高山族”,台湾岛上称“原住民”或“山地同胞”,都同样不太准确。因为,所谓“高山族”,其实并非都居住在高山大岳之上,而且他们亦非单一的民族,而是由若干个独立的民族组成的民族群体,还是统称台湾少数民族更恰当些。他们没有自己的语言和本民族的文字。大族内的语言差别较大,语言属多音节、无声调的胶着语。

　　第一,人们比较公认的看法是,台湾先住民可分为泰雅、赛夏、布农、曹(邹)、鲁凯、排湾、卑南、阿美、雅美九个民族。他们以社为聚居单位。每社一般六七十户,大者五六百户;每户少者五六人,多者三四十人。各社有自己的公共土地,社内有公共的活动(如祭祀、捕猎、农耕等),社首领由公推最年长男子充任(阿美族例外)。他们人口虽少,但分布区域广阔,成大分散、小聚居状态。根据 1994 年 2 月出版的阮昌锐著《台湾土著族的社会与文化》所计人口数数据,列表 10-2 如下。

表 10-2 台湾土著九族名表

族 名	译 音	别 名	分布地区	人口数
泰雅	Atayal	泰耶鲁、泰耶尔、太野罗	台中、南、苗栗、新竹、桃园、台北、宜兰、花莲诸县境	7 万多人
赛夏	Saisial	萨斯特	新竹县五指山和苗栗县大东溪一带	5000 多人
布农	Bunun	布嫩、布奴、不农	中央山脉两侧,南投、花莲、高雄诸县境	4 万多人
邹	Tsou	曹、朱欧、鹕欧、卓猴	南投、嘉义与高雄县境	约 5000 人(一说是 6000 多人)
鲁凯	Rukai	萨利先	台东、屏东、高雄县境	9000 多人
排湾	Paiwan	百宛、派宛、培旺	南部知本山以南至恒春(包括台东、屏东、高雄等)	5 万多人(一说是 6 万多人)
卑南	Puyuma	漂马、比由玛、比幼玛、毕玛	台东县境	约 6000 人
阿美	Ami	阿眉、阿米、阿眉斯,自称邦杂	花莲、台东和屏东县境	12 万多人
雅美	Yami	耶美、耶弥、野眉,自称达悟	兰屿(红头屿)岛	3000 多人(一说 4000 人)

第二,台湾学者卫惠林的看法。台湾学者对岛内各少数民族作过研究和划分。有人认为台湾有 "原住民",但不应称为 "少数民族",恐有歧视之嫌。其实,台湾先住民在明清以后即居少数,历来许多专家对此已做过研究。如卫惠林《台湾风土志》下篇,即按地区文化特征将台湾少数民族分为八族:①北部诸族:泰雅、赛夏族,以文面、织贝、祖灵崇拜等为共同文化特征;②中部诸族:布农、曹族,以父系外婚氏族及母族尊重、皮帽、皮套袖、套裤、皮革鞋、护阴袋为共同文化特征;③南部族:排湾族,以贵贱阶级划分、贵族土地特

权、双系宗族、蛇崇拜、太阳崇拜、丧服、琉璃珠、花环头饰、木石雕刻、祖先像独石、芋栽培与熏制为共同文化特征；④东部诸族：卑南、阿美族，以母系亲族、年龄阶级、烧疤文身、多会所、海渔为共同文化特征；⑤兰屿土著族：雅美族，以渔团组织、棕榈布、银饰、土偶、独土笠或银盔、藤甲胄、无袖胴衣、水芋栽培、拼板雕舟为共同文化特征。

第三，台湾学者阮昌锐的《台湾的原住民》，则对岛上少数民族从分布、文化进行识别，并对其族内支系进行了更为细致的区分。

阿美族：人口约 13 万人，是台湾人口最多的少数民族。分布于台湾东部自花莲到恒春一带。北部阿美族在花莲附近，昔称"南势番"（或"南世番"）；秀姑峦阿美为中部阿美；海岸阿美是中部阿美之一，位于海岸山脉以东太平洋沿线；卑南阿美在南部，分布在台东附近，故又称"台东阿美"，内部又有部落马兰、都峦、都历、大马武窟、小马武窟与加只来等；恒春阿美分布在最南部。

泰雅族：人口约 7 万人，人数在少数民族中居第二位。据研究认为，泰雅族是我国古代越人的后裔，也是来台最早的一族。族内又可分为两族，即泰雅亚族和赛德克亚族。分布在台中县及花莲县。

排湾族：人口居第三位。主要分布在屏东县、台东县。内部又分为拉瓦尔、布曹尔、巴武马、察敖保尔、巴利泽敖诸支系。

布农族：人口居第四位。分布在台湾中部山区，以南投县为中心。内部分六个支系：峦社群、卡社群、丹社群、卓社群、郡社群、兰社群。相传他们最早居西部平原地带。

卑南族：人口约 1 万人。分布在台东县卑南乡及台东市境内。古有八社。该族在历史上是一个强悍的民族，少年人即入会训练。

曹族：又称"邹族"（音译）。人口约 6000 人。内部分三个亚族（支系）：阿里山曹、卡那布、沙阿鲁阿。

赛夏族：人口约 5000 人。分布于新竹县内的五指山和苗栗县境内的大东溪一带。可分为南、北两支。其发祥地传说在大霸尖山，与泰雅族和客家人毗邻。

鲁凯族：人口较少。下分三个支系。分布在高雄县、屏东县、台东县。

雅美族：目前居住在兰屿岛上，共分六社（村落），是传统文化保存最为完整的少数民族。

平埔族：人口约 10 万人。主要居住西部平原地区。因与汉族接触较多，故大多已汉化，失去其固有语言、文化。内部分为十个支系：凯达加兰、雷朗、噶玛兰、道卡斯、巴布拉（或拍布拉）、猫雾拣（或巴布萨）、巴则海、洪雅、西拉雅、邵族。

第四，日本著名人类学家鸟居龙藏在对台湾少数民族社会进行深入的田野调查后，根据各族的风俗、语言与体质人类学特征等，将台湾少数民族分为九族，同时对各族的支系、分布等也做了较为详细的说明。

泰雅族：居于台湾北部与东北部山岳地带，西南止于中央山脉之埔里平原，东南止于山脉东侧秀姑峦溪上游。内分东、西两部族群（支系）。泰雅族人脸部有刺黥（文面），生活习惯异于各族。

新高族（邹族）：居于环绕玉山的群峰之中。族内分四社群，即雁尔社、美垅社、排剪社、塔蜡社。

布农族：居住在最高的山岳地带。

邵族：居于埔里水社湖畔。只有四个部落，部落间靠独木舟（樟木刨空制成）往来。

泽利先族（今称"鲁凯族"）：分布于北起阿里山、卑南主山，西止于率芒溪。

排湾族：分布于台东南部太麻里溪流域，直到恒春半岛的山地。

彪马族（今称"卑南族"）：居于台东附近。其风俗习惯与排湾族、泽利先族（鲁凯族）、雅美族类似。

阿眉族（今称"阿美族"）：居于东部山地倾斜面一带，北自奇莱平原，南至卑南大溪流域，是唯一未汉化的平地原住民。

雅美族：居于红头屿（兰屿）。其祖先传说是从菲律宾巴丹群岛，驾独木舟越过巴士海峡而来，其语言、风俗习惯与菲律宾北部原住民非常相似。

至今，祖国大陆、台湾地区和国外民族研究者基本达成共识，认为台湾岛上的少数民族分有泰雅、布农、排湾、卑南、赛夏、曹（邹）、阿美、鲁凯、雅美等九族，平埔族因已汉化而消失。

五、其他族源

台湾先住民族源的主体是古代祖国大陆闽、越（百越）族人。此外，还有其他族人,如小黑人(矮黑人)、南方海岛回迁的古越人、祖国大陆后续入台汉人以及少数马来人与琉球人。

(一)小黑人

小黑人古代在华南早有出现,在闽、浙、赣山区,就是史书所称的"山都木客"、"山㺊"、"山獡",又叫"昆仑奴"。在台湾的称"小黑人"或"矮黑人",又叫"鸡矩番"。陈碧笙《台湾地方史概要》(油印本)载:小黑人原聚居菲律宾群岛,后进入台湾,居于各处山地中。他们身材矮小,肤色暗黑,毛发蜷缩,用弓矢,善游泳,行巫术,有疤痕文身之俗。台湾先住民的各个山地民族都有关于小黑人的传说。

泰雅族传说称小黑人为"辛古兹"(或"辛辛");布农族传说称小黑人为"萨都索",说他们身材矮小,动作敏捷,力气很大,终被布农族消灭;邹族传说称小黑人为"萨由兹";排湾族传说称小黑人为"古鲁尔";赛夏族传说,过去在麦巴来山有"他矮"(或"达爱"),身材矮小,但臂力大,经常射杀泰雅人,骚扰赛夏人,赛夏人终将小黑人消灭,但恐其阴魂不散,所以定期祭祀,以求平安。值得注意的是,赛夏族传说还称:小黑人到其地后,向赛夏人传授农耕知识,赠送种子,并且教会他们祭祀的礼仪和歌舞,说明其文明程度似在赛夏人之上。但是,作为百越族人后裔的泰雅、布农、赛夏、邹族等部族来到台湾,在距今6000～4000年前,其时越人早已发明农耕与种植水稻。

(二)南来古越人

古越人除直接来台者(如泰雅、布农、赛夏、邹族等)外,还有间接来台者。这些间接来台者,或是远古时代由祖国大陆经台湾迁往南太平洋诸岛屿,后于近古时期又迁回台湾;或从祖国大陆经东南亚及其他途径南迁海外,然后又从南洋迁回。由于他们都在先秦时期迁出,故通称"古越人"。

(三)马来人与琉球人

马来人指来自马来群岛的古代民族。广义的马来群岛包括东南亚地区和太平洋、印度洋上的岛群。这些地区的居民,有很多就是古代或远古时期从中国大陆华南南迁的古越人后裔,他们与华人(汉人)有着密切的血缘关系。连横《台湾通史》卷一《开辟记》载:"唐贞观间,马来群岛洪水,不获安处,各架竹筏避难,漂泊而至台湾。当是时,欢斯氏遭隋军之后,国破民残,势穷蹙,马人乃居海滨,以殖其种,是为外族侵入台湾之始。"这是有关马来人入台的最早记载。

　　荷兰人侵入台湾之后,有记载琉球移民入台的事,时称"琅峤族"和"知本族"。据载,琅峤人身材矮小,皮肤细腻,态度文雅,状貌衣饰近似琉球人。男子戴帽子或斗笠;妇女出门张伞遮阳,分娩后要火烤一周。人死后先埋葬,一年后发墓捡骨,另贮野外小舍中。知本族人躯干较小,体貌丰肥,脾性温柔。后来,两族人皆融合于排湾族中。历史学家认为,琉球人在远古时代也与东南沿海的古越人有着血缘关系,战国晚期和秦代所称"外越",就包括琉球,因此它也是越人势力和影响所到达的地方。

（四）历代汉人

　　从祖国大陆入台的汉人（指秦汉以后人）历代有之。他们实是远古时代越人入台的继续,因在宋元以前史无明文,所以难得其详。他们或自发、或个别、或少量地入台,所以最后应都融入台湾先住民的群体之中。有记载的,如《诸罗县志》引《沈文开杂记》云:"土番种类各异,有土产者,有自海舶飘来。及宋时零丁洋之败,遁亡至此者,聚众以居,男女分配。故番语处处不同。"郁永河《裨海纪游》称:"元人灭金,金人有浮海避元者,为飓风漂至,各择所居,耕凿自赡,远者或不相往来,数世之后,忘其所自。"由上可知,这些为数不多的入台定居群体,以后可能逐步融入台湾先住民之中,而成为平埔族的成员。

第十一章 台湾先住民传说

第一节 矮黑人传说

在大批祖国大陆人以及菲律宾马来人与琉球群岛人进入台湾之前,亦即在台湾各少数民族（现今先住民）的祖先尚未大量进岛之前,岛上已有更早的原住民（上古土著）即矮黑人（小黑人）的存在。他们被蔑称为"乌鬼蕃"。据记载,"乌鬼蕃"本为国名,其人遍体纯黑（棕黑）,头发卷曲,个子矮小（在 1.5 米以下）,外貌与非洲黑人十分相似。他们行动敏捷,善游泳,"入水不没",履海面如平地,会巫术,擅用弓箭,文身,脸刺黥,住山岩石洞,能架独木桥。另记,乌鬼蕃颊下有鳃,如鱼状,可于海中潜伏数日。这批早期矮黑人在二百多年前即已在日本、琉球和台湾等岛屿中相继灭绝,但在菲律宾群岛和印尼群岛都还存在。他们实是环太平洋群岛的原始住民。台湾高山族人中多有关于矮黑人的传说,但其称呼各不相同:泰雅族称"辛古鲁苏"或"辛营",布农族称"沙多索",赛夏族称"他爱",邹族称"撒油族"或"卡沃瓦",排湾族称"恩古鲁"。日月潭的邵族人称,当地还曾有过比三尺高的矮黑人更矮的"海龙王",只有二尺半高。

赛夏族传说,其祖先曾与当地"泰（他爱）"族人打过仗,"泰"人体形小,肤色黑,战斗力强。另传,族中一个青年在打猎中,因追逐一只小鹿而进入麦巴来山的娃来溪,溯流寻觅时,忽见一位背着婴儿在挖芋头的矮小妇人,妇人只三四尺高,头发呈红色、卷曲。

邹族人传说,在玉山之北有穴居的矮小人种,形如小儿,能藏于芋叶之下,攀豆茎而不折,体小而臂力强,巧使刀枪,曾与布农族争战,后不知所往。

布农族人传说,有小矮人,叫"萨都索",身材矮小,仅二尺左右,动作敏捷,力气巨大,后被布农族消灭。

排湾人传说,其先祖来住本地时,已有小矮人栖住在土坂村附近的山上。小矮人住石造之屋,耕种小米、芋头和甘薯。他们对排湾人友善,且与之通婚,后渐消失。

阿美族人传说,中央山脉山脚下,曾有许多矮人居住。矮人曾经很有势力,住在中央山脉的高台上,令阿美族和平埔族人深感苦恼。

邵族人传说,从前水沙连的邵族人口少,矮人常来占地。矮人常设陷阱或挖地洞,伏在洞口以枪刺杀邵族人。他们曾想挖掘仑龙山,放干日月潭水,到矮人所住的头社那边,另做一潭。邵族人知后劝阻他们不听,双方发生冲突,矮人战败,部落分散,从此消失。

此外,《台湾府志·风土志》载:"再入深山中,人状如猿猱,长不满三尺,见人则升树梢。人欲擒之,则张弩相向,缘树远遁。亦有凿穴而居,类太古之民者。性好杀人,取其头,剔其骨,饰金悬于家,以示英雄。"

在大部分台湾少数民族传说中,都有其先民与小黑人作战并消灭小黑人的故事。赛夏族人每年 11 月都要举行"矮灵祭",传说因为他们消灭过小黑矮人,怕其灵魂作祟,故而祭祀之。有学者认为,我国东南沿海渡台的越族先民,有一部分留在岛上与先住岛上的矮黑人相融合,后来成为泰雅等民族的祖先。在台湾的排湾族人中,也有与矮人通婚的传说。这些说明,矮黑人的消失,或是被后进入台湾的其他民族消灭,或是融入其他民族之中。专家认为,矮黑人在人种学上属于尼格罗种的尼格利陀,和我国南方(东南)各民族属于蒙古利亚种南方亚种的不同。他们分布于东南亚、澳洲北部、印尼、新几内亚和菲律宾,还有安达曼岛、马来半岛,多居住在孤立、多山的内陆地区,身高不到 1.5 米,以捕鱼、狩猎、耕种、采集水果与植物为生。台湾南投县仁爱乡山区发现的史前人类大墓地,估计距今二三千年。每个石屋内都埋有石板棺,有大有小,小石棺非常小,为安葬婴儿所用,有人认为即是"矮黑人"的葬具。台湾岛上的矮黑人受高山族先民打击、驱逐之后,很可能迁移于南岛如菲律宾等地区。他们在台湾岛上的消失,可能还不到 200 年。

第二节　创世传说

一、邹族

据神话传说,邹族起源于天神哈莫或女神尼福努在石英之山——玉山造人或种植人种。另外的传说是:怪鳗横卧在河流上,堵塞河道造成洪水泛滥,土地成海。邹族人因而逃到玉山顶,与禽兽共处。后经神圣的祭仪,大螃蟹获得人们馈赠,之后便用大鳌夹住堵河的大鳗鱼(一说剪破鳗肚),使其转身,洪水即得宣泄。邹族人便从玉山顶上下来,分迁于阿里山西坡和达邦、特富野,一部分循清水溪到平原,或沿陈有兰溪、楠梓仙溪转及曾文溪。其另一圣山是塔山。他们早期以氏族为单位,到17世纪中期前后,建立特富野、达邦、伊母诸、鲁富都四社,且都没有部落首长、征将、长老会议和男子圣所(公廨)。邹族人还传说:古时有两个太阳,因此只有白天。后来一个男孩(叫奈巴拉牟吉)携弓箭射杀一个太阳。另一太阳躲起,地上变黑,人们又拿牲礼祭拜太阳,太阳出来探头一下,又回西边去了。于是有了白天、黑夜。

二、泰雅族

该族历史以大霸尖山为发祥地。传说大霸尖高山因有乌鸦和圣鸟来此祈祷人类的诞生。有一天,巨岩(海拔3490米)突然裂成两块,出现一对男女,成为人类祖先。一说其先祖来自中央山脉白石山上的神石(在今南投县仁爱乡发祥村,海拔3505米)。这种白石山上神石崇拜,可能与《临海水土志》所记"山顶有越王射的,正白,乃是石也"有关。还有传说为:一只红嘴鸟被另一只恶鸟追逐,逃难某地,身上起火燃烧,从火中出现许多人,遂为人类的起源。达克兰社先住民则传说:在遭洪水时,人们逃到大霸尖山,跟野兽住在一起,相处很好。为求神息怒退水,选择用狗投进洪水以献神,无效,又选优秀的泰雅人投进水中,水才消退。后有个肮脏神,要泰雅人给他洗澡,族人不理,神便不保护人,故孩子易病死,成人会老死。赛德克族人还传说:洪水涨满大地,人们躲在特瓦卡山。为了求神退水,先把坏女人投入水中,水不退,又把一对青年好男女推入簸箕,放入海里。他们漂流到海的源流,清除很多垃圾,直至海水畅通了才退水。泰雅族传说:原来有两个太阳,轮流出现,无夜晚,人不能眠。有两个孩子同去太阳处,到时人已长大,射死一日,一人生还,一人被烧死。又一传说称:原先只有一个太阳,半年才现身一次,居民不便,于是派三个青年,各背自己的婴儿去征伐太阳。去时在路上种柑橘,作为回程路标及充饥用。三个青年未到目的地即已老死,其子继承父志,射伤太阳,使之正常在白天出现。

三、阿美族

阿美族的诞生传说是:在很久以前,某地有一部落全体成员出海捕鱼。众人下海不久,忽发强烈大地震,山崖地裂,海水滚烫,导致绝大多数人死亡,仅有聪明的姐弟俩驾着小舟逃生。经过一周左右,姐弟俩漂至台湾东部拉瓦山上,海水渐退,他们发现陆地上残留有小芋苗及数颗小谷粒,便小心地种植。十几年后,山芋、小谷粒繁殖到二人吃不完。姐弟俩为了繁殖人种,便结为夫妻。他们生育许多子女,一代一代繁育成一个部落。化仁村长期保留三只独木船,传说就是阿美族人的始祖从海上乘渡的工具。

四、雅美族

该族传说:在太古时代,从南方来一神人,先创造了小兰屿,后再造兰屿。之后返回南方,不久又回到兰屿。神人在柏布特山顶触动一块巨岩,引起海啸,天地共鸣,全岛震动。巨岩轰然破裂,从中跳出一个男神。神人又在西南方竹林中摇动一根大竹子,又引起海啸岛震,跳出另一位男神。神人创造石、竹两男神后又回南方去。石神与竹神感情融洽,如一对夫妇。一天,二神共枕而卧,膝盖互相摩擦,石神右膝产一男孩,左膝产一女孩,竹神也各生一男一女。孩子长大后,石神的一对男女互相配合,竹神的一对男女也互相配合,彼此又生若干男女。他们就是雅美族的祖先。另外传说:怀孕的女子到海上,把珊瑚倒翻过来,触犯神怒,才使海水灌进陆地而成灾。经过 10 年之后,才退潮消灾。也有传说:原来天和太阳很低矮,小孩子被太阳晒得很热很苦。妈妈跑去,用针刺伤太阳,巨人又把天推高了,才出现现在的样子。

五、卑南族

卑南族开基传说是：古时一对夫妻由南方海上乘竹筏而来，在台东海岸（今美和村）登陆。后将手上竹枝插于地上，不久便长成茂盛的端竹。后代便以此地为神圣的祖先发祥地。这对夫妻生二子，长子是知本的祖先，次子是卑南附近的开基祖。连横《台湾通史》记载：唐贞观年间，马来群岛发生洪水，当地人各驾竹筏避难，漂泊至台湾。后由卑南王统一之，王死后，各社遂分立。学者以为，"卑南"之称，可能由马来半岛上有"槟南"小岛之名，岛民嗜食槟榔。"知本"原意为众祖先出生之地（马来族人的老家）。他们至今在举行祭祖时，仍须面对绿岛及兰屿方向祭拜。

六、排湾族

排湾族内传说：洪水来时，只有两个兄妹抓住树枝或草救了命。那时没有火，他们用树枝摩擦钻火，或甲虫口衔火绳来，才有办法用火煮东西。兄妹俩结婚，生下盲目、跛脚、瘰疬的孩子。他们把瘰疬的孩子送去平地，跛脚和盲目的送去台东，好的孩子留下传宗接代。他们相信，之所以会生下有残疾的孩子，是由于血亲结婚的关系。另一传说是：在平地有个怪物叫达洛凡，河川的水流进它嘴里，后因怪物闭嘴，河水才泛滥成灾。于是，人们跑到妥马巴来山和雾头山。妥马巴来山的人没有火，派小鹿去雾头山取火，才能煮饭吃。后来怪物张嘴，水遂消退。头目见蚯蚓挂在树上，便给它食物。蚯蚓脱粪成土，人们才有了耕地。他们还传说：天很低矮，又有两个太阳轮流出现，人民很苦。一天，特卡尼女人在屋顶捣粟时，用杵大力撞到天，撞瞎了一个太阳的眼睛，变成月亮（一说其中一个太阳掉落，故有了夜晚）。同时，天发出声音，也升高了。

七、鲁凯族

鲁凯族传说：发洪水时，人们逃难到帖巴达兰山，派羌去取火，火熄了。人们便学苍蝇揉手的方法，转捻树木以生火。

八、布农族

布农族人传说：因为大蛇拦住河流才成灾，族人避到玉山和卓社大山。

玉山有火,卓社大山的人派蛤蟆到玉山取火。蛤蟆因潜水而熄火,后重派林达鲁鸟去取火,又失败了。最后是介宝鸟取火成功。螃蟹去和大蛇决斗,终把蛇剪断,水才消退。他们还传说:古时有两个太阳,没有月亮,只有白天,人们拼命耕作而累坏了,孩子被晒干变成蜥蜴。父母悲伤,便去讨伐太阳。去时一路种橘子,到后射中太阳右眼,使之变瞎,变成月亮,只剩下一个太阳。射者依原路回家,吃上橘子。月亮告诉人们,今后新月出现或满月出现都要祭祀。

第十二章　闽台土著文化

第一节　社会组织

　　台湾土著社会的发展过程,根据考古发现的文化遗物,经历了旧石器时代和新石器时代的原始社会时期。从沈莹《临海水土志》直至明代历代史书与笔记记载可知,在这一千多年内,台湾土著一直过着原始氏族社会生活,有的部族可能还处在母系氏族社会阶段。

　　《临海水土志》载:"此夷各号为王,分画土地、人民,各自别异。"说明这些过着原始氏族社会生活的高山族先民,内部也是存在部族区别的。他们虽是"亦出铜、铁",但仍以磨制石器作为生产、生活工具和装饰品。而《北史·高丽等传·流求》的记载,则较前进了一步,记述"土人"社会中有王、帅、小王及村帅等不同层次等级的首领,社会组织似更加健全,分工也细致了些,而且"诸洞各为部队",相互常有战争。《隋书·东夷传·流求国》的记载,其社会组织的内容是继承《北史·高丽等传·流求》的,只是内容更详细些。《宋史·外国七·流求国》对岛上土著社会记述甚少,但提到毗舍耶国酋豪率众袭击泉州之晋江滨海地带事,却是前所未有的,表明此时有南岛土著人入住台湾岛。宋代赵汝适《诸蕃志》所记流求与毗舍耶国情况,较《宋史》有减无增,说明他们缺乏亲历观察。《元史·外夷三·琉求》所记元军征伐琉求事,只有寻觅过程而无上岛具体观察的内容。《明史·外国四·鸡笼》的记述较前大进一步,显系有所见而记,故较为详尽。如记岛上土著"有十五社,社多者千人,少或五六百人。无徭赋,以子女多者为雄",仍为氏族公社时期的社会组织;他们"聚族而居","有大事集众议之",相当于军事民主制的父系氏族社会时期。因此,他们对于西方殖民者(红毛)的侵入和海盗集团的入据也都无可奈何,并不能阻止。到明清之际郑成功率大部队进入台湾以后,台湾社会的主导群体发生历史性变化,土著人退居山林地带,但他们仍然力图保持本民族(部族)社会生活与文化的传统。只有到清末台湾单独建省以后,祖国大陆汉人数量在岛上占绝对优势,且又大力推行"汉化"(即移植祖国大陆社会的文化与生活方式)之后,各土著部族才逐渐开始其社会组织与社会生活的现代化进程。

第二节　文化习俗

台湾早期住民(先住民)主要来自祖国大陆东南方的闽族或闽越族,由于他们僻处岛隅,孤悬海外,长期与世隔绝,在大批汉人入岛之前极少对外交往。因此,在台湾先住民中,长期保持着古代闽、越人的文化特征,如凿齿、文身、去毛、黥面、猎首、吹口琴、住女家、着贯头衣、住干栏屋、行崖葬及室内葬、用腰机纺织、父子连名等等。

沈莹的《临海水土志》是我国第一篇关于台湾地区土著人民社会组织、生产和生活情形的详细记述。所记内容表明,台湾土著"山夷"乃是高山族的直接祖先,与祖国大陆南方(包括东南沿海地区)蛮夷种族的文化特征十分相似或相同,由此可见他们之间的源流关系。

文称众山夷居于山地,山顶有"越王射的",说明这些土著与祖国大陆南方越人有着族源上的联系。至于"各号为王,分画土地、人民",则表明他们是分别部落,由酋长管理,属原始氏族社会;同时表明,他们各自分属不同的种族(或有不同的来源)。因此,他们的文化特征与祖国大陆南方土著的十分相似。

一、断发、文身

断发、文身习俗是我国古代南方(包括台湾)土著先民(尤其是越人)共同的基本文化特征之一。《临海水土志》云,"人皆髡头(即剪发)穿耳"。《史记·赵世家》和《战国策·赵策》皆云:"夫剪发文身,错臂左衽,瓯越之民也。"《论衡·四讳篇》曰:"吴越之俗,断发文身。"《汉书·严助传》称:

"越,方外之地,劗发文身之民也。"瓯越和越都包括闽越沿海地区,也应包括台湾。《墨子·公孟篇》和《淮南子·齐俗训》亦有"越王勾践,剪发文身"的记载,表明这是古代遍布华南各地越人的普遍习俗,它必然随着越人的迁徙而广泛地分布于台湾及南太平洋诸岛国。直至清代,郁永河著的《裨海纪游》还载:"无男女,悉翦发覆额,作头陀状。"

古代,我国南方蛮夷越濮之人,都有雕题(文面)文身的传统。《礼记·王制》曰:"东方曰夷,披发文身。""南方曰蛮,雕题交趾。"《山海经·海内南经》云:雕题国"在郁水南。郁水出湘陵、南海"。说明文身、文面在我国古代南方蛮夷人中起源甚早。《楚辞·招魂》曰:"魂兮归来,南方不可以止些。雕题黑齿,得人肉以祀,以其骨为醢些。"说明到战国时我国古代南方还存在文面和人祭的蛮族人。《隋书·东夷传·流求国》载:"妇人以墨黥手,为虫蛇之文。"宋代张燮《东西洋考》之《东番考》亦载:"手足则刺纹为华美。"据调查,高山族人文身之俗自古一直延续下来,排湾人、邹人、泰雅人等都有,其花纹要素种类各有不同。《明史·外国四·鸡笼》曰"手足皆刺文",但"男女皆椎结",已无断发之风。台湾历史学家连横在《番俗撷闻·文身》中载:"文身皆命之祖父,刑牲设酒,社众多集,饮其子孙至醉,乃刺以针而墨之。亦有壮而自文者,虽极痛楚,忍而受之,不敢背先人之训也。"他记述了台湾"番人"文身的做法,并指明这是他们世代相传的"先人之训"。泰雅人、排湾人的文身花纹,是模仿蛇纹而来。如曲折形、锯齿形、叉形、网目形,均从百步蛇背上的三角形纹变化而来,实是百步蛇的简化与象征。《淮南子·原道训》曰:"九嶷之南,陆事寡而水事众,于是人民被发文身,以像鳞虫。"刘向《说苑·奉使》称:越人"剪发文身,灿然成章,以象龙子者,将避水神也"。这种文身的目的,对于海边生活者而言,是为了"以入水蛟龙不害也"。也有的认为:"越人为之,以求荣也。"尹士良还在《番俗考》中记载:台湾淡水、岸里、内山、双寮、宛里诸社番人,"皆长发,穿大耳,文身,截发覆额,状如头陀"。

二、凿齿

《临海水土志》曰:"女已嫁,皆缺去前上一齿。"陈第《东番记》云:"男子穿耳,女子断齿,以为饰也。"清代黄叔璥《台海使槎录》也称:"哆啰国社,成婚后男女具折去上齿各二,彼此谨藏,以矢终身不易。"六十七的《番社采风图考》也载:"番俗男女成婚曰牵手……男女各折二齿以相遗,取痛痒相关之意。"从台湾石棺葬先民遗骸中发现,也有拔牙(上门齿、犬齿)的习惯。直至近代,泰雅、阿美、赛夏、布农、邵族和邹族中还有拔去左、右门齿或侧门齿(前齿、犬齿)的习俗,有的染黑门齿。可见其习俗一千多年间相延不断。拔牙之俗亦见于台南垦丁寮和鹅銮鼻新石器时代遗址、福建福州昙石山新石器时代墓葬中。《山海经·海外南经》云:"羿与凿齿战于寿华之野……凿齿持盾,一曰持戈。"这持戈(戊)的凿齿人应即南方越人。李京《云南纪略》云:土僚蛮"男子及十四五,则左、右击去两齿,然后婚娶"。《太平寰宇记》载:俚人(壮族)"女即嫁,便缺去前一齿"。台湾还有"齿用涩草或芭蕉花染黑"[①]的习俗,这在海南黎族中也很普遍。直到现代,福建、江西等地男女青年也曾时兴婚前镶牙,有人认为这是拔牙习俗的象征和遗风。

三、崇蛇

闽人和闽越人的崇蛇习俗源远流长。在闽侯黄土仑文化遗址中,就有许多蛇形的标志,如陶器上的蛇形堆塑、蛇形纹饰(包括变形的几何形刻纹)。华安县蕉林岩画有蛇交尾、蛇卵、幼蛇出壳、幼蛇及群蛇游动的形象,草仔山岩画则刻有母蛇、蛇卵和幼蛇的形象;诏安县官阪乡溪口岩刻也有蛇的图案及表示蛇卵的圆穴。福建各地古代建有许多蛇神宫庙,如闽侯县洋里蛇王宫,福清、莆田市蛇王庙(又叫"青公庙"),长汀县蛇腾寺,沙县罗岩岭蛇岳神庙。平和县三坪寺供奉蛇神"连公",德化县九仙山永安岩寺供奉蛇岳尊王,南平樟湖坂蛇王庙供奉的蟒蛇神也姓连氏。东汉学者许慎在《说文解字》中称:"闽,东南越,蛇种。""蛮,南蛮,蛇种。"唐代司马贞"索隐"称:闽,"东越,蛇种也。故字从虫"。东越即汉初的闽越国,闽越人的崇蛇信仰可从出土(武夷山汉城与福州冶山汉宫署)板瓦上的蝮蛇首形状的文饰(文字)中看出,有专家认为这是"虫"字,或即"闽"字初文。《太平御览·福州》引《开元录》曰:"闽州,越地,即古东瓯,今建州亦其地,皆蛇种。"说明古人认为南方蛮夷之人,皆有蛇崇拜的习俗,自以为是蛇种,即蛇神的后裔。古代闽越族

① 尹士良:《台湾志略》卷中《番情习俗》。

消亡后,他们的后裔有一部分成为疍民,生活在闽、粤海滨与江河之上。明代邝露《赤雅》云:"疍民神宫,画蛇以祭,自称龙种。"他们文身人水,据说也是在身上刻刺龙蛇之纹,以便入水可避龙蛇之害。清代郁永河《稗海纪游》载:福建"凡海船中,必有一蛇,名曰木龙"。这些应是疍民的古老习俗。正如顾炎武在《天下郡国利病书》中所称:"自古以南蛮为蛇种,观其疍家神宫蛇像可见。"其他关于人、蛇关系的故事、传说则更多,且历久不衰。如晋代干宝《搜神记》载,"东越闽中有庸岭",山中有大蛇害人,被少女李寄所斩除,就是最早记载的闽人除蛇精的故事。

在台湾,高山族人也有关于人类起源及人蛇关系的故事、传说。《隋书·东夷传·流求国》载:"妇人以墨黥手,为虫蛇之文。"应与《淮南子·原道训》所载南方人"被发文身,以像鳞虫",以及"入水蛟龙不害"的祈愿相似。特别是台湾鲁凯族和排湾族人也信奉蛇神(灵蛇),族内各社流行蛇生人的传说:一说远古一株竹上出现一灵蛇,化为男女两蛇神,自相交配,生下二子,是为人类之始[①];另说一个瓮中有蛇产卵,即是头目祖先[②];又一说太古时代太阳下临,生下红、白二卵,由灵蛇孵出男、女两神,其后裔即头目之家,番丁祖先则是由青蛇孵出[③];还有一说是蛇神常乘云与排湾人头目(美女)交往,用蜻蜓珠做聘礼,婚后产蛇50只,继生一男一女传代[④];或说一美男子(蛇身)与女头目结婚,女头目产二男以传代,后亦随夫入水死[⑤];大麻里社说,因娶了古楼社人家女子,所以才有百步蛇陶壶和蜻蜓珠等输入。[⑥] 鲁凯族和邹族也有以百步蛇为祖先的创生神话。排湾人查里先支族神话称:我族之祖先死后变为灵蛇,故今见蛇必加以巴里西(崇拜),以表示敬意,绝不敢加以杀害。[⑦] 他们认为,灵蛇是头目的祖先,他们死后灵魂化生成蛇。族人称,蛇有长老、精灵之意。所以他们不仅敬畏蛇、崇拜蛇,不敢伤害它们,而且在纺织品与绘画、雕刻等艺术品上,都不乏百步蛇的形象。他们以百步蛇(或

---

① 刘其伟:《台湾土著文化艺术》,台湾雄狮图书公司1978年版,第186页。
② 同上书,第106页。
③ 同上书,第172页。
④ 凌纯声:《台湾土著族的宗庙与社稷》,《民族学研究集刊》,第28~36页。
⑤ 同上。
⑥ 同上。
⑦ 林惠祥:《台湾番族之原始文化》,《林惠祥人类学论著》,福建人民出版社1981年版。

称"五步蛇")为图腾,所作陶壶,壶身和把手部分也都刻有三角形的百步蛇图像。惟有他们部族的头目,才能使用蛇图腾,或绣于玉袍上,或在头目家族宗庙的祖先雕像中,或刺刻在头目的胸部、腕部,成为部族领袖地位或权威的象征。闽台先民中都有许多关于蛇郎君与人间女子恋爱与婚配的神话故事,表明闽台两地土著居民中,有着相同或相近的精神信仰与文化传统。

四、猎头

猎头,台湾先住民称"出草"。《临海水土志》云:"得人头,斫去脑,驳其面肉,留置骨,取犬毛染之,以作须、眉、发,编贝齿以作口,自临战斗时用之……战得头,著首还,于中庭建一大材,高十余丈,以所得头差次挂之,历年不下,彰示其功。"张燮《东西洋考》云:"比收稻讫,乃标竹竿于路,谓之插青,此时逢外人便杀矣。"《魏书·僚传》曰:"其俗畏鬼神,尤尚淫祀,所杀之人美须髯者,必剥其面皮,笼之于竹。及燥,鼓舞祀之,在求福利。"《赤雅·祭枭条》亦云:"僚人相斗杀,得美须髯者,则剜其面,笼之以竹,鼓而行祭,竟以徼福。"《楚辞·招魂》云:"雕题黑齿,得人肉以祀,以其骨为醢些。"《墨子·鲁问》云:"楚之南,有啖人之国者。"《北史·高丽等传·流求》曰,"诸洞各为部队",战争罢,"收取斗死者聚食之,仍以髑髅将向王所"。《隋书·东夷传·流求国》载:"人有死者,邑里共食之","王之所居,壁下多聚髑髅以为佳"。在泰雅族达克兰社中,早先也有父母吃儿子的传说。这些说明台湾土著亦有食人之习,同于祖国大陆南蛮之古风。

五、男子从妻居

《临海水土志》云:"又甲家有女,乙家有男,仍委父母往就之居,与作夫妻,同牢而食。"这种习俗,沿至清代。郁永河《裨海纪游》载:"女择所爱者,乃与挽手。挽手者,以明私许之意也。明日,女告其父母,召挽手少年至。""不落夫家"或称"不落家"的习俗在我国南方古代民族中普遍存在。如苗、瑶、侗、壮、布依、水、黎族等皆是。布依姑娘婚后数日即返回娘家长住,短者两三年,长者十余载,偶尔到夫家,亦如做客。福建惠安东部部分地区女子长住娘家的婚俗,广东顺德、番禺、新会、中山、南海等地"不落夫家"的习俗,也都一直延续到解放前夕,应该是远古男子从妻居习俗的遗传。不仅如此,古代南方民族中还有女劳男逸的习俗。如周去非《岭外代答》载:"城郭圩市,负贩逐利,率妇人也。"屈大均《广东新语》卷八"长乐、兴宁妇女"条云:"其男即力于农,然女作乃登于男。""夫逸妇劳,乃为风俗之善云。"古代闽南(尤其惠东崇武一带)妇女是主要劳动力,且有"不落夫家"的习俗。陈第《东番记》载:"女子健作,女常劳,男常逸。"陈梦林《诸罗县志》卷八《番俗考》云:"番妇耕获樵汲,功多于男。"康熙《台湾府志》卷七《土番风俗》亦称:"凡耕作皆妇人,夫反在家待哺。"可见台湾先住民的这一习俗与祖国大陆南方的亦相同。

在我国南方土著民族中,广泛流行男女自主择婚及试婚制度。张庆长《黎岐纪闻》曰:"男女未婚者,每于春夏之交,齐集于旷野间,男弹嘴琴,女弄鼻箫,交唱黎歌。有情投意合者,男女各渐近凑一处,即订配偶。"清代朱景英《海东札记》云:"女及笄,构屋独居,男童有意者,弹嘴琴挑之。"余文仪《台湾府志》载:凤山武洛诸社高山族人,"不择婚,不倩媒妁……女及笄,构屋独居,番童有意者,弹嘴琴挑之……意合,女出而召之同居,曰牵手。逾月,各告于父母,以纱帕、青红布为聘。女父母具牲醪,会诸亲以赘焉。谓子曰阿郎,婿亦同之"。这种习俗在祖国大陆西南少数民族如壮族、黎族地区皆有:壮族女子到十五六岁时,父母建竹楼让女儿独住,到了晚上,有青年男子到楼前吹口琴,双方相悦,即可同住;海南岛黎族则令女子住"寮房",青年男子到房前吹箫唱歌,寻找情人。

六、生吃水产

《临海水土志》云,"饮食不洁,取生鱼肉杂贮大器中的卤之","饮食皆踞相对,凿木作器如猪槽状,以鱼肉腥臊安中,十十五五共食之"。生吃水产是南方蛮夷之人自远古时代沿袭下来的旧习。《礼记·王制》曰:"南方曰蛮,雕题交趾,有不火食者矣。"《史记·货殖列传》云:"楚越水乡,足螺、鱼、鳖。"晋人张华《博物志》载:"东南之人食水产,西北之人食陆畜。食水产者,龟、蛤、螺、蚌,以为珍品。"在我国南方(包括台湾)滨海地带,不仅多见新石器时代的贝丘堆积,而且常有"凹石"出土。"凹石"就是远古人类砸碎贝壳类生物以取食的工具。

七、集会

《临海水土志》云："呼民人为弥麟。如有所召，取大空材，材十余丈，以著中庭，又以大杵旁舂之，闻四五里如鼓，民人闻之，皆往驰赴会。"这种击鼓聚会之法中国南方古代蛮、越人为常习，如西南土著则以击铜鼓召同类。《太平御览》引《广州记》云，"俚、僚贵铜鼓，唯高大为贵"，"风俗好杀，多构仇怨，欲相攻击，鸣此鼓集众，到者如云。有是鼓者，极为雄豪"。张燮《东西洋考》载：部落议事，"有大事，集而议之。位置如横阶陛，长者居上，以次递下"。台湾的先住民有一部分是将男子从少年起至结婚止集中于会所住宿，如卑南、雅美、阿美和邹等族。

八、树皮布与斑文布

古代南蛮和越人一方面种植葛麻织布制衣，一方面捶打树皮用作衣服。"岛夷卉服"，可以解释为岛民以草编织成衣服。《后汉书·南蛮传》称：南蛮先祖盘瓠之裔，"织绩木皮，染以草实"。《越绝书·越绝外传记地传》也载："使越女织治葛布，献于吴王夫差。"可知古代南蛮百越族人，确有以草植、树皮为衣服者，《禹贡》所记"卉服"应指此。考古发掘的资料也证明，古越族及其先民早有制作树皮布，并随着越人的迁徙而广泛分布于台湾、东南亚各地（菲律宾、马来亚半岛、越南、泰国），远者及于大洋洲等，其证据就是树皮布石拍（打棒）在这些地区（包括环太平洋地区）都有分布。珠江口地区的时间最早，在距今五六千年之间，在珠海、深圳、中山等地出土大量树皮布石拍。台湾的卑南、圆山等20多处遗址也有出土，且最为典型。中国海南岛黎族至今还保留制作树皮布的习俗。做布所用原料，都属桑科植物的楮与木波罗属等。树皮布可用做头巾、衣裙、被服、垫褥。这是古越先民服饰文化的一大特色。《临海水土志》云："能作细布，亦作斑文布，刻画其内，有文章，以为饰好也。"中国南方发明纺织历史十分悠久，黎族和西南一些少数民族都用平地腰机型织布机，这在台湾泰雅族等先住民中也有普遍使用。南方土著自己织布、染色，制作色彩斑斓的服饰，是非常普遍的。

九、衣饰

在祖国大陆汉人尚未大量移入台湾之前，高山族先民的服饰比较原始，保留自己民族的风格特征。他们的衣饰大体分为北部、中部、南部及雅美四种类型,质地分草、藤、革、麻等种类,常服、礼服穿麻织品。而且,台湾先住民与祖国大陆南方诸多少数民族,都有穿贯头衣和筒裙的传统。

北部的以泰雅族为代表。男子以黑布兜带("丁"字带)围绕下身,上身为短胸兜、长衣,或外加披风;女子穿方布短围裙、胸兜、长袖短上衣,图案单纯而醒目。衣均对襟,白、红色居多。祭祀时穿铃衣或珠衣,最为珍贵。铃衣上缝数百个小铜铃,歌舞时铿锵作响;珠衣用白色贝珠串密缝于红、白色长麻衣上,颇为美观。因古时以贝为货币,故贝珠衣被视为至宝,惟酋长专用或作为贡品。《尚书·禹贡》曰:"岛夷卉服,厥篚织贝。"即指普通人衣服用卉服,而尊贵者或上贡时用贝服。

中部以邹族和布农族服装为代表。邹族因居高山深林,擅长狩猎,故多以鹿皮为服,有皮套袖、绑裤、长衣、背心。布农族亦山居,以农耕为主,其长、短衣与泰雅族同。男女皆穿胸兜,女子胸兜为四角形,附青、赤、黄等多色布片。

南部以排湾族为代表。排湾与鲁凯、卑南三族服装汉化较为明显。长衣似旗袍,短衣类马褂。男子上身穿带袖短褂,下身穿束腰裙,扎腰带;女子衣类似旗袍,腰左右围布,图案考究,纹式新颖,有用花边刺绣、彩珠或镍币连缀的。盛装之服光彩夺目,图案有蛇纹、鹿纹、祖先像等。

雅美族居外岛兰屿。男子系"丁"字兜带遮蔽下身,祭典时才穿"礼服"——无袖短上衣,用苎麻或蓝色木棉线织成,白底蓝花纹;女子用长方形布块斜披腋下,遮住胸部,衣用红布镶黑白边。

明清以后,祖国大陆(多是福建、广东)汉人移民入台,其服饰也带进台湾,朴素而便于耕作。

十、干栏式住房

据说,"干"是越人自称,"栏"是越语,意思为家,其实指架木离地构屋。干栏建筑是古越人的创造。早在距今 7000 多年前的河姆渡文化时期,古越人即已发明建造木构楼的榫卯方法,并有长二三十米、宽七八米的长方形木干栏楼屋。这是干栏建筑的滥觞。《临海水土志》云:"安家之民,悉依深山,架立屋舍于栈格上,似楼状。居处、饮食、衣服、被饰与夷洲民相似。""安家之民"应指浙江沿海之古代先民,他们与台湾"夷洲民"一样,居于山上,住干栏屋。这类房屋在祖国大陆南方十分普遍,应是蛮夷和越人的特色住房,大有别于北方。"依树积木,以居其上,名曰干栏。"① 干栏式楼房有高低之别,高者楼下可饲养家畜或放置农具杂物。《旧唐书·南平僚传》曰:"南平僚者……部落四千余户,土气多瘴疬,山有毒草及沙虱、蝮虫也。人并楼居,登梯而上,号为干栏。"《太平寰宇记》载,剑南道昌州一带土著人,"悉住丛菁,悬虚构屋,号阁阑","今渝之山谷中有狼㹠(指土著居民),乡俗构屋高树,谓之阁阑"。台湾土著人的楼居习俗保持到近代,"多架屋于桩上,似楼居"。"其屋起于桩上,距地若干距离,上覆以茅,藩屋以树"。② 阿里山邹族的公廨及仓房,多架设于桩上,似楼居。淡水地方土著人,用木板造成船状的盒子,架于木桩之上,以竹枝作成的圆顶盖其上。起卧、饮食于圆盖之下,当其出入则用梯子。现在泰雅族人的谷仓、卑南族的圆形少年会所,仍是干栏式建筑。东南亚各地土著居民的住屋也多是干栏式的建筑,其渊源都应与古越人的习惯有关。台北市北端的芝山岩遗址也发现有干栏式建筑的柱基槽。福建远古先民也经历由巢居到干栏居的过程。在邵武市斗米山新石器时代遗址中,就曾发现平面略呈长方形,由木柱架构和支垫的类似于干栏式房屋的建筑,其时代据推测为距今 5000~4500 年之间。霞浦黄瓜山遗址也发现干栏式建筑遗存。据记载,古代,在闽西、闽北等山林之中,也曾发现有类似台湾小黑人的"山都木客",皆以巢居为特征。直到闽越国时期,武夷山汉城的大型宫殿和福州冶山欧冶池旁的水榭长廊,也仍是干栏式建筑。广东揭阳和江西贵溪皆发现有干栏式窝棚建筑或仿制住房。以上说明,这种住房建筑是因南方自然环境与物产特点使然。在台湾先住民中也有一部分盛行竖穴式住屋的,如布农、泰雅、排湾和鲁凯族等,这些族人入台时间可能也早于干栏式建筑的族人。

十一、葬俗

《临海水土志》中记载了"安家之民"的葬俗,"父母死亡,杀犬祭之,作四方函以盛尸,饮酒歌舞毕,乃悬著高山岩石之间"。这种悬棺葬式,颇类自

① 《魏书》卷一○一《僚传》。
② 台湾史迹研究会编:《台湾丛谈》,第 125 页。

武夷山一直向西南地区山区绵延、广泛分布的古代南方土著人的葬式。福建古闽族人的悬棺葬式,可追溯到商周时期。《隋书·东夷传·流求国》更具体记述了葬俗:将死者"举至中庭",哭吊,浴尸,缠以布帛,裹以苇草,"亲土而殡,上不起坟";儿子为父丧数月不食肉。台湾邹族人的葬式则是,在室内挖圆穴,死者坐于穴内,盖上石板,掩上土,并在穴上架柴燃火,使新土干燥。这在华南少数民族中也有。

考古工作者几乎在台湾全岛都有发现石棺群,东部海岸地带的石棺都置有底石,而西部的都没有,所埋葬的人都是仰身直肢呈伸展葬式。而现在的台湾先住民诸种族中,则没有采取直肢葬的,多是屈肢、侧身或半蹲式的。如阿美族是屈肢葬,排湾族是蹲坐式葬于室内地下,卑南族也是屈身葬。

此外,台湾先住民与古代福建乃至华南地区民族的共同习俗还有盛行占卜(鸟占、鸡卜)、巫术、厌胜以及父子(或母子)连名、喜生吃、喜食水产动物、实行长老政治等习惯。由此可知两地在传统文化方面的诸多一致性。

第三节　文化继承与变迁

台湾先住民的文化又被称为"现存的古代文明",因为它较多地保留了古代亚洲南部地区(中国大陆及沿海诸岛、东南亚及南太平洋诸岛等)先民的原始文化。对这一文化的渊源,人们有一些不同的认识。随着考古学、人类学、民族学等研究的深入,学者越来越注意到中国大陆,特别是华南沿海地区先民(即所谓古越先民)的文化在古代亚洲南部地区所占有的主体地位和文化影响。他们的广泛迁徙和先进文明的传播,造成了上述广大区域内文化面貌的相似性。古越先民远离发祥地后,中国大陆人口和文化的变迁真如天翻地覆、沧海桑田,其原始文化的面貌端赖所迁入的东南亚地区特别是南太平洋诸岛的古越先住民的世代传承与保持。学者们既然肯定了台湾先住民文化与祖国大陆文明的关系,也自然可以理解在几千年历史发展和社会变迁中,各地先住民文化与母体差异存在的合理性与必然性。

如果以《临海水土志》中所记台湾"夷洲人"的文化生活为初期参照系的话,其后的历史和笔记记载则表现了这种文化生活的历史传承与时代变迁。而且重要的是,这种原始文化在台湾似乎继承性大于变异性,以致一千多年前记述的情况至近代而犹然。

《北史·高丽等传·流求》记载,"土人""王所居舍","雕刻禽兽","多斗镂树",说明台湾先住民的居所有了雕刻装饰,较从前之"作室居"有了进步。男女服饰也有了变化,"皆白纻绳缠发",再不像以前之"皆髡头"了。而且"男子用鸟羽为冠,装以珠贝,饰以赤毛",表示勇武、尊贵与华丽,审美观点也有进步。妇人戴白布帽,所制衣饰以毛羽,杂色相间,并垂挂螺壳、小贝壳等,真正是有声有色,较以前之单纯用细布、斑文布作衣饰,也前进了一大步。此外,妇女还"缀珰施钏,悬珠于颈。织藤为笠,饰以毛羽"。在装饰方面,更加复杂多样而漂亮,充分说明土著人生活方式和审美观点的进步。

学者们注意到,从台湾出土的具有地方特色的锤石的分布地区为:东海岸一带平原,花莲港以南即台东平原,越过台湾南端到西海岸垦丁寮附近。而这种石器与菲律宾吕宋岛、巴丹岛出土的相一致。因此,他们认为,这是一部分台湾先住民由菲律宾经吕宋岛再经巴丹岛到达台湾的证据。实际情况也可能恰恰相反,因为古越人在 6000 年前从中国大陆华南迁往台湾,他们在岛内长期独自发展,较少与别的民族接触,可能陆续经过巴丹、吕宋等岛进入菲律宾及南太平洋群岛各地。不管原始情况如何,都不能改变这种原始文明来自中国大陆、来自古越先民的历史事实。事实的根据远不止于锤石、凹石、石锛、石斧、树皮棒等原始器具的证明,更有从焚耕、梯田、粟祭到树皮布、斑文布、植棉与凿齿、穿耳、文身、猎首,以及年龄阶级、父子连名与岩葬、蛇犬图腾等。史有更革,文有变迁,而基于血缘纽带关系的人种渊源,应是一切文化特征的内涵底蕴和"基因"。

第十三章　台湾先住民风俗

　　台湾先住民,事实上是台湾岛上的少数民族,他们被称为"高山族",是因为原先主要生活在台湾山区(山地)。作为土著居民,他们长期保持着传统的生产和生活方式,甚至至今还保持着传统的语言文化和风俗信仰。由于各个民族的历史渊源不同,社会生活和思想文化有别,所以在长期的发展过程中表现出多样化的民族特点,成为中华民族大家庭中具有丰富文化色彩的成员。根据 2001 年 1 月份台湾公布的《原住民身份法》,台湾原住民人数将由原来的 40 万人增至 45 万人。由于历史上的各种原因,他们迟至明末还大部分处在与世隔绝的状态。除农耕外,还兼以狩猎、捕捞、采集为生。他们长期延续着原始氏族社会的生活,当然,也因其与汉人接触早晚和密切程度的不同,而在社会生产、社会生活和文化程度上,相互间有着差别。

第一节　先住民族简介

一、泰雅族(Atayal)

　　泰雅族自称"泰雅",其含义是人,居住于西南部雾社、太鲁阁一带的,则自称为"西迪克族人"。他们英勇善战,由祖地不断向东、西两侧,向北部发展,成为台湾先住民中人口最多、分布最广的民族。因其有着黥面的习俗,故又名"黥蕃";又因其住在台湾北部山岳地带,故又称"北蕃"。内分泰雅亚族和赛德克亚族。其下还有分支:泰雅亚族下分赛考列克群与泽奥列群,又分 7 个系统、22 个亚群;赛德克亚族下分 3 个亚群。他们居地辽阔,跨越 8 县,由南投县埔里山区至花莲港、新竹、台北县山区,几占全岛"蕃地"的 1/3。

部落多住在海拔 500～1000 米处山岳地带。其人口总数,1936 年据台湾日本总督府统计为 35600 人（其中男子为 17600 人）,1962 年有 5.1 万人,1991 年有 8.1 万人。在台湾少数民族中人口居第二位。因其居地辽阔,故语言风俗有差异,语言分三大语系:泰雅亚族与赛德克亚族、赛德克与赛考列克、泽奥列。

　　泰雅族是古代越族的传人,是最早从祖国大陆到达台湾的族群,保留古越族文化特点也最多。据说他们来台时尚不知制陶。传说他们以大霸尖山（海拔 3505 米,在今南投县仁爱乡）为发祥地。因有乌鸦和圣鸟来此祈祷诞生人类,有一巨岩突然裂成两半,出现一对男女,成为人类祖先;一说人类来自中央山脉白石山上的神石（这种神石可能与书载"山顶有越王射的,正白,乃是石也"或"越王钓石"有关）;还有传说是,一只红嘴鸟被恶鸟所追逐,逃难中,于某地身上起火,从火中出现许多人,遂为人类起源。

　　泰雅族男子从六七岁开始,便在前额中央刺上一条带状刺青（有的部落刺三至五条）;成年以后,便在下额部分刺青。前额刺青,以前是曾经参加过猎人头队或曾经斩过人头的人才有资格。女子刺青则在两颊,由耳下至唇部,刺上带状刺青,一般在适婚年龄时刺上。

　　泰雅族男子穿贯头衣,上衣无领、袖,垂至膝部,前面可以掀开;有的穿

图 13-1　泰雅族聚居房屋

无袖短上衣；有的穿有袖上衣，长及膝盖，也是前掀式。用兜裆布；也有用方布块披于身上，在肩上打结。女子则用宽布片扎在腰部，穿有袖长衣或短衣。也用方布袈裟状衣。用麻布，由原始织机（腰机）纺织，有平织、挑织、刺绣、贴饰、缀珠等技法，衣服喜欢红、黑、蓝三种颜色，夹织纹样有曲折、方格、条形、三角、菱形等。其贴饰的主要纹样是人头、人像和蛇形文。在特殊仪式上穿的珍贵的"珠裙"（即珠衣、织贝），是由羽毛织成的无袖及膝的上衣，用由贝壳研磨成的细小管玉（有的用橙、黄、绿三色小琉璃珠），串以细线缝在衣上，以为装饰。"珠裙"可做求婚下聘及买卖赔偿之用，是为贝币之一。族人皆赤足。

泰雅人分布较广，部落集中，分散居住。居高山者以木为房。中部、南投雾社一带住宅属半穴式，屋顶铺茅草或木皮。花莲和苗栗、台北一带多用竹子造屋，宅旁造谷仓、猪舍鸡舍、兽骨架、望楼、首棚（头骨架）等。泰雅族人以男嗣继承为主，家无男嗣则得由女嗣继承。有的实行幼男继承制，幼男以上男子婚后另立新户。死者葬于屋内，埋于自己所睡床底下，屈肢葬，盖石板并覆土，守丧一个月，不歌不饮酒。家有死人则生者搬离，另建新居。没有宗教，只信祖灵，认为可以保护子孙。

泰雅族人焚田耕种，种植小米、番薯、山芋和旱稻。也从事狩猎，猎取山猪、鹿和羌。农耕则烧垦山田，取轮耕制。

泰雅族人的传统信仰是祖灵崇拜，族人皆须遵守祖先的遗训与习俗、规范。有猎头习俗，有众多祭典，如祖灵祭、播种祭、收获祭等。祭司多由头目担任，女巫影响力大。男子（15岁以上）以猎头、女子以学会纺织为成人标志，成人后才可文身刺面，认为文身可以避邪并识别族人。族内禁止重婚和同姓、近亲（四世以内）结婚，举行抢夺新婚的仪式；聘礼用贝币、珠衣珠裙、布匹；婚时行"水誓"。婚聘对象除女子外，还包括其将来所生子女，如中部泰雅族之婚聘物须于生子后才全部交付（最初仅付一部分）。如婚后短期内女子死亡且未有子女，则免付所余聘礼。无资产男子可先入赘女家，待纳聘完了才带妻回家。历史上盛行猎头（"出草"）之俗，实行鸟占。其传统乐器是竹笛、木琴和"鲁布"（竹制口簧琴），善歌舞。

泰雅族是父系氏族制，子女从父居，小家庭（两代人）；家长实行长嗣（长男）继承制，兄终弟及。男子娶妻后即与父母分居，年老父母与小儿子同居，并由其奉养,遗产也由小儿子继承。一夫一妻,严格执行,不许离异（中部泰雅人）。若离婚,女方应偿还男方聘物。没有姓氏,人名常用父子连名。部落头目有世袭（长子继承）,联盟长由选举产生。长老会议决定"出草"、打猎、祭祀的时间,审判敌人与罪人。男猎女织,共同耕作。以猎首多少、刻工与纺织技艺优劣来评判男女地位。以粟、番薯、芋头为主食,渔猎、采集所获为副食。烹调用火烤、石焖、竹煮。不吃槟榔,嗜烟、酒。有尊老爱幼之俗。禁吃狗肉。

二、赛夏族（Saisiat）

"赛夏"是其自称,含义是人或血族。他们人数较少,应属早期民族。据统计,1926年总数为1689人,1965年为2857人,1989年为4345人、现在估计有5000人。研究者认为,他们的居住地原来分布较广,北自桃园、新竹,南至苗栗、台中,后因与矮黑人长期战争,互相屠杀,而人口大减。他们"消灭"矮黑人并占领其地盘后,又分别受东、西邻泰雅族和汉族、平埔族扩展地盘的影响,日渐萎缩,现只保留有新竹和苗栗两县交界处的小块山区,且分化为南、北两个族群:新竹县五峰乡的被划为"山地山胞",苗栗县南庄、狮潭乡的被划为"平地山胞"。由于自然环境的分离而造成两族群来往生疏,连矮灵祭也分别举行。半数人口分布在平地或丘陵。住在山地的北部族群,因与泰雅人为邻,多有接触,故受泰雅文化影响,逐渐改用泰雅语,有泰雅化趋势;久居平地的南部族群,则受汉族文化影响,大部分改用客家语。赛夏族人可分为15个氏族（其中12个氏族分属于5个联族）,各有自己的图腾和姓,如朱、赵、风、潘等。赛夏族是父系氏族社会,家长为家庭中之最年长者。家长死亡则年龄仅次者继之。家族共同居住,共同劳动,财产共有。父死子继。实行氏族外婚制,禁止同姓通婚,异姓如潘、根、风姓亦不得通婚。族内无酋长,只有长老,采取合议制,各姓分掌不同任务;由长老协调各部落间的纷争。

赛夏人受泰雅族影响,有刺青习惯:男子在前额与下颚部刺青,女子在前额刺青。男女皆在10岁左右穿耳洞、戴耳饰。成年后,男女皆要拔掉第二门齿,且要将眉毛拔成弯月形。部分地区女子以细线拔除脸毛。

赛夏族人的衣服装饰比较讲究,他们在人体头、耳、颈、胸、腰、臀、腿等部位,利用藤编、麻织、贝壳、琉璃珠、琥珀、人牙、猪牙等,琢磨编制而成装饰。衣服以自织麻布为主料,用色线挑绣纹饰,大多以红、白、黑三色编织。衣服种类有胴衣、背心、胸衣、腰带、披肩、腰裙、头巾、膝裤等,穿法依性别、年龄或祭典身份而不同。其"背响"之装与他族不同。居平地者与汉人无异,居山地者受泰雅族人影响较深。

居屋建于山腹地或小台地上,分散居住,以两三家为小聚落。传统的住宅是长方形木屋,建筑材料用竹、木、藤为主,因盛产竹子,故多用竹器。谷仓是干栏式建筑。农业耕作同于泰雅人的火耕,主要种旱稻、番薯、玉米、粟与芋头;居平地者种水稻。也从事狩猎和渔捞。嗜烟、酒。平时多素食,祭日或饮宴时享用菜类,有猎获时共食。家畜有猪、鸡。祭日食物有糯米饭、糕、粟酒、米酒。调味用盐、番薯、蜂蜜。

赛夏族看重生男孩,各氏族有名谱,长子常袭用祖父之名,其他孩子用祖先的不同名字,以示区别。婴儿两岁断奶,并举行祖灵祭。男孩 10 岁开始接受各种训练(包括生产、打猎、战斗)。满 15 岁行成年礼,进行"毁饰"(凿掉二齿、文身)。以往有猎首习俗,男孩饮"敌首祭"酒后才取得成年资格。男子 20 岁以后、女子 18 岁以后成婚。男家求婚,互换烟斗以示订婚,两三年后结婚。婚后夫婿留在岳家劳动(服役婚之义),到举行祖灵祭后携妇回男家。曾有过"姑换嫂"的交换婚。妇女无权,夫死须守寡,丧期过后回娘家。

赛夏人实行矮灵祭,这与菲律宾和巴丹岛上的矮黑人传说相一致。原为一年一祭,后改两年一祭,十年一大祭,流传了数百年。矮灵祭源自古老的传说:古时赛夏族与矮人簇隔大东河而居。矮人住山腰洞穴中,身材不足三尺,但臂力惊人,且擅巫术。矮人常下山教赛夏人耕种、歌舞及祭拜天地等仪式。赛夏人每年稻、粟成熟时,必请矮人点检谷物之结实,并共行祭祀,以卜丰收。由于矮人好色,常来调戏或用巫术迷诱赛夏族妇女,赛夏人不堪其扰,遂设计灭之。有一年在两族联合举行丰年祭时,赛夏人邀请矮人全族来做客。矮黑人高兴,喝得大醉,上独木桥过大溪时,赛夏人斩断桥梁,使之掉入溪谷而死,又将上岸的矮黑人全部杀尽。遗下一两个矮人逃向河流东方,行前在对岸大声诅咒:让赛夏人农田永远虫鼠为害,粟谷永不结实,遭大饥荒,并且全族被外族屠杀光。言讫逃逸。另一说赛夏族人由朱姓长老率领,推倒大树,使矮人悉数掉入深渊而亡,仅余下三人逃亡东方,不知所终。后来,赛夏族人由于发生天灾,便认为是矮黑人鬼魂作怪所致,为慰藉矮灵,并为感恩与祈福,乃举行矮灵祭。初时每年一祭,后改两年一祭,与丰年祭合并于稻熟之后十月中旬举行,且均由朱姓长老主持祭典。祭祀分迎灵、娱灵、送灵三部曲,前后六天,只娱灵部分可让外人参观。赛夏人的图腾崇拜是太阳与风,其精神象征是百步蛇。岁时祭仪先举行农耕仪礼,结束时举行祖灵祭,向祖灵感恩与祈年。赛夏人对善终者的安葬是呈蹲坐状,用布包裹,而后于当日下葬,用土填平,在墓边插竹、围石块。

三、布农族（Bunun）

　　该族自称"布农",也是人类之意。该族居住围绕玉山山脉海拔1000～2300米地区,是居住海拔最高的族群。他们以台中山区为主,包括台东县（2乡）、南投县（2乡）、花莲县（2乡）和高雄县（2乡）山区,其分布地区之广仅次于泰雅族。1935年统计,人口约18000人,1964年统计为24207人,1995年有40288人,居台湾先住民的第四位。其族源同泰雅族,也是古越人的后裔。他们自认为是在洪水之后从玉山（主峰海拔3952米）下来,迁移到各处的。又传说布农族原住在西部平原,以后才移住山区。自古以来,他们常为追逐猎物、游耕和战争而经常迁移。以火耕农业为主,也从事狩猎,猎取山猪、野鹿。耕垦用树枝绑铁刃为手锹,与泰雅人相同。在秋天收获季节,聚集在头目家里举行祭祀。以粟、番薯、芋为主食,次为旱稻、黍、玉米、高粱。饲养猪、鸡。

　　住房主要以石板、木材为建筑材料。所盖房子大,屋内又分床屋,以适应大家族聚居制度,一栋住十几个人,典型的大家庭有三四十人合住。采取两三户合聚的散村居形式。布农族个性强悍,长期保持猎头的传统。布农族是父系社会,子女从父居,父系长子继承,家长亦即家庭的司祭者。长幼有序,年长者指挥年少者。共同劳动,共同生活。由于数代同居,婚龄较低,故每户平均人口最多。家人死亡,屈肢葬于屋内地下,男子面东,女子面西;棺材用石板做成,上盖石板并填土。埋满时另建新屋。部族中集合数户为小氏族,集合数个小氏族为中氏族,集合数个中氏族为一个大氏族。全族共有33个氏族、6个同祖的族群,即峦社、卡社、丹社、卓社、郡社、兰社群。族内婚姻规定较严格,实行氏族外婚制:一是禁止与父亲所属的大氏族成员结婚,二是禁止与母亲所属的中氏族成员结婚,三是禁止与母亲所属中氏族女子所生的子女结婚。由于这些限制,所以会出现少夫老妻现象。男方向女方求婚,交换烟管以订婚,聘礼以货币及黑布、铁器为主。男家迎亲,在女家成婚。迎亲时,男女双方青年男子举行角力,而新娘佯作潜逃,是为象征性掠夺婚仪式。产子在家外。若离婚,女方应偿还男方的聘物。曾实行"姑换嫂"的交换婚。每年9月,族中行长子庆祝仪礼。

男子衣服以皮革为主,次为麻布,以黑、白、红为主要色系。装饰品较他族少些。男女都拔毛、穿耳、凿齿(十二三岁拔掉门齿左右之上前齿与犬齿)。

布农族人敬祀天神,同时保留传统的锄草祭、祈祷小米丰收祭、婴儿祭、打耳祭、夸战功祭等,祭仪很多,几乎每月都有。有祖灵崇拜,也敬山、河、土地(分别为猎、渔、谷)神,均为善神。祭典多表明他们崇信神灵。其巫术在先住民中公认是最灵验且最具法力。巫术分白巫术和黑巫术两种:前者为一般祈愿,驱邪求福;后者是专业巫术,用于复仇(报复)。此外还有许多禁忌:如小米播种、生长期间,禁吃甜食;小米收成之第一天忌吃中餐;只有在祭仪与庆典上才能喝酒;进餐时,孕妇先食,餐后即离席;猪头只有老人、儿童与未婚者才能吃,其他人不行;禁衣服反穿;盖房之地要先锄草,只有做得好梦才能起盖;出门打猎凭鸟鸣卜吉凶,且须天未亮出门。

其生命礼俗分九大类:怀孕、生育、命名、拔除、射耳、童子庆典、成年、死亡、婚姻等。祭仪有农耕与狩猎,最大的传统祭典是拜谷仓,在祭司家门前广场进行50天。五月间实行锄草祭,还有荡秋千活动。

四、邹族(Tsou)

原来称"曹族",平埔的邵族也出于邹族(从阿里山分出到日月潭)。"邹"、"邵"皆是人的意思。主要居住在中央山脉以西地区嘉义、台南一带1000~1500米河谷山坡(北至台中、南到高雄一带)。东与布农族接壤(玉山山麓),西与汉人为邻,南接平埔族住区。被称为"阿里山蕃"。

邹族原有43个氏族,现有29个氏族,共有18个社,可分为北邹族和南邹族两部分。北邹族分布在嘉义县阿里山乡、南投县信义乡,内分达邦、依姆兹、多福野、鲁佛多诸蕃;南邹族分布在高雄县三民乡、桃园乡,分加纳佛、四社蕃。据统计,1915年有26社村、140户、2391人,1930年有23社村、285户、2134人,1962年有14社村、567户、3275人,1991年共有6126人。现有人口约7000人。

邹族是父系社会，每一氏族有共同姓氏（共40大姓）。氏族之下有亚氏族，居大屋中，财产共有，祭仪、饮宴同处。北邹族分小氏族、中氏族、大氏族三个层次，各有所属。同一姓氏围绕一个核心家屋居住，几个亲近的大型家屋联成一个部落。各氏族长老组成部落长老会议。大氏族统治整个部族，长老中选祭司、刑官、军事首领、外务官，部落会议决定重要事务。酋长对外代表部落，对内为最高领导。各部族参加各大社的"库巴"祭典，"库巴"即各大社青年集会场所，是各部族结合的中心。会所前广场为祭典集

图13-2　邹族武士的皮帽皮服饰

会之处，有社树，树下为天神祭坛。在猎首或大型狩猎之前，聚会广场商议或分派任务、分配战利品。他们勇武善战，人少兵强。小社集会所是未婚青年男子住所。男子在会所学习修造武器猎具、参加守卫、学习礼仪等。男孩子从11岁开始接受严格训练，到十七八岁参加成年礼，入青年级；30~60岁为成人期；到60岁以上进入老年级。南邹族与此类同。邹族禁止女人干预政事、军事，也禁止妇女参加社交，只允许女人参加"农祭"。男人出入走正门，女人走侧门或后门。

服装以皮革为主，次为麻布、棉布。女子服装均以棉、麻制成，身上皆有衣饰。男子头戴皮帽，上插羽毛；胸部有斜挂的布衣，上有刺绣的方布；脚部有裙至膝；狩猎时小腿穿皮脚绊。女子穿长袖上衣，卷腰带至足部，带头巾，上有装饰。无刺青，有穿耳洞、带耳饰和拔牙（侧门齿和左右犬齿）、拔除脸毛等习俗。古代有猎头习俗，但无敌首棚。

房屋分家屋与会所。家屋用木材、竹子建筑，呈圆形，用茅草盖屋顶，墙用草或竹编。家屋大，成长方形。由数户或数十户组成部落，周围绕以树木。会所为干栏式建筑，是部落立法、司法和行政活动中心，也是训练成员的中心，向长辈学习各种事情。

邹族传统以狩猎为主,农、渔为辅,后改以农耕为主。农业亦用火耕,主种小米、旱稻、番薯、芋头,以小米、薯、芋为主食。

邹族人信仰人的灵魂,认为善死者灵魂会回到祖先居处。崇拜树灵和岩灵,奉老榕树为神木,亦如闽人的信仰。他们相信各种神祇(分善神与恶神)。岁时祭仪有播种祭与割祭。南邹族实行二年大祭,以"子安贝"为圣物(祖先分支纪念物);一说"子安贝"代表谷神,这是与邹族长期共同生活的矮黑人教给的祭典之一。邹族实行男嗣(长子)继承制。婚姻行一夫一妻制,氏族外婚(禁与父母双方的氏族成员结婚),部落内婚;由父母或氏族长老做主。婚后新郎在岳家服役(一两年或五六年)。也曾有"姑换嫂"的交换婚。男子十七八岁参加成年礼,更换衣饰,进入会所夜住,直到结婚。善终的死者葬于室内地下穴中,用屈肢蹲式或横卧式葬,随葬衣饰,填土盖石板,守丧、祭祀一周。

图13-3 邹族妇女服饰

邹族无本族文字,高雄一支的语言已被当地先住民同化。据神话传说,邹族起源于天神哈莫或女神尼福努在石英之山——玉山造人或种植人种。另外的传说是,邹族人因遇洪水而逃到玉山顶,与禽兽共处。后经神圣的祭仪,大螃蟹获得人们馈赠,之后便用大鳌夹住堵河的大鳗鱼,使其转身,洪水即得宣泄。邹族人便从玉山顶上下来,分迁于阿里山西坡和达邦、特富野,一部分循清水溪到平原,或沿陈有兰溪、楠梓仙溪转及曾文溪。其另一圣山是塔山。他们早期以氏族为单位,到17世纪中期前后,建立特富野、达邦、伊母诸、鲁富都四社,且都没有部落首长、征将、长老会议和男子圣所(公廨)。

邹族最古老的部落是特富野社,早期以梁氏为首长,以后陆续加入安、石、汪、高诸氏族。梁氏首长后因行为横暴,由勇猛的汪族所取代。17世纪时,该社最强盛,出现了英明的雅伊布谷和力大无比的蓑埃西,南征北战皆获全胜。

四社中延续至今的仅有特富野社与达邦社。

邹族各氏族因争夺猎场而时有征战,与布农族也有过多次激烈杀伐。郑成功实行屯田制,逐渐侵入邹族平原与山区土地,有汉番碑刻可证。清雍正以后,汉民进入邹族地,遂有吴凤事件发生。时值疫病流行,邹人死亡甚多,以为吴凤亡魂作祟,于是邹族停止对汉民"猎首"。在乾隆年间,邹族协助平息林爽文起义,被视为归化生番。邹族内部,在首长以下由祭司、征将、刑官分掌事务,长老会议是权力组织。族人有多神信仰,施行巫术以驱恶消灾。重要祭典有小米祭(即丰年祭)与马雅斯比祭(祭战神),后者演变为综合性祭典,包括迎神祭、男婴初登会所礼、成年礼、送神礼、妇女引火祭、家祭、歌舞祭等。与祭人员必须盛装,氏族长老则另戴臂铃。祭典由特富野、达邦两大社轮流举办,在邹族圣所库巴(男子会所)或公廨举行。每一村都有歌唱舞蹈团。其重要艺术创作是歌谣,多以词、乐、舞合一。其美食有小米酒、竹筒饭及肉等。无文身之俗,但有拔齿与拔除体毛的习惯。

五、鲁凯族(Rukai)

鲁凯族主要聚居于台湾中央山脉南部区域,高雄县(茂林乡)、屏东县(雾台乡)为其根据地,下淡水溪上游山地和台东山地(中央山脉的卑南主山、雾头山、大武山等)都在其控制之下。鲁凯族和排湾族以前被合称为"傀儡蕃",他们则皆自称为"山里的人"。鲁凯族共有 22 社,分 3 个族群(下三社、大南、鲁凯群)。全族 1962 年统计数为 6559 人,现在约有 9000 人。

鲁凯族是阶级社会,有贵族、平民之分。传说在洪水泛滥之后,社内地中生出两个男孩,一男孩与陶壶裂开所生女孩结婚,头目家及其部属都是其子孙。又传说古时一少女在石板屋顶拾吃一颗槟榔而怀孕生子,太阳称是其子,所以鲁凯人也

图 13-4 鲁凯族粮仓

崇拜太阳。他们认为,大头目等贵族由太阳所生。

鲁凯族行一夫一妻制,行嫁娶婚,长子承家,无男子则女子亦可继承。住同一家宅的人为一个家族,命名为家氏。家宅由长子(或长女)继承。社会分贵族、世族、佃民三种阶级。贵族(头目)有财产权,可要佃民交租、服劳役,世族可免租,佃民则须交租,但可有自己的财产。

鲁凯族造方形石板屋(室内用木材),有许多用石板雕刻的工艺品。东鲁凯(台东县卑南乡的大南群)用茅草盖屋顶。以屋内中柱为全家的守护神,柱上刻男性(也有刻女性)裸体雕像,摆石桌做祭台。族人服饰有等级限制,有日常衣服和节日盛装的区别。其主食以小米、芋头为主,还有旱稻、番薯、玉米、高粱等。此外,他们还打猎,饲养猪、鸡。鲁凯族人嗜好烟、酒和槟榔。

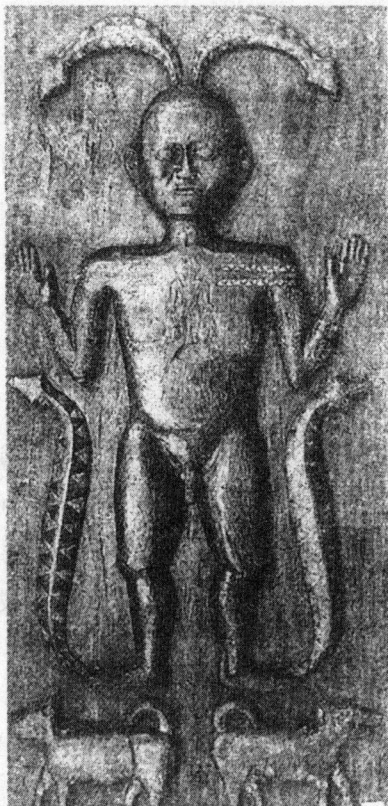

图13-5　屏东鲁凯族人祖先木雕像

鲁凯族因与排湾族融合,故习俗十分近似,文化内容很多也相似。他们共同崇拜灵蛇(百步蛇),认为百步蛇是头目家的祖先,青蛇为一般村民的祖先。他们见蛇则回避而忌杀害,由畏而生敬。他们都认为自己的祖居地是大武山,人死后要魂归大武山,死者下葬都面向东方。服饰多近似,有贵族、平民之别。他们都造石板屋,擅长木、石雕刻。鲁凯族人的头目,在家屋外的檐桁上雕刻人像、人头及蛇纹,可能表现其祖灵崇拜与猎头风俗。他们的雕刻中还有锯齿纹、相连菱形纹、竹节纹、金钱纹等,可能由蛇纹变化而来。鲁凯人与排湾人都重视长系继承,皆已进入封建社会。鲁凯人少用本族语,而多用排湾话;排湾人则甚少了解鲁凯话。鲁凯族人相信灵魂,但不举行五年祭(如排湾人)。鲁凯族无姓氏而有家名,头目家的家名具有相当的持续性,表示其地位与特权。其家名常有改变,同一家名有时不一定有血缘关系。

鲁凯人特别重视长子,因其可以继承家业。如家无男嗣,始由女嗣继承。女嗣承家则招赘夫婿,以女性为户长。男孩 15～18 岁进入青年期,禁止交女朋友,要参加成年礼并进入会所,接受严格的军事训练,以成为猎人与武士,至二十五六岁或结婚后才离开会所。实行阶级内婚制,以嫁娶婚为主,入赘婚很少。婚礼拟掠夺婚形式。新郎迎亲,背女方回男家,女方亲属结队送亲,第三天回门时圆房,后回男家。长子婚后仍留家中,次子以下于婚后另立门户。大多数为"阶级内婚",即头目之间、村民之间相婚。男方聘物多为铁器,如刀、锅、镰、斧、锹等,也有瓶、瓮等。头目之家则有古玻璃珠、古陶壶等。聘物于婚后女子怀孕时始归女家,否则不予。俗惩重婚之罪,以猪、酒谢罪。婚聘物的支付亦如中部泰雅族,即待生子后始全部交付。人死亦屈肢葬于室内穴中,侧身横卧(或直立式),后盖石板并填土。认为善终者魂归祖灵居住的大武山。

六、排湾族(Paiwan)

排湾族人广布于台湾南部山岳地带,屏东、台东两县 14 个乡镇。其人口数据统计,1915 年有 153 个社村、6621 户、30435 人,1930 年有 184 社村、6588户、32054 人,1939 年有 75 个社村、7344 户、43087 人,1962 年有 44769 人,1991 年有 81 社村、61253 人。与泰雅、阿美合称三大族群。排湾族内分两大族群系统,即拉瓦尔(拉巴鲁)、布曹尔(布兹鲁)系统。按居住地划分,可分为北部、中部和南部排湾。拉瓦尔系的中心部落是多亚社(大社),位于台东县大溪以南 900 米高地(屏东县三地乡北部),此地被认为是其发源地。南方的大部分部落属于布曹尔系统。布曹尔系统包括大溪以南、东港溪以北诸蕃社,其地域原称"布曹尔"。他们几百年来有过几次大迁移,自北部大武山逐步南迁扩大领域,有的往东迁移。传说他们的祖先来自北部山区包马麻克(意为故居),认为他们的祖先英灵在北

图 13-6 排湾族祭典用的蛇纹陶壶

部大武山上。

排湾族人认为其祖先是从蛇卵中孵出,蛇神驱退洪水,创造万物,繁殖人类。他们崇拜的自然神有日神、月神,认为太阳是人类生命的来源,月亮是掌握妇女生育之神。百步蛇神是其祖先崇拜的象征。其祖灵崇拜包括祖先和幽灵,认为祖灵住在大武山灵乡,是本族的保护神。相信人有灵魂,善死者为善灵,可以回到大武山,成为本族祖灵之一。

布曹尔排湾族有五年祭的祭典(称"马鲁瓦克",意为播种),五年一次,在布曹尔部族中全面举行,由北而南,由各地有名望的部落依次举办,最后又送返北方,其祖灵便回到大武山。这是全岛先住民最大、最著名的祭典。整个祭典长达六天。最后还举行猎人头仪式。

排湾族家族中实行不分男女系之长嗣继承制度,无长男则由长女继承。长嗣婚后仍留家中,旁系则分出另建新家,一般保持父子两代同居。家氏是家宅的基础,同一血族为一家宅,每一小家庭有着家名;由家宅分出家氏,而有了新家名(亦有因凶事而改家名者)。旧家宅是大家族。每个氏族(家族)都在住屋中间供有祖先刻像。长系宗家和支系分家世代延续,形成很大的宗族关系。排湾族以水源、集会所、道路为公产,土地由贵族瓜分,平民种地须向地主(贵族)交贡赋。排湾族封建制度即建立在土地与宗法阶级之上,这与周王朝的宗法制有类似之处。排湾族社群多分为头目(大头目、各社头人)、世族(军事头领、司祭、长老)、佃民三个阶级。头目阶级保有若干特权,包括家名。其长子继承家产,也继承家名,故地位高于他子。家名遂有表示家族地位的作用。其部落组织有以家族关系或以地域组织为基础的。部落须分世袭宗主与选举产生的两种,处

图13-7 排湾族妇女织物上的百步蛇纹

理公务则由不同的会议来办。

　　排湾族房子大部分用石板搭建,屋顶中央盖有茅草,家具也有用石制;东部沿海的多已汉化。死者也是实行屋内蹲踞葬法,死者面向东方。其陶制大口壶,在壶身和把手部刻有三角形的百步蛇图样。百步蛇是排湾族人的图腾,族人称之为"蛇精"或"长老",只有他们部落中的头目才能拥有。头目家屋檐下吊有雕刻人头或百步蛇像的木板,作为权威的象征。只有头目的玉袍上才可绣有人面或百步蛇头。有的头目在胸部或腕部有百步蛇纹和人头的刺青;头目家女子也有这种刺青,在手腕或手背。排湾族人

图13-8　排湾族家族中祖先神雕像

住家正面的柱子上多有人像雕刻。其器皿如竹木杯、木桶、木臼、木匙、木梳,特别是占卜道具箱与木祭罐上,都有蛇形和人形(人头)雕刻。排湾人的整木雕刻与福建武夷山悬棺中的龟形木盘雕刻有相似之处,因有猎人头习俗,故其头目家附近有收藏头颅的地方。

　　婚姻实行阶级内婚制。结婚以嫁娶婚为主。男方求婚、聘礼以铁器为主,有的用玻璃珠。头目阶层以古陶壶、古琉璃珠为重要聘物。完聘之日,新娘于夜间隐于田园小屋中,由本族人守卫。次日男方青年族人找到新娘,在进行格斗形式后由男方背出,新娘哭泣着再入屋中,而后始将聘物运入屋中,分配所杀之猪。(一说次日由兄弟背送男家举行婚礼)妇女怀孕,夫妇同守禁忌。生子按阶级名谱命名,长子出生有特别庆贺。若离婚,女方应偿还男方聘物。按婴儿、幼儿、少年、青年长幼分期,男子到十六七岁,随父出猎,有获则予庆祝,以贺成年。

　　排湾族因有阶级差别,故在服装颜色、刺绣上都有区别,盛装尤甚。衣饰限于贵族,有羽毛、皮毛、兽牙、贝珠、琉璃珠、鲜花等。其他尚有银、铜器饰及

各种体饰。男子着上袖上衣,盛装时还着裙子。其头目头戴皮帽(饰有豹牙),身披豹纹披风。头目家人还身挂夜光贝做的装饰。女子穿如汉式上衣,下着裙子,衣裳之上有的有刺绣;颈部戴玻璃珠项链。

排湾族人以农业为主,山区族人种粟、旱稻、番薯、旱芋、豆类、花生,并行狩猎;住海岸边的则捕捞、种水稻。食具多木制,有雕刻。嗜烟、酒与槟榔。禁吃蛇、猴、狗、鼠、猫、熊肉。

死者原行屋内蹲式屈肢葬,面向东方,现改室外葬。配偶或继承人服丧百日,直系近亲两月,头目则全社服丧五日。凶死者就地葬,行驱灵祭。

七、卑南族(Puyuma)

卑南族也称绿岛为"撒那散",认为自己是从那里迁来的。现在卑南族居于台湾东海岸、台东市以西平地之上。以前称"八社蕃"或"漂(彪)马族",

图13-9 卑南族少年会所

含义为我们,亦即人。他们可能自古常与紧邻的排湾族、鲁凯族人往来密切,部分甚至混居,故风俗、习惯也有相仿者。人口据统计,1915年为6村、1076户、6472人,1930年为6村、971户、4815人,1962年为13村、1981户、8435人,1964年为13村、10650人。卑南族共有八大聚落(社),清代又称"八社番",其中六社传说是石头所生,两社传说是从竹管中生的。另外,在东海岸太麻里和岛南端鹅銮鼻、恒春一带也有其移民。

据《台东县志》记载,元大德元年(1297),卑南八社头目马加特征服其他各社,被尊为

图13-10　台东卑南族左卑南溪河边跳祭典舞

大头目。又载,康熙三十五年(1696),台湾府派人招抚,封其头目文结。雍正元年(1723),大头目比那赖协助清兵镇压朱一贵反清起义有功,受封"卑南大王"名号,令他统领台东72社,故其社称"南王部落"。传说,明末清初,有汉人越过中央山脉,沿清代八通关古道进入卑南定居,教卑南人经商、农业及制造器物,并与卑南大头目女儿结婚,终使该族强大起来。卑南族大量吸收各族的外来文化,汉化最快、最深也最普遍,故其可考的原始事物较少。

各社中都有小集团,共用社内的祖灵屋和祭场(卡罗玛安),作为部落宗教和仪式的中心。族内实行母系氏族社会制度和家名制度,与北邻的阿美文化较为接近。氏族外婚制度已松弛,婚姻取入赘方式,田地、房子、猪等由母亲遗留给长女,只有槟榔树、牛、武器是父传子(一般是长子)。其生产是农耕兼打猎,主要粮食有粟、旱稻、番薯、芋等。嗜好烟、酒、槟榔。房屋分公用的会所、灵屋和私用的家屋。会所分为成年会所、少年会所。成年会所属头人家族,是部落的政治和军事中心;少年会所为圆形干栏式建筑。卑南族内实行年龄分级制,按年龄分阶级,男子约在13岁时加入第一级,进入少年会所,集中睡觉。每一年升一级,第二阶段再进入青年会所。少年会所和青年会所则为教育和训练的机构,青少年从中学习村内事务知识,接受战斗和其他训练非常严格。卑南人好勇斗狠,组织内的人均骁勇善战,且很团结,故势力十分强大。他们曾经征服和统治人数比他们多 20 倍的南部阿美人(居东部纵谷平原)达数百年之久。

卑南人的服饰有男女、长幼、阶级之别。男性以成年期最美,黑色上衣、短裤,有腰袋、槟榔袋,头目和祭司还有冠饰。女性亦以适婚少女最美,有头巾、花冠、项饰、腰带。卑南族是母系社会,实行长女继承制,但家长仅主家务,由男子主外边之事。有阶级内婚倾向,实行从妻居的招赘婚制,男子送头巾、槟榔袋给女子。允婚后,由双方舅父主持订婚,男方聘礼有土地、牛、车、铁犁、铁锅及槟榔、荖藤等。女方到男方会所迎亲,后在女家生活,但终生与本家(出生家)保持财产关系。妇女怀孕,夫妇共守禁忌。婴儿生后,第五日命名,如系长嗣,由家族行满月礼。人死,善终者行室内屈肢葬,头向西,亲友覆土盖穴,陪灵三夜,第四天到田间祭祀,第十天别灵。亡灵经过祭仪后成为祖灵。信奉天神、地神、司理神。实行与农耕有关的祭典(播种、收割)。实行鸟占,设有鸟占处。

八、阿美族(Pangtsax)

阿美族自称"邦杂(查)",意为人、血亲、民族、"同族"。阿美(ami)乃官方命名,卑南族称其为"阿眉",意为北方或北方佬。本族传说是从南洋一带(菲律宾群岛),或直接从南方岛屿撒那雅赛(今绿岛)迁来,已有 1000~1200 的年历史,先在秀姑峦溪溪口上岸并定居,有些部落民众向西沿溪到台东纵谷,北上到奇莱平原、花莲一带。有说阿美人从南方迁来,先经过兰屿,再到绿岛,后登上台湾东岸。可能是台湾诸先住民中之最后到达者。

现主要居于台湾东部花莲港附近的平原,即台东平原与中央山脉、海岸山脉之间的河川流域。因多居于平地且从事农耕,故被称为"平地蕃"。居住地多在一般行政区内,未被列入"蕃界",因此汉人也大量迁入。据统计,阿美族 1911 年有 4507 户、32783 人,1931 年有 5693 户、44187 人,1936 年有 83 个部落、5930 户、48200 人,1941 年有 7636 户、53774 人,1964 年有 13481 户、89802 人,1987 年统计有 12 万多人。现在估计有 13 万人,人数在台湾各先住民中居第一位。

阿美族分为五大族群:南势、秀姑峦(中部)、海岸、卑南(台东)、恒春阿美。亦有学者分其为北、中、南三群。

南势阿美或称"北部阿美",居台湾东海岸北部平原、花莲市附近,主要部落有里漏、薄薄、豆兰、七脚川诸社。秀姑峦阿美,居木瓜溪至秀姑峦一带,主要有

图 13-11 1900 年阿美族家庭房舍和推车

奇密、太巴朗社等。海岸阿美,居海岸山脉东侧,主要有新社、猫公社、大港口等。此二群阿美又称"中部阿美"。卑南阿美,居东海岸新港以南,主要有都历、加路兰、马兰、太麻里诸社。恒春阿美,居于台湾南端鹅銮鼻附近,由东海岸移民过去。此二群阿美又称"南部阿美"。

阿美族的诞生传说是:在很久以前,某地有一部落全体成员出海捕鱼。众人下海不久,忽发强烈大地震,山崩地裂,海水滚烫,导致绝大多数人死亡,仅有聪明的姐弟俩,驾着小舟逃生。经一周左右,姐弟俩漂至台湾东部拉瓦山上,海水渐退,他们发现陆地上残留的小芋苗及数粒小米,便小心地种植。十几年后,山芋、小米繁殖到二人吃不完。姐弟二人为繁殖人种,便结为夫妻,他们生育许多子女,一代一代繁育成一个部落。化仁村长期保留三只独木船,传说就是阿美族人始祖从海上乘渡的工具。阿美族的来源一说由于食物匮乏,从高山来到平原,学会栽种作物;一说是从南方海岛来,经过绿岛,在秀姑峦溪口登陆定居,后又分别向西、向北迁徙。

阿美人取大家族制,实行长女继承制。每户人口较多,住房也建得大,成长方形,家屋中心以大通铺为主,屋顶盖茅草,可住三四十人。南势阿美女子招赘成婚后,每独立成户,故为小家庭。主屋外还建谷仓、猪舍、捣米房等。家屋中央柱上设祖灵神位。各部落皆建集会所(公廨),会所比一般家屋大,且四面无墙。所内炉火日夜燃烧,以示随时警戒。会所前有供集会的广场,广场中有一祭坛和头骨架(敌首棚)。有的建有青少年宿舍,用木鼓以召集

众人。

阿美族社会自古有严密的组织,每一个部落都有自己的酋长和头目。居民分头目、长老、长老总代表、丁壮。头目非世袭,由居民选举产生,族内重大事情由部落会议决定。族人于50岁后进入长老阶段,不事生产活动,参与公共事务。阿美族是母系氏族社会,家庭以女性为主,妇女负责农事、家务、亲族事务并管理财产,由母系长嗣继承财产。并行母系族长制,以女人中之年长者为族长。男人协助女人处理宗族事务(公共事务),从事狩猎、捕鱼、建筑、战争等。男性实行严密的年龄级组织制度,长幼有序。组织形式为母系氏族社会制度,婚姻实行氏族外婚,采取入赘方式。青年男子在祭典或舞蹈时看中一女子,即偷偷送予槟榔等物以示爱意,女若应允,则回送烟草。双方以口琴或口哨联络,情投意合,则由女方向男方求婚,女方到男家服役(挑水、舂米、打扫房舍),男方如同意,则留吃晚餐,或送其回家。婚时女方到男家迎亲。男子出赘只带个人少许衣物,无"嫁妆"。男子只管劳动,无财产支配权,妻死则回自家,可再出赘。每个氏族有一共同姓氏,子女出生只是母亲的孩子,以母亲之名作为子女之姓(母子连名制)。氏族内部禁婚。氏族内共同劳动,共分收获。由几个或十几个氏族组成部落,部落之间有固定疆界,中心建会所。各氏族族长组成部落首领会议,选举部落首长,以承担打猎、猎头和战争的领导职务。对犯罪者的处罚有赔偿、放逐、殴打等等。

阿美男子遵行阶级制度(共分22级),自13岁开始入于集会所,受长辈教育及体力、技术、军事训练。三五年后进入上一个阶级。20岁时举行成年礼,每三年(有的七年)举行一次成年礼。青少年在集会所主要从事建房、修路等。族内老蕃(长老)有统治权。历史上有猎头习俗,以鸟占决定猎头仪式的开始时间。

阿美族人居于平原,农业发达,有的种水田。以水稻为主食,辅以旱稻、小米、薯、芋、豆和杂粮。善于烧制陶器,专由妇女制作。原先比较普遍运用石煮和竹煮法烧煮食物。居住海边的还捕鱼、煮盐。习惯嚼槟榔、吸烟。

阿美族人服装以麻布为主,常服简便,盛装讲究。男常服有皮衣、皮雨衣、麻布外衣、"丁"字裤,女常服有长袖短衣、短袖上衣、围裙。盛装时男有羽冠,女有珠冠。男女有额、耳、颈、腰等部位的饰物。男女各有精美的槟榔袋。女孩子传统服饰以鲜红色为代表,以素面为主;男子穿短裤,上身赤膊。手工艺品常用木雕器具,传统美食有山苏、笔筒树、山苦瓜、山芹菜等,也吃鱼和山堵肉。代表性食物有小米酒和麻薯。每一部落都有专属的巫师,借卜卦来决事,为人消灾、治病;后因改信耶稣基督,而使传统的信仰和祭祀流失。每年都举行丰年祭。本族无文字,神话故事以口耳相传方式世代流传。

阿美人的体饰有拔除体(面)毛、染齿(黑)习惯。阿美族的信仰是崇拜自然神(日、月神)、司理神(海、河、山、地及小米神)、守护神(女人信奉的是月神)及祖灵。他们相信人的灵魂,以善终者为祖灵,认为祖灵可保佑子孙。为祈求灵不降灾而举行祭典,以祭洒和牲礼来消灾。在祭仪中跳舞以娱神,可以豪饮。对酒器"迪娃斯"敬畏有加。人死后,以盛装葬于室外,头向北方,脚朝南方,象征是由北向南发展的种族。

九、雅美族(Yami)

雅美族人自称"达悟",意即我们、人,"雅美"是他称。雅美人肤色棕黑,发黑,唇厚,男女皆赤足。居于台湾岛东南方的红头屿上(现称"兰屿"),他们称该岛为"人之岛"。其东南方海面上有小岛称"小兰屿",雅美人牧畜于其上。兰屿岛上多高山,雅美人在山麓沿海建有六社:西岸蕃社(红头、渔人、椰油社),北岸蕃社(朗岛社),东岸蕃社(东清、野银社)。据统计,1927 年有 1619 人,1962 年有 416 户、1560 人,1975 年有 2464 人。现在估计已超过 4000 人。

雅美人住家建于海岸边近溪的高台地上,半地穴式房子,周围石墙,屋顶盖茅草。屋内阴暗,也有炉灶。他们善作陶器,也擅木雕。主要从事捕鱼、农耕。男人出海,女人主要从事农耕。其农作物主要是粟(旱田)、水芋(水田)、番薯、小米等。以飞鱼为主要副

图 13-12　兰屿雅美族半地穴式房子

食。饲养猪（小型野猪）、鸡，放牧山羊。不吸烟、不喝酒，嗜食槟榔。他们有很高的造船技术，用长刀、短刀等作工具，可造独木舟与大船。所造船只雕刻精美，色彩斑斓，富有特色。其木柱、船板雕刻文样有曲折、锯齿、菱形、圆形和人像文。

雅美人分一年为三季，与捕捞飞鱼活动有关。他们在海上捕飞鱼，夜里点火把出海，借火光引飞鱼上船。他们对鱼的分类与人类相同，分为女人鱼（好鱼）、男人鱼、老人鱼（二者为坏鱼）及小孩鱼（好鱼）。好鱼众人皆可吃，其他则分别只有男人、老人、小孩（及小个子者）可吃。

雅美族是父系氏族社会，妻从夫居，财产由长子继承。子女婚后均另屋别居。以建家始祖所繁衍的男系（父系）继嗣群为亲族群。每个村社有2～8个亲族群。亲族群中推出族长和部落头目。族内基本平等。他们没有姓，只有名。

雅美人信仰天神（及日、月神）、司理神。相信人死之后灵魂会变成恶灵害人，常举行袚禳之术，以求免祸。其祭仪多为农耕与捕鱼两大类，有祈年、播种、尝新、收获、收藏、丰年和飞鱼祭仪。他们对捕捞和煮食飞鱼都有一套禁忌和祭仪。出海前，渔人们要带着食物入住共宿屋，禁止妇女到海边或接触渔具。以大船在夜间火渔，而后由个人在日间船钓。

图13-13　兰屿雅美族芦草及竹子建造的房屋

雅美人自称来自菲律宾北部小岛巴坦（又译"巴丹"）岛上迁来。野银社人来兰屿最晚，与巴坦岛人还有亲戚关系。他们与巴坦岛居民语言至今仍可相通，考古资料如瓮棺葬、玻璃珠等两地也相同。其磨制精细的凿形石器（石斧）则与菲律宾吕宋岛上出土的很相似。其红陶、倒钩矛与金制品都可能来自菲律宾（阿美与卑南族居地亦如此）。雅美人与巴坦岛上人以前还有来往。

该族传说，在太古时代，从南方来一神人，先创造了小兰屿，后再造兰屿。之后返回南方，不久又回到兰屿。神人在柏布特山顶触动一块巨岩，引起海啸，天地共鸣，全岛震动。巨岩轰然破裂，从中跳出一个男神。神人又在西南方竹林中摇动一根大竹子，又引起海啸、岛震，跳出另一位男神。神人创造石、竹两男神后又回南方去。石神与竹神情感融洽，如一对夫妇。一天，二神共枕而卧，膝盖互相摩擦，石神右膝产一男孩，左膝产一女孩，竹神也各生一男一女。孩子长大后，石神的一对男女互相配合，竹神的一对男女也互相配合，彼此又生若干男女。他们就是雅美族的祖先。

雅美人服饰简单，男子常服"丁"字带，女子穿片裙、麻布背心，下围腰布。盛装时，男子戴银盔、银臂环、鱼皮铠甲，胸挂饰物，佩礼刃；女子有耳、颈、胸饰和手、脚环。雅美人不穿鞋。服饰都与巴丹岛上的先住民一样。雅美人行嫁娶婚，由父亲做主，过去有幼年订婚之俗。男子十六七岁、女子十四五岁以后，可互相交游，自择对象，男家向女家求婚。男家带水芋、槟榔及饰物到女家迎娶。婚后进行试耕（婆母带新娘下水田试耕）和贝占（婚后第三天，男家父母带新婚夫妇到海边拾贝，以卜吉凶）。新婚夫妇在妇女分娩时另搭盖小屋，与父母分居。

第二节　先住民风俗

一、生产习俗

（一）原始农业

高山族过去的农业种植技术还很原始。焚林辟土，烧垦锄耕。不知施肥灌溉，不知历法与牛耕。待山花而播种，取熟禾则拔穗。种旱稻、豆类、胡麻、番薯、芋头等。

　　野番（鸡矩番）食宿在树上，以狩猎为主；生番掘洞累石成穴而居，种植芋薯，捕鹿为业，以短刀、尖石、木棒为农具。钻木取火，烧烤薯芋。熟番居于平地，又先得汉人帮助，农耕为主，狩猎为辅，以竹木与茅草盖房，喂养鸡、猪、犬。种植稻、麦、黍、豆，牛耕镰割，土地休耕。妇女农耕，男人狩猎，也有男女同耕共作。集体所有，共同享用。生产时有互助习惯。

（二）狩猎

　　高山族人多以狩猎为主要副业。阿美、卑南人每年举行一两次团体狩猎。他们称狩猎为"出草"，出发前举行梦占或鸟占。以弓箭、标枪、火药枪、刀为猎具。有器猎、焚猎、诱猎、陷猎之法。猎获物平均分配。

（三）捕鱼

　　高山族人也善于捕鱼。阿美人在河川、海上捕鱼，善垂钓。雅美人专在海上捕鱼。善造渔船，分类食鱼。捕鱼用弓箭、刺、叉、网及镖枪等。共同分配，先老后幼。

（四）手工艺

　　高山族人的工艺主要有纺织、编篮、刳木、削竹、制陶、制革等。所用工具很简单，除纺织机外，只有小刀、手刀、斧、凿、钻等。此外，阿美人制盐、邹人榨油、雅美人冶铁和冶银工艺，也各有特色。高山族人绘画、雕刻的装饰艺术特色鲜明。其图形多为相对称的几何形，如排湾人主要题材是人与蛇，其次是鹿。由于审美需要和长期流传变异，这些形象逐渐图案化、纹样化。他们的装饰题材可以分为绘画文字、标记图案、种族标徽、门阀标记、宗教标徽等。高山族的雕刻艺术比较成熟。排湾人的木雕艺术最为发达，其家具、生活用具、纺织品、房屋装饰皆有雕刻，纹样有单一与复合排列的区别，特别是蛇纹的变化极为复杂。

二、生活习俗

（一）饮食

　　高山族人历来或以渔猎为主，或以农耕为主，辅以渔猎、采集。其主食历史上各族有所不同，或以旱稻、粟、芋、薯、玉米、豆类为主，或以鱼、兽肉为主，而后逐步发展变化，主副食内容更加丰富。水果类也不断增加。赛夏人喜食糯米糕；布农人副食多腊肉、肉干；卑南人调味品较多,盐、糖、蜜、姜和辣椒等,副食有熏肉、咸鱼、咸菜；阿美人在农闲时捕鱼捉虾以佐餐,水果有柚子、菠萝、椰子和面包果；雅美人以芋、薯为主食,品种甚多（甘薯 10 种、薯蓣 8 种、黑芋 9 种、水芋 8 种）。邹人、布农人烘烤鱼、肉以食。高山族人饲养猪、鸡、狗,但不轻易宰食,猪以祭祀,鸡以待客,狗用于猎。平时素食,生活俭朴；节庆祭祀之日,则倾尽家中所有,聚众饮宴,醉饱而止。为结婚、生育、建屋、耕种、敬神会友,均会供人饱餐,并有歌舞欢娱。饮宴、酒食、歌舞是其饮食文化的一大特点。高山族人大多嗜酒好饮,且边饮边舞。以善织布、会饲养、擅酿酒为判断妇女贤惠的标准。酒有米酒、粟酒、薯酒、黍酒与薯蓣酒。他们的烹饪方法,通常有炊煮、烧烤、蒸馏 3 种。

（二）住房

高山族人建房依自然和地理条件,有在地上、地下、桩上或板岩建屋之分；依照建材,有木、竹、茅、石及地下屋之分。泰雅人住小型长方形木屋,排湾、阿美、卑南人住大型木屋,赛夏和部分泰雅人住竹屋,鲁凯人和部分排湾、布农人住石屋。他们建房择地和式样皆不相同。赛夏人建房于平坦的山地,布农人建房于险峻山岭的腹地,邹人建房为矩形或椭圆形,排湾人建板岩屋于山腹斜坡地上,鲁凯人建房亦用板岩和木材,卑南人建屋是茅顶竹壁,雅美人建屋入口向海。排湾和鲁凯人贵族住屋十分讲究,立柱、板壁和屋檐、槛楣均有美丽的雕饰。排湾人立柱雕祖像、百步蛇,其他装饰有人头、鹿、猪及各种几何纹。

（三）交通

古代高山族人为渡越江河湖海,最初用的是独木舟、竹筏等,后来还有匏器、艋舺（独木舟）、木筏、帆筏等。阿美人还保留有古代方舟（方形独木舟）。雅美人的渔船建造得十分精美。

（四）嗜好

高山族男女老少（除雅美人外）都喜吸烟,各族人都以吸烟为成人的标志。布农人禁止儿童和未婚少女吸烟；阿里山邹人禁止 40 岁以下男人和非老年妇女吸烟,卑南人也规定男子 40 岁以上才能吸烟,女子极少吸烟,阿美人也有同样习惯。其所用烟斗都用竹根或木料制成。部分台湾先住民喜欢嚼槟榔,主要是在卑南、阿美、排湾和雅美人中有嗜好,中部以北的高山族人无此习惯。

三、服饰与体饰

（一）衣服

高山族人早期用兽皮、树皮及自织麻布作衣服。色彩浓烈,有的加纹饰,有的加贝壳珠。男装大体可分以下几类:北部地区,泰雅、赛夏、阿美人以麻布为衣料,上衣大多是无袖裳,长者过膝,短者遮腹。中部地区,邹人和布农人比较考究,衣用鹿皮,脖挂胸袋,袋绣花纹。南部地区,排湾、鲁凯、卑南、阿美人上身穿对襟长袖衫,腰系围裙,高贵者穿套裤;雅美人因天热,以“丁”字带遮蔽下身,或衣双襟短背心。

女子服装:较男子的色彩鲜艳,修饰繁缛。北部地区,女子穿着对襟长袖衫,前后襟只遮住胸和背部。腰缠裙子,有单式裙、左右双式裙、竖式长裙。胸前有斜方胸衣,也有穿汉式肚兜。布农、排湾女子穿长衣窄袖、长裙或围裙膝裤。雅美女子同男子,上身穿背心,下身围一腰布,冷天才用方巾围裹。高山族人的衣服也依民族、地区及男女老幼而有不同。

泰雅人纺织技术最为发达,可用麻线与不同颜色的棉线、毛线夹织。布农人男子戴皮帽,穿鹿皮背心,披皮披肩,套皮袖套,穿皮套裤。邹人鹿皮帽制作别致,卷放自如,可以护脑;老人衣长及膝,红里黑面;女子上衣以白棉布缝制,领、袖、襟边镶花边,腰裙则用红绿颜色。排湾人衣服显示等级差别,贵族衣服加色彩鲜艳的纹绣,节日庆典之服区别更甚。卑南人男子成年之服为黑色对襟五扣上衣,黑色短裤的前档与裤脚均绣花边,头目家的成年男子须穿套裤,前腿部用红、黄、黑三色绣线挑绣,腰系缀有刺绣及加饰穗的槟榔袋;头人和司祭帽上插有鹰羽,头肩皆有饰带;女子成婚期用花头巾折成三角扎在头上,肚兜折成三角形,每边加绣饰,下部有夹层口袋,膝裤用黑或蓝色方布束在小腿上。阿美人按不同年龄穿衣,婴幼儿穿无袖长衣;少年时,男的穿短裙,束腹带,女的穿短襟上衣,裹腰裙;成年男子有帽、头巾、长袖内衣、无袖上衣、胸衣、套袖、腰裙、腰带、套裤、皮披肩,女子有头巾、内衣、三角形胸衣、腰裙、腰带、膝裤,老人一般穿黑色衣裤,戴挑绣羽冠,穿排绣长袍与红羽披肩。

因此,从服饰看,高山族服装与祖国大陆南方的少数民族有许多共通之处或共同特点。随着社会进步与人际交往的加深,台湾先住民的服饰也在不断汉化与趋时。

高山族人十分注意衣服的颜色搭配、花纹与图案装饰,并注意运用织绣、刺绣、夹织、贴饰和缀珠等技术，以加强服饰的色彩、花样。平埔人的织布技术接近于汉人织锦做法。泰雅、赛夏人的刺绣常用夹织和珠贝缀饰。排湾人刺绣图案精致，色彩和谐，其夹织并附排绣，纹样多变化。泰雅人夹织技术高明，纹饰繁缛，色彩鲜艳。泰雅、排湾、鲁凯、卑南人喜用色线夹织，花纹多样。鲁凯人学汉人用斜纹（或平纹布）绣，以直线、锻面、链形绣为特点。鲁凯与排湾人还流行贴饰，反差效果好。有的制作珠衣、珠裙，更显精彩华贵。

其帽盔常插鸟羽、鹿角钗，或戴羽冠，包头巾。鲁凯族少女好戴花冠；雅美人戴银盔，并有缀着各种饰物的额带。其耳饰有竹、骨、贝壳制品。颈饰多用贝珠，也有用鱼脊椎骨的。胸饰有贝珠、玻璃珠、野猪牙等，声色俱佳。臂环、腕环是用贝、牙或金属（铜、银）做成。腰带常配流苏。藤编麻布腰带，串有珠贝或铜铃。脚饰则有珠串和铜铃，裹腿布饰有各色花纹与流苏。赛夏人指环多用银或黄铜制成。排湾人的肩饰有银币、玛瑙、铜铃、玻璃珠等。雅美以银盔为家宝。

（二）体饰

台湾先住民中，北部地区人有黥面或文身的习俗。文身又作"刺墨"或"扎青"。泰雅、赛夏人刺墨于额部、颐部、颊部，称为"黥面"，清代因而称其为"黥面番"。文身是成年的标志：男子结婚前后要文身，女子结婚时在嘴旁两颊刺文。男子文身以示勇武，文身的花纹也表示等级、身份。卑南、鲁凯的头目家人为表示尊贵而文身。排湾人亦以文身而显示尊贵，有的未到成年即文身。布农人也有文身。阿美人无文身习惯，但有人用炭火炙身，以示勇武。

先住民还有身体毁饰的习俗，如凿齿（拔牙）、涅齿（染黑齿）、穿耳、拔毛等。泰雅、赛夏、布农、邹人男子，有拔去左右第二门齿、左右门齿（或大齿）的。拔牙的目的，有的认为是为美，有的认为是以示成年。平埔人男女青年拔牙互赠，以示成年并缔结婚姻。涅齿流行于阿美、卑南人中，他们无拔牙之俗，但因嚼槟榔而全部染黑牙齿。平埔人大部分也以涅齿为美。

先住民中原来男女都穿耳，后来男子少见。穿耳为在耳上悬挂饰物。由父母针刺，在婴儿时期进行。其耳饰用竹管、贝壳、海螺、木环、铝盘等。平埔人穿耳原来还要不断扩大耳孔以使耳垂下坠，有及肩者。

拔毛习俗也很普遍，男子拔胡须，女子除脸毛，有的除去额毛。阿美、卑南男子有修拔眉毛习俗，以示成年；女子则没这习俗。

四、婚丧习俗

（一）婚姻

先住民通行一夫一妻制的个体婚,禁纳妾与近亲通婚。婚姻多由男女自由恋爱而成,男子婚龄在十七八岁至二十一二岁间,女子十五六岁以后。婚姻形式有嫁娶婚、招赘婚、服役婚、交换婚等。招赘婚,男子出嫁到外氏族,世系从母系计算,由女子继承。这在平埔人中极盛行。实行嫁娶婚的有泰雅、赛夏、布农、邹、鲁凯、排湾等族人,其中男子出嫁、女子出嫁的都有,阿美人和卑南人的某些地区两种方式并行。母系社会的阿美人,在婚前女子赴男家劳动;邹人是父系社会,男子婚后要随妻到岳父家干活,待生一个子女后返回。邹人和布农人有的实行交换婚,赛夏人也有此形式,即汉人所谓"姑换嫂"。父系社会的泰雅、邹、布农和排湾人,还曾有过抢掠婚的遗俗。这种掠夺婚以男女互相爱悦为基础,是象征性的佯抢。

先住民婚姻自由,男女到婚恋年龄,即让他们自由择偶。父母为女子构屋独居,或让住女子专用的公廨。青年男子到屋下吹口琴、鼻箫,或送鲜花,女子有意则下来谈情,或同居。泰雅、阿美、卑南人风俗与此同。排湾人风俗是男子到女方求婚。卑南男子求婚送一束槟榔于女家,女家又送还,如此反复以示慎重。阿美人男子求婚有的送仙檀木、烟管到女家,看其收否以作判断;有的争送相思木,看谁送得既多且快而作决断。订婚仪式为取得公众承认,男家送聘礼（包括吃、穿、用的与钱币）到女家,行定亲礼,此后要办一连串酒宴,以示庆贺。阿美族男女互相求婚。先住民中幼年订婚之俗颇盛,雅美人幼女未满14岁即订婚,邹人男孩才四五岁即寻偶。其结婚典礼极为隆重,一般连续几天,婚仪上歌舞不断。排湾族女子出嫁有"哭嫁"之俗,且有再三"出逃"之仪式。卑南和阿美人婚俗为"望门居",男方送槟榔及衣服至女家,女家不让进房,等到五更后才让进屋,天亮仍回会所。待新娘怀孕后,男子才正式入赘女家。布农人订婚是男方挟持女子,双方以格斗或摔跤决出胜负,取得女子。

（二）葬俗

高山族人相信灵魂不死,故都祭祀祖先。他们分灵魂为善灵与恶灵两种。恶死者为恶灵,草草收埋;善死者为善灵,葬礼隆重。葬具有木板、石板、窑缸、竹棺等。或葬于屋内,或葬于屋外、山上,以生前衣物、器皿殉葬。葬式有裸葬、棺葬、缸葬、坐葬、横卧葬等。兰屿岛雅美人还有崖葬习惯。

五、社会风俗

（一）社会组织

台湾先住民的社会组织中,普遍实行男子年龄组织制度,除泰雅、赛夏、雅美人之外,其他先住民（包括平埔人）都有这种组织。年龄级是按年龄长幼来区别男子在部落社会中的威望。男子从少年起被组织于氏族社会中,进行严格的教育与训练,直至成人。一般的年龄级是按长幼分为幼年、少年、青年、成年、老年五个时期,其中幼年、老年期可不受组织约束。另一类分级是有专门级名的,有的分级极细,多达20级以上。

高山族男子按年龄级集中在公廨（即会所）内,接受教育、训练。会所又是部落活动的机构。布农、邹、排湾、鲁凯人都是单会所制（一个部落一个会所）,阿美、卑南人实行多会所制。南势阿美人公廨是长方形干栏建筑,门口悬挂木鼓,用以召集开会。公廨前有广场,供集会、舞蹈。布农人、鲁凯人公廨也是干栏建筑。公廨禁止女子进入。自从荷兰人、日本人入侵台湾后,公廨逐步变成"土官"和"通事"的办公、会议场所。

高山族人的社会组织最基础的是氏族,由氏族组成胞族,由胞族形成部落。泰雅人有过部落联盟。他们以血缘为基础,结合地缘而结成"社"。清代对"番社"有大、小之分,分社基于部落（血缘）、猎团或祭礼团、地域（地缘）等三种原因。部落内以长老会议为权力机构,酋长执行政务,巫师为精神领袖。平时各部落互不干涉。部落酋长（土官）由选举产生。泰雅族头人分世袭、门阀两种,世袭者由长子继承,兄终弟及,或选贤能者;门阀领袖是由祭团中的族长担任。土官和一般氏族人有很多区别,部落头人开始出现以抽取农作物、聘礼形式进行剥削的现象,归化清廷的酋长则要征贡催徭。

先住民族的财产制度各有不同,阿美、赛夏、雅美、泰雅、邹人属于公有制,但有个人财产、家庭财产、氏族财产、部落财产之分,泰雅人甚至有部落联盟财产之分（如森林、猎场、渔场等）。排湾、鲁凯人属于头人私有制封建关系;部落片内所有自然财产归头人家所有,头人据以向社民征收租赋、征发劳役,佃民财产只有家屋、自垦田地、日用品。卑南人的土地财产未完全私有化,土地等属公廨所有,另有家族财产和个人财产。先住民在族内遵循习惯法以为生活准则。

（二）命名方式

先住民传统的命名方式有连名制和从子名制两类。连名制常见的有母子、父子、氏族、家属连名数种。台东阿美人盛存子女名后连上母亲的名,特别是女儿。泰雅、赛夏人则是父子连名。布农人和邹人是在本名之后连上氏族名。卑南人、排湾人、鲁凯人实行家屋连名,即在本名之后连接所居房屋名称,而家屋名是一家一户的专名。雅美人与其他先住民不同,出生后取幼名,待成年后在幼名前冠"西",实行以长子名为中心的从子名方式。他们通过连名辨认,可以防止近亲结婚。所以亲子连名具有辨世系、认亲疏的作用,而家屋连名则有分等级、别门第的作用。

（三）氏族世系

先住民的阿美族人保留着比较完整而典型的母系氏族社会生活的基本规则与习惯,如:氏族为基本亲族组织,实行母系外婚制,男人入赘成婚,子女从母居,尊母亲（大姨母）、外祖母为家长,受舅父监护,子女与母亲连名;对外自称须连母系氏族之名,男子婚后仍保持与母亲（母族）的关系,母系继承财产,长女有优先权。同一家族成员同吃同住,财产共有,赘夫为妻方劳动及尽义务。

（四）传统节日

先住民各族根据自己的生产和生活传统,都有自己的传统节日和庆祝方式。平埔人在汉化以前的农事祭祀（粟作祭仪）主要有祈年祭、播种祭和收获祭。阿美人的主要节日则有祈年祭、粟播种祭、粟收获祭、开仓祭、祖先尝新祭、新年祭。排湾人无专门节日（除五年祭外）,但遇成年、结婚、丧葬及战争,则以集体活动形式举行庆典。布农人则实行月祭,每年从冬月（阳历10月）算起,每月都有传统的祭祀活动。冬月（新月）酿酒,行敌首祭与猎祭,其后依次为开垦月、追走月、试播月、播种月、除草月、被襄月、射耳月、收获月、儿童诞生礼月、入仓月等。雅美人传统节日以渔祭（飞鱼祭）为主,以农事祭为辅。其渔祭分飞鱼祭、招鱼祭、渔家祭、初渔祭、鱼干收藏祭及飞鱼终食祭等一系列祭祀活动,贯穿渔捞生产的全过程。赛夏人除农事祭、祖灵祭外,以矮灵祭最具特色。矮灵祭分为迎灵、延灵、娱灵、逐灵、送灵五个部分,每部分用一个晚上,中间娱灵为本祭,从头天日落西山开始,至次日太阳升起为止。全部祭期为六天。泰雅人农事祭主要有开垦祭、播种祭、除草祭、收割祭、新谷入仓祭、开仓尝新祭等。卑南人的农事节有粟播种祭、粟收割祭、粟入仓祭、农神的尝新祭、稻播种祭、稻收获祭、稻入仓祭等。近海的卑南人则在海边建屋设供台，祭海以求风雨；近山的则在山边设供台，以祭祀山神、田神。邹人的农事节分为播种祭、除草祭、收割祭、收藏祭和稻作祭等，祭仪中伴有盛大的舞蹈活动。鲁凯人与排湾人的传统节日都以集体活动为主，主要反映在成年仪式、婚姻和丧葬之中。

（五）音乐与游戏

台湾先住民酷爱音乐，他们利用简单的乐器如口琴、竹琴、弓琴、竹鼓、竹笛、臂铃、拍板、杵等，弹奏出优美的旋律。赛夏人的矮灵祭祭歌是典型的古谣，曲调具有浓厚的民族特色。排湾、鲁凯、卑南人因彼此通婚多，故音乐曲调颇相似。排湾、鲁凯人的祭歌、俗谣，略似汉人之羽调、商调；卑南人的俗谣，多羽调化曲调，很动听。阿美人婚礼中音乐以竹筒扣地发声，如鼓鸣。高山族的歌曲大体为祭歌、酒歌、劳动歌。其传统民歌类型分劳动歌曲、生活歌曲、习俗歌曲、节止歌曲，内容丰富，体裁多变。歌曲大都曲调优美，旋律动听。他们还有相当部分即兴编词歌唱的音乐，还因语言、习俗的差异而形成风格独特的声乐。有独唱歌曲，也有多声部合唱歌曲；有对答式，也有轮唱式、对位式及平行重唱。高山族人男女老少都喜爱民歌，而这些歌声伴随他们走过一生。高山族歌谣按内容划分大体可分为劳动歌（农耕、捕鱼、狩猎及其他劳作与战争）、生活歌（迎送、酒宴、新年、婚丧、祈祷、感情、童谣、人生、游戏）、祭典歌（祭祖灵、猎物、生产、成年仪式）、叙事歌等。这些歌谣大多仅有歌词而无曲谱。高山族人能歌善舞，以歌舞传情达意，以歌舞娱神贺节，往往歌、舞、宴三位一体，娱人亦以自娱。舞蹈主要分祭舞、酒舞、模拟舞三种。以半年祭歌舞规模最为盛大，全部族人参加。其他祭仪与喜庆仪式也都有歌舞，而且大都是集体舞，因为源于生产与生活，所以朴实无华，不造作，歌舞结合，大多不用器乐伴奏，且多在月明之夜进行。他们的舞蹈属于原始舞蹈，男子舞姿健壮有力，歌声爽朗粗犷；女子舞姿柔和优美，歌声委婉娇细。《隋书·东夷传·流求国》曾记载，流求人（高山族先民）"歌呼蹋蹄，一人唱，众皆和，音颇哀怨。扶女子上膊，摇手而舞"，描述颇为形象。

高山族人性格爽朗，也爱好并创造各种游戏。平埔人与排湾人盛行刺球游戏，传说是源于原始的猎头习俗，卑南、鲁凯人也有之，平埔人汉化后，演变而为以藤丝编成的圆球代替敌首,其他则有以柚果代替的。平埔、邹、排湾人还有打秋千的习惯,古代称为"飞天"。排湾人结婚时也以荡秋千助兴。平埔、阿美和卑南人在仪礼、祭典上还有举行赛跑以为游乐。平埔人以训练青少年跑步而利于狩猎、战争,并以赛跑择偶。

(六)宗教信仰

高山族人保持着原始的宗教信仰。平埔人相信灵魂不灭,崇拜神灵,定期举行仪式,进行献祭和祈愿。他们有精灵崇拜、自然崇拜、图腾信仰、咒术崇拜、祖先崇拜和占卜活动。雅美人举行驱除恶灵的仪式,以摆脱恶灵的纠缠。泰雅人相信祖灵会保佑自己,其祭祀活动和仪式多是祈求祖灵帮助和怜悯。从原始宗教心理出发,先住民有许多禁忌。他们多视孕妇为"不洁",故孕妇有许多禁忌(禁食、禁行),违禁则被视为冒犯神灵。在农事、狩猎活动中,也有许多禁忌;在祭祀中,更有许多禁忌。禁忌成为各民族约定俗成的习惯法。

先住民各族盛行占卜,如"出草"、出征、祭祀、建筑、开垦等重大活动,必先占卜以问吉凶。占卜方法有鸟占、梦占、水占、竹占、草占、瓢占、饭占等。泰雅人行鸟占,赛夏人盛行水占,阿美人和卑南人多行竹占,另有部分阿美人流行草卜。布农人"出草"用饭卜。高山族人相信,吉凶祸福皆由精灵所致,精灵分善恶:祭祀以求善灵,巫术以制恶灵。巫术为消灾去祸,其方法有宣抚、厌胜、禳祓等。

附　录

一、沈莹《临海水土志》[①]

《临海水土志》曰：夷洲在临海东南，去郡二千里，土地无雪霜，草木不死。四面是山，众山夷所居。山顶有越王射的，正白，乃是石也。此夷各号为王，分画土地、人民，各自别异。人皆髡头、穿耳，女人不穿耳。作室居，种荆为蕃障。土地饶沃，既生五谷，又多鱼肉。舅姑子妇男女卧息，共一大床，交会之时，各不相避。能作细布，亦作斑文布，刻画其内，有文章，以为饰好也。其地亦出铜、铁，唯用鹿觡矛以战斗耳。磨砺青石，以作矢镞、刃斧、环贯、珠珰。饮食不洁，取生鱼肉杂贮大器中以卤之，历日月乃啖食之，以为上肴。呼民人为弥麟。如有所召，取大空材，材十余丈，以著中庭，又以大杵旁舂之，闻四五里如鼓，民人闻之，皆往驰赴会。饮食皆踞相对，凿木作器如猪槽状，以鱼肉腥臊安中，十十五五共食之。以粟为酒，木槽贮之，用大竹筒长七寸许饮之。歌似犬嗥，以相娱乐。得人头，斫去脑，驳其面肉，留置骨，取犬毛染之，以作须、眉、发，编贝齿以作口，自临战斗时用之，如假面状，此是夷王所服。战得头，著首还，于中庭建一大材，高十余丈，以所得头差次挂之，历年不下，彰示其功。又甲家有女，乙家有男，仍委父母往就之居，与作夫妻，同牢而食。女已嫁，皆缺去前上一齿。

又曰：安家之民，悉依深山，架立屋舍于栈格上，似楼状。居处、饮食、衣服、被饰与夷洲民相似。父母死亡，杀犬祭之，作四方函以盛尸，饮酒歌舞毕，乃悬著高山岩石之间，不埋土中作冢墓也。男女皆无履。

---

① 引自《太平御览》卷七八〇"东夷"条。

二、《北史·高丽等传·流求》

流求国居海岛,当建安郡东,水行五日而至。土多山洞。其王姓欢斯氏,名渴剌兜,不知其由来有国世数也。彼土人呼之为可老羊,妻曰多拔茶。所居曰波罗檀洞,堑栅三重,环以流水,树棘为藩。王所居舍,其大一十六间,雕刻禽兽。多斗镂树,似橘而叶密,条纤如发之下垂。国有四五帅,统诸洞,洞有小王。往往有村,村有鸟了帅,并以善战者为之,自相树立,主一村之事。男女皆白绖绳缠发,从项后盘绕至额。其男子用鸟羽为冠,装以珠贝,饰以赤毛,形制不同。妇人以罗纹白布为帽,其形方正。织斗镂皮并杂毛以为衣,制裁不一。缀毛垂螺为饰,杂色相间,下垂小贝,其声如佩。缀珰施钏,悬珠于颈。织藤为笠,饰以毛羽。有刀稍、弓箭、剑铍之属。其处少铁,刀皆薄小,多以骨角辅助之。编绖为甲,或用熊、豹皮。王乘木兽,令左右舆之,而导从不过十数人。小王乘机,镂为兽形。国人好相攻击,人皆骁健善走,难死耐创。诸洞各为部队,不相救助。两军相当,勇者三五人出前跳噪,交言相骂,因相击射。如其不胜,一军皆走,遣人致谢,即共和解。收取斗死者聚食之,仍以髑髅将向王所,王则赐之以冠,便为队帅。

三、《隋书·东夷传·流求国》

流求国,居海岛之中,当建安郡东,水行五日而至。土多山洞。其王姓欢斯氏,名渴剌兜,不知其由来,有国代数也。彼土人呼之为可老羊,妻曰多拔茶。所居曰波罗檀洞,堑栅三重,环以流水,树棘为藩。王所居舍,其大一十六间,雕刻禽兽。多斗镂树,似橘而叶密,条纤如发,然下垂。国有四五帅,统诸洞,洞有小王。往往有村,村有鸟了帅,并以善战者为之,自相树立,理一村之事。男女皆以白绖绳缠发,从项后盘绕至额。其男子用鸟羽为冠,装以珠贝,饰以赤毛,形制不同。妇人以罗纹白布为帽,其形方正。织斗镂皮并杂色绖及杂毛以为衣,制裁不一。缀毛垂螺为饰,杂色相间,下垂小贝,其声如佩。缀珰施钏,悬珠于颈。织藤为笠,饰以毛羽。有刀稍、弓箭、剑铍之属。其处少铁,刀皆薄小,多以骨角辅助之。编绖为甲,或用熊、豹皮。王乘木兽,令左右舆之而行,导从不过数十人。小王乘机,镂为兽形。国人好相攻击,人皆骁健善走,难死而耐创。诸洞各为部队,不相救助。两阵相当,勇者三五人出前跳噪,交言相骂,因相击射。如其不胜,一军皆走,遣人致谢,即共和解。收取斗死者，共聚而食之，仍以髑髅将向王所。王则赐之以冠，使为队帅。无赋敛，有事则均税。用刑亦无常准，皆临事科决。犯罪皆断于鸟了帅；不伏，则上请于王，王令臣下共议定之。狱无枷锁，唯用绳缚。决死刑以铁锥，大如箸、长尺余，钻顶而杀之。轻罪用杖。俗无文字，望月亏盈以纪时节，候草药枯以为年岁。

人深目长鼻，颇类于胡，亦有小慧。无君臣上下之节，拜伏之礼。父子同床而寝。男子拔去髭鬓，身上有毛之处皆亦除去。妇人以墨黥手，为虫蛇之文。嫁娶以酒肴、珠贝为聘，或男女相悦，便相匹偶。妇人产乳，必食子衣，产后以火自炙，令汗出，五日便平复。以木槽中暴海水为盐，木汁为酢，酿米、麦为酒，其味甚薄。食皆用手。偶得异味，先进尊者。凡有宴会，执酒者必待呼名而后饮。上王酒者，亦呼王名。衔杯共饮，颇同突厥。歌呼蹋蹄，一人唱，众皆和，音颇哀怨。扶女子上膊，摇手而舞。其死者气将绝，举至庭，亲宾哭泣相吊。浴其尸，以布帛缠之，裹以苇草，亲土而殡，上不起坟。子为父者，数月不食肉。南境风俗少异，人有死者，邑里共食之。

有熊、罴、豺、狼，尤多猪、鸡，无牛、羊、驴、马。厥田良沃，先以火烧而引水灌之。持一插，以石为刃，长尺余，阔数寸，而垦之。土宜稻、粱、禾、黍、麻、豆、赤豆、胡豆、黑豆等，木有枫、栝、樟、松、楩、楠、杉、梓、竹、藤、果、药，同于江表，风土气候与岭南相类。

俗事山海之神，祭以酒肴，斗战杀人，便将所杀人祭其神。或依茂树起小屋，或悬髑髅于树上，以箭射之，或累石系幡以为神主。王之所居，壁下多聚髑髅以为佳。人间门户上，必安兽头骨角。

大业元年，海师何蛮等，每春、秋二时，天清风静，东望依希，似有烟雾之气，亦不知几千里。三年，炀帝令羽骑尉朱宽入海求访异俗。何蛮言之，遂与蛮俱往。因到流求国，言不相通，掠一人而返。明年，帝复令宽慰抚之，流求不从，宽取其布甲而还。时倭国使来朝，见之曰："此夷邪久国人所用也。"帝遣武贲郎将陈稜、朝请大夫张镇州率兵自义安浮海击之。至高华屿，又东行二日至鼊鼊屿，又一日便至流求。初，稜将南方诸国人从军，有昆仑人颇解其语，遣人慰谕之，流求不从，拒逆官军。稜击走之，进至其都，频战皆败，焚其宫室，虏其男女数千人，载军实而还。自而遂绝。

四、《宋史·外国七·流求国》

流求国在泉州之东,有海岛曰彭湖,烟火相望。其国堑栅三重,环以流水,植棘为藩,以刀稍、弓矢、剑铍为兵器,视月盈亏以纪时。无他奇货,商贾不通,厥土沃壤,无赋敛,有事则均税。

旁有毗舍邪国,语言不通,袒裸盱睢,殆非人类。淳熙间,国之酋豪尝率数百辈猝至泉之水澳、围头等村,肆行杀掠。喜铁器及匙箸,人闭户则免,但刓其门圈而去。掷以匙箸则颎拾之,见铁骑则争刓其甲,骈首就戮而不知悔。临敌用标枪,系绳十余丈为操纵,盖惜其铁不忍弃也。不驾舟楫,惟缚竹为筏,急则群舁之泅水而遁。

五、宋·赵汝适《诸蕃志》

(一)流求国

流求国,当泉州之东,舟行约五六日程。王姓欢斯,土人呼为"可老",王所居曰波罗檀洞。堑栅三重,环以流水,殿宇多雕刻禽兽。男女皆以白纻绳缠发,从头后盘绕,及以杂纻杂毛为衣,制裁不一。织藤为笠,饰以羽毛。兵有刀稍、弓箭、剑鼓之属,编熊、豹皮为甲。所乘之车刻兽为像,导从仅数十人。无赋敛,有事则均税。不知节朔,视月盈亏以纪时。父子同床而寝。曝海水为盐,酿米曲为酒。遇异味先进尊者。肉有熊、罴、豺、狼,尤多猪、鸡,无牛、羊、驴、马。厥土沃壤,先用火烧,然后引水灌注,持锸仅数寸而垦之。无他奇货,尤好剽掠,故商贾不通。土人间以所产黄蜡、土金、牦尾、豹脯,往售于三屿。旁有毗舍耶、谈马颜等国。

(二)毗舍耶

毗舍耶,语言不通,商贩不及,袒裸盱睢,殆畜类也。泉有海岛曰彭湖,隶晋江县,与其国密迩,烟火相望。时至寇掠,其来不测,多罹生啖之害,居民苦之。淳熙间,国之酋豪常率数百辈猝至泉之水澳、围头等村,恣行凶暴,戕人无数,淫其妇女,已而杀之。喜铁器及匙箸。人闭户则免,但刓其门圈而去。掷以匙箸则俯拾之,可缓数步。官军擒捕,见铁骑则竞刓其甲,骈首就戮,而不知悔,临敌用标枪,系绳十余丈为操纵,盖爱其铁不忍弃也。不驾舟揖,惟以竹筏从事,可摺叠如屏风,急则众舁之,泅水而遁。

六、元·汪大渊《岛夷志略》

（一）彭湖

岛分三十有六,巨细相间,坡陇相望,乃有七澳居其间,各得其名。自泉州顺风二昼夜可至。有草无木,土瘠不宜禾稻。泉人结茅为屋居之。气候常暖,风俗朴野,人多眉寿。男女穿长布衫,系以土布。煮海为盐,酿秫为酒,采鱼、虾、螺、蛤以佐食,蓺牛粪以爨,鱼膏为油。地产胡麻、绿豆。山羊之孳生,数万为群,家以烙毛、刻角为记,昼夜不收,各遂其生育。工商兴贩,以乐其利。地隶泉州晋江县。至元年间立巡检司,以周岁额办盐课,中统钱钞一十锭二十五两,别无科差。

（二）琉球

地势盘弯,林木合抱。山曰翠麓,曰重曼,曰斧头,曰大峙。其峙山极高峻,自彭湖望之甚近。余登此山则观海潮之消长,夜半则望旸谷之出,红光烛天,山顶为之俱明。土润田沃,宜稼穑。气候渐暖,俗与彭湖差异。水无舟楫,以筏济之。男子、妇人拳发,以花布为衫。煮海水为盐,酿蔗浆为酒。知番主、酋长之尊,有父子、骨肉之义。他国之人倘有所犯,则生割其肉以啖之,取其头悬木竿。地产沙金,黄豆,黍子,琉黄,黄蜡,鹿、豹、麂皮。贸易之货,用土珠、玛瑙、金珠、粗碗、处州磁器之属。海外诸国盖由此始。

七、《元史·外夷三·琉求》

琉求,在南海之东。漳、泉、兴、福四州界内,彭湖诸岛,与琉求相对,亦素不通。天气清明时,望之隐约若烟若雾,其远不知几千里也。西、南、北岸皆水,至彭湖渐低,近琉求则谓之落漈,漈者,水趋下而不回也。凡西岸渔舟到彭湖已下,遇飓风发作,漂流落漈,回者百一。琉求,在外夷最小而险者也。汉唐以来,史所不载,近代诸蕃市舶不闻至其国。

世祖至元二十八年九月,海船副万户杨祥请以六千军往降之,不听命则遂伐之,朝廷从其请。继有书生吴志斗者上言生长福建,熟知海道利病,以为若欲收附,且就彭湖发船往谕,相水势地利,然后兴兵未晚也。冬十月,乃命杨祥充宣抚使,给金符,吴志斗礼部员外郎,阮鉴兵部员外郎,并给银符,往使琉求。诏曰:"收抚江南已十七年,海外诸蕃罔不臣属。惟琉求迩闽境,未曾归附。议者请即加兵。朕惟祖宗立法,凡不庭之国,先遣使招谕,来则按堵如故,否则必致征讨。今止其兵,命杨祥、阮鉴往谕汝国。果能慕义来朝,存尔国祀,保尔黎庶;若不效顺,自恃险阻,舟师奄及,恐贻后悔。尔其慎择之。"

二十九年三月二十九日,自汀路尾澳舟行,至是日巳时,海洋中正东望见有山长而低者,约去五十里。祥称是琉求国,鉴称不知的否。祥乘小舟至低山下,以其人众,不亲上,令军官刘闰等二百余人以小舟十一艘,载军器,领三屿人陈辉者登岸。岸上人众不晓三屿人语,为其杀死者三人,遂还。四月二日,至彭湖。祥责鉴、志斗"已到琉求"文字,二人不从。明日,不见志斗踪迹,觅之无有也。先,志斗尝斥言祥生事要功,欲取富贵,其言诞妄难信,至是,疑祥害之。祥顾称志斗初言琉求不可往,今祥已至琉求而还,志斗惧罪逃去。志斗妻子诉于官。有旨,发祥、鉴还福建置对。后遇赦,不竟其事。

成宗元贞三年,福建省平章政事高兴言,今立省泉州,距琉求为近,可伺其消息,或宜招宜伐,不必它调兵力,兴请就近试之。九月,高兴遣省都镇抚张浩、福州新军万户张进赴琉求国,禽生口一百三十余人。

八、《明史·外国四·鸡笼》

鸡笼山在彭湖屿东北,故名北港,又名东番,去泉州甚迩。地多深山大泽,聚落星散。无君长,有十五社,社多者千人,少或五六百人。无徭赋,以子女多者为雄,听其号令。虽居海中,酷畏海,不善操舟,老死不与邻国往来。

永乐时,郑和遍历东、西洋,靡不献琛恐后,独东番远避不至。和恶之,家贻一铜铃,伸俾诸项,盖拟之狗国也。其后,人反宝之。富者至掇数枚,曰:"此祖宗所遗。"

俗尚勇,暇即习走,日可数百里,不让奔马。足皮厚数分,履荆棘如平地。男女椎结,裸逐无所避。女或结草裙蔽体,遇长老则背身而立,俟过乃行。男子穿耳。女子年十五,断唇旁齿以为饰,手足皆刺文,众社毕贺,费不赀。贫者不任受贺,则不敢刺。四序,以草青为岁首。土宜五谷,而不善水田。谷种落地,则止杀,谓行好事,助天公,乞饭食。既收获,即标竹竿于道,谓之插青,此时逢外人便杀矣。村落相仇,刻期而后战,勇者数人前跳,被杀则立散。其胜者,众贺之,曰:"壮士能杀人也。"其负者,家众亦贺之,曰:"壮士不畏死也。"次日,即和好如初。地多竹,大至数拱,长十丈,以竹构屋,覆之以茅,广且长,聚族而居。无历日、文字,有大事集众议之。善用镖枪,竹柄铁镞,铦

甚,试鹿鹿毙,试虎虎亦毙。性既畏海,捕鱼则于溪涧。冬月聚众捕鹿,镖发
辄中,积如丘山。独不食鸡雉,但取其毛以为饰。中多大溪,流入海,水澹,故
其外名淡水洋。

嘉靖末,倭寇扰闽,大将戚继光败之。倭遁居于此,其党林道乾从之。已,
道乾惧为倭所并,又俱官军追击,扬帆直抵浡泥,攘其边地以居,号道乾港。
而鸡笼遭倭焚掠,国遂残破。初悉居海滨,既遭倭难,稍稍避居山后。忽中国
渔舟从魍港飘至,遂往来通贩,以为常。至万历末,红毛番泊舟于此,因事耕
凿,设阛阓,称台湾焉。

崇祯八年,给事中何楷陈靖海之策,言:"自袁进、李忠、杨禄、杨策、郑芝
龙、李魁奇、钟斌、刘香相继为乱,海上岁无宁息。今欲靖寇氛,非墟其窟不
可。其窟维何? 台湾是也。台湾在彭湖岛外,距漳、泉止两日夜程,地广而
腴。初,贫民时至其地,规鱼盐之利,后见兵威不及,往往聚而为盗。近则红
毛筑城其中,与奸民互市,屹然一大部落。墟之之计,非可干戈从事,必严通
海之禁,俾红毛无从谋利,奸民无从得食,出兵四犯,我师乘其虚而击之,可大
得志。红毛舍此而去,然后海氛可靖也。"时不能用。

其地,北自鸡笼,南至浪峤,可一千余里。东自多罗满,西至王城,可九百
余里。水道,顺风,自鸡笼、淡水至福州港口,五更可达。自台湾港至彭湖屿,
四更可达。自彭湖至金门,七更可达。东北至日本,七十更可达。南至吕宋,
六十更可达。盖海道不可以里计,舟人分一昼夜为十更,故以更计道里云。

九、明·陈第《东番记》

东番夷人,不知所自始,居彭湖外洋海岛中。起魍港、加老湾,历大员、尧
港、打狗屿、小淡水、双溪口、加哩林、沙巴里、大帮坑,皆其居也。断续凡千余
里,种类甚蕃。别为社,社或千人,或五六百。无酋长,子女多者众雄之,听其
号令。性好勇,喜斗,无事昼夜习走,足蹋皮厚数分,履荆刺如平地,速不后奔
马。能终日不息,纵之,度可数百里。邻社有隙,则兴兵,期而后战,疾力相杀
伤。次日即解怨,往来如初,不相仇。所斩首,剔肉存骨,悬之门。其门悬骷
髅多者,称壮士。

地暖,冬夏不衣。妇女结草裙,微蔽下体而已。无揖让拜跪礼。无历日、
文字,计月圆为一月,十月为一年,久则忘之,故率不纪岁。艾耆老耄,问之弗

知也。交易结绳以识。无水田,治畲种禾。山花开则耕,禾熟,拔其穗,粒米比中华稍长,且甘香。采苦草,杂米酿,间有佳者,豪饮能一斗。时燕会,则置大罍,团坐,各酌以竹筒,不设肴。乐起跳舞,口亦乌乌若歌曲。男子剪发,留数寸,披垂;女子则否。男子穿耳,女子断齿,以为饰也。(女子年十五六,断去唇旁二齿。)

　　地多竹,大数拱,长十丈。伐竹构屋,茨以茅,广长数雉。族又共屋,一区稍大,曰公廨,少壮未娶者,曹居之。议事必于公廨,调发易也。娶则视女子可室者,遣人遗玛瑙珠双,女子不受,则已;受,夜造其家,不呼门,弹口琴挑之。口琴薄铁所制,啮而鼓之,铮铮有声。女闻纳宿,未明径去,不见女父母。自是宵来晨去,必以星,累岁月不改。迨产子女,妇始往婿家迎婿,如亲迎。婿始见女父母,遂家其家,养女父母终身,其本父母不得子也。故生女喜倍男,为女可继嗣,男不足著代故也。妻丧复娶,夫丧不复嫁,号为鬼残,终莫之醮。家有死者,击鼓哭,置尸于地,环熰以烈火,干,露置屋内,不棺。屋坏重建,坎屋基下,立而埋之,不封,屋又覆其上;屋不建,尸不埋。然竹楹茅茨,多可十余稔,故终归之土,不祭。当其耕时,不言不杀,男妇杂作山野,默默如也。道路以目,少者背立,长者过,不问答,即华人侮之,不怒。禾熟,复初。谓不如是,则天不佑,神不福,将凶歉不获有年也。

　　女子健作,女常劳,男常逸。盗贼之禁严,有则戮于社,故夜门不闭。禾积场,无敢窃。器有床,无几、案,席地坐。谷有大、小豆,有胡麻,又有薏仁,食之已瘴疠。无麦。蔬有葱,有姜,有番薯,有蹲鸱,无他菜。果有椰,有毛柿,有佛手柑,有甘蔗。畜有猫,有狗,有豕,有鸡,无马、驴、牛、羊、鹅、鸭。兽有虎,有熊,有豹,有鹿。鸟有雉,有鸦,有鸠,有雀。山最宜鹿,儦儦俟俟,千百为群。人精用镖,镖竹柄、铁镞,长五尺有咫,铦甚。出入携自随,试鹿鹿毙,试虎虎毙。居常,禁不许私捕鹿。冬,鹿群出,则约百十人即之,穷追既及,合围衷之,镖发命中,获若丘陵,社社无不饱鹿者。取其余肉,离而腊之。鹿舌、鹿鞭、鹿筋亦腊。鹿皮、角委积充栋。鹿子善扰,驯之,与人相狎。习笃嗜鹿,剖其肠中新咽草,将粪未粪者名百草膏,旨食之,不厌,华人见辄呕。食豕,不食鸡。畜鸡,任自生长,惟拔其尾饰旗。射雉亦只拔其尾。见华人食鸡、雉辄呕。夫孰知正味乎?又恶在口有同嗜也?

　　居岛中,不能舟,酷畏海。捕鱼则于溪涧,故老死不与他夷相往来。永乐初,郑内监航海谕诸夷,东番独远窜不听约。于是家赂一铜铃,使颈之,盖狗之也,至今犹传为宝。始皆聚居滨海,嘉靖末,遭倭焚掠,乃避居山。倭鸟铳长技,东番独恃镖,故弗格,居山。后始通中国,今则日盛。漳、泉之惠民、充龙、烈屿诸澳,往往译其语,与贸易,以玛瑙、磁器、布、盐、铜簪环之类,易其鹿脯、皮、角。间遗之故衣,喜藏之,或见华人一着,旋复脱去。得布,亦藏之。不冠不履,裸以出入,自以为易简云。

十、清·郁永河《裨海纪游》

台湾县即府治,东西广五十里,南北袤四十里。镇、道、府、厅,诸、凤两县、卫署,学宫,市廛及内地寄籍民多隶焉。而澎湖诸岛、澳亦所辖。凤山县居其南。自台湾县分界而南,沙马矶大海袤四百九十五里;自海岸而东,山下打狗仔港,广五十里。摄土蕃十一社,曰上淡水、下淡水、力力、茄藤、放索、大泽矶、哑猴、答楼。以上八社,输赋应徭。曰茄洛堂、浪峤、卑马南,三社在山中,惟输赋徭。另有傀儡蕃并山中野蕃,皆无社名。诸罗县居北,摄蕃社、新港、目加溜湾(原注音:葛剌湾)、瓯王(原注音:萧郎)、麻豆等二旦八社外,另有蛤仔难(原注音:葛雅兰)等三十六社,虽非野蕃,不输贡,难以悉载。自台湾县分界而北,至西北隅,转至东北隅大鸡笼,大海袤二千三百一十五里。三县所隶,不过山外沿海平地,其深山野蕃,不与外通,外人不能,无由知其概。

十一、《清史稿·地理志·台湾》

台湾:古荒服之地,不通中国,名曰东番。清顺治十八年,海寇郑成功逐荷兰人据之,伪置承天府,名曰东都,设二县,曰天兴,曰万年。其子郑经改东都为东宁省,升二县为州。康熙二十二年讨平之,改置台湾府,属福建省,领县三。雍正元年,增置彰化县,领县四。光绪十三年,改建行省。二十一年,割隶日本。省在福建东南五百四十里。西北距京师七千二百五十里。东界海,西界澎湖岛,南界矶头海,北界基隆城海。广五百里,袤一千八百里。《一统志》载户口原额人丁一万八千八百二十七,滋生男妇大小口共一百七十八万六千八百八十三,户二十二万四千六百四十六。领府三、州一、厅三、县十一。

台湾府:其地东及东南界台东州,西及北界海,南及西南界台南府,东北界台北府。广袤里数阙。北极高二十四度三十三分。京师偏东四度二十分。领县四、厅一:台湾、彰化、云林、苗栗、埔里社厅。

台南府:东北距省治二百里。东及东南界台东州,西及南界海,北及东北界台湾府。广袤里数阙。北极高二十三度。京师偏东三度三十一分。领县四、厅一:安平、凤山、嘉义、恒春、澎湖厅。

台北府:西南距省治三百五十里。东、北、西界海,南界台东州,西南界台湾府。广袤里数阙。北极高二十五度十七分。京师偏东五度十五分。领县三、厅一:淡水、新竹、宜兰、基隆厅。

台东直隶州:西北距省治五百里。东及南界海,西及西北界台湾府,北界台北府,西南界台南府。广袤里数阙。北极高二十二度二十五分。京师偏东四度。

参考文献

1.（汉）司马迁：《史记》。

2.（汉）班固：《汉书》。

3.（三国·吴）沈莹：《临海水土志》。

4.（宋）赵汝适：《诸蕃志》（宋《太平御览》佚文）。

5.（元）汪大渊著、苏继庼校释：《岛夷志略校释》，中华书局2000年版。

6.（明）陈第：《东蕃记》。

7.（明）张燮：《东西洋考》。

8.（明）杨英：《从征实录》。

9.（明）江日升：《台湾外纪》。

10.（清）黄叔璥：《台海使槎录》。

11.（清）郁永河：《裨海纪游》。

12. 连横：《台湾通史》。

13 林惠祥：《台湾番族之原始文化》。

14. 翦伯赞：《台湾番族考》。

15. 白寿彝主编：《中国通史》，上海人民出版社1994年版。

16. 陈孔立：《简明台湾史》，九州图书出版社1998年版。

17. 陈国强：《高山族风情录》，四川民族出版社1997年版。

18. 陈奇禄：《台湾土著文化研究》，台湾联经出版事业公司1997年版。

19 陈国强等：《闽台考古》，厦门大学出版社1993年版。

20.《高山族简史》编写组：《高山族简史》，福建人民出版社1982年版。

21.《中国少数民族》编写组：《中国少数民族》，人民出版社1981年版。

22. 陈国强、田珏：《台湾少数民族》，江西教育出版社1994年版。

23. 林仁川：《大陆与台湾的历史渊源》，文汇出版社1991年版。

24. 史式、黄大受：《台湾先住民史》，九州图书出版社 1999 年版。

25. ［日］宫本延人：《台湾的原住民》，魏桂邦译，台湾晨星出版社 1998 年版。

26. 何传坤：《台湾史前文化三论》，台湾稻乡出版社 1996 年版。

27. 陈千武译述：《台湾原住民的母语传说》，台湾台原出版社 1993 年版。

28. 许功明：《鲁凯族的文化与艺术》，台湾稻乡出版社 1993 年修订版。

29. 明立国：《台湾原住民族的祭礼》，台湾台原出版社 1995 年版。

30. 洪英圣：《台湾先住民脚印》，台湾时报文化出版企业有限公司 1994 年版。

31. 文物编辑委员会编：《文物考古工作十年》，文物出版社 1990 年版。

32. 中国社会科学院考古研究所：《新中国的考古发现和研究》，文物出版社 1984 年版。

33. 文物出版社：《新中国考古五十年》，文物出版社 1999 年版。

34. 宋兆麟等：《中国原始社会史》，文物出版社 1983 年版。

35. 张光直：《中国考古学论文集》，生活、读书、新知三联书店 1999 年版。

36. 尤玉柱主编：《漳州史前文化》，福建人民出版社 1991 年版。

37. 香港中文大学中国考古艺术研究中心等：《东南考古研究》第二辑，厦门大学出版社 1999 年版。

38. 福建省博物馆：《福建历史文化与博物馆学研究》，福建教育出版社 1993 年版。

39. 中国社会科学院考古研究所主办：《考古学报》、《考古》。

40. 福建省考古博物馆学会、福建省博物馆编：《福建文博》。

41. 台南县立文化中心：《台南县左镇菜寮溪化石研究专辑》，1991 年印行。

42. 台湾"中央研究院"历史所考古组编：《田野考古》。

43. 《台湾大学人类学刊》。

44. 连照美、宋文薰等：《台湾地区史前遗址资料档》，台湾史前文化博物馆筹备处 1992 年印行。

45. 福建地方志编纂委员会：《福建省自然地图集》，福建科学技术出版社 1998 年版。

46. 陈佳源主编：《福建省经济地理》，新华出版社 1991 年版。

47. 赵昭炳主编：《福建省地理》，福建人民出版社 1993 年版。

后　记

　　在出版印刷业高度发达的今天，出版一本书固然不那么困难了，但要出版一本有较高学术价值的著作就没有那么容易了，至于要出版一套有鲜明特色、被学界认可的丛书，难度就更大了。凡是当过丛书主编的人应该都有共同的体会，即著书立说是个人的行为，只要自己把自己搞定了就可以，而编纂丛书则是集体的行为，需要诸多作者的齐心协力，除了需要丛书的所有作者对某个学术问题有着共同的学术兴趣、相似的学术理念、深厚的学术积淀外，还需要作者们在某个时段内集中精力撰写书稿，并在规定的时间内提交，这一点往往很难做到步调一致。而本丛书从动议到出版，整个过程环环相扣，非常顺利，首先自然要归功于各位作者的齐心协力，他们在百忙中把丛书的撰稿放在首要位置，按时甚至提前提交了高质量的书稿，从而为丛书的顺利出版奠定了坚实基础。所以我们要特别感谢各位作者为本丛书的出版所付出的辛勤劳动和作出的重要贡献。其次，本丛书的出版得到未署名的诸多学者的帮助，他们或撰写某个重要章节，或提供某些珍贵资料，或审读了某些书稿并提出宝贵的修改意见，或参与修订、录入和校对工作，由于涉及的人很多，恕不一一列出尊姓大名，但我们感铭在心，并在此表示衷心的感谢！再次，要感谢福建师范大学海峡两岸文化发展协同创新中心对丛书的出版给予的大力支持，感谢人民出版社的领导和编辑们付出的辛勤工作。另外，本丛书吸收了学术界许多研究成果，虽然在书后的参考文献中已一一列出，但难免有遗珠之憾，在此请求各位方家谅解，并致以衷心的感谢！

刘登翰　林国平

二〇一三年七月